マネジメント

高橋　正泰
木全　　晃
宇田川元一
髙木　俊雄
星　　和樹
　　著

文眞堂

はしがき

　マネジメント（management）という言葉には,「管理する」「経営する」という意味と「管理者」「経営者」という意味が含まれている。前者は「行い」についてであり, 後者は「行う人」である。つまり, マネジメントを考えるときには, その活動と共にそれを担う人間について考察しなければならないということになる。その意味からすれば, マネジメントは, 人間とその行為についての理論であるといえる。テイラー（F. W. Taylor）以来, マネジメント論が成立してから, すでに100年以上が経ってしまったが, マネジメントの本質は少しも変わっていない。マネジメントは, 目的を達成するための仕方を説くのであり, 現在の組織社会においての焦点は, 企業をはじめとする行政, 病院, 学校, およびNPOなど様々な組織におけるマネジメントであるといえる。

　マネジメント（もしくは経営管理）については, これまで多くの研究書やテキストが出版され, トピックスごとにまとめているものや事例などを多く取り入れて分かりやすく解説するなど, さまざまに工夫されたテキストがみられ, その内容も多様となっている。しかしながら, 本書は, あえてマネジメントを伝統的でオーソドックスなプロセスとしてまとめ, 概説している。マネジメントのプロセス論は, ファヨール（H. Fayol）によって提唱され, 批判や不十分なところはあるにせよ, これまで管理者の教育に多大な貢献を果たしてきている。その理由は, とりもなおさずファヨールが当時の管理者不足を憂い, その管理者を養成するためにマネジメント論を著したことにある。ファヨールは, *Administration Industrielle et Générale* の中で, 経営学上初めて明確に経営することとマネジメントは異なることを明示し, マネジメントを経営の一つの重要な機能と位置づけ, プロセスとしての管理を示したのである。

本書は，このファヨールの管理プロセス論を踏襲しつつ，基本的にPlan—Do—Seeとして，計画化—組織化—指揮—統制というプロセスとしてまとめている。しかし，その内容は単にファヨールの理論を踏襲したわけではなく，これまで100年にわたる，マネジメント理論，組織論，組織行動論，システム論，情報理論などの多くの研究成果を取り入れている。21世紀に入り，日本を含む世界は多様化しかつ複雑化が進み，マネジメントはますますその重要性を増している。さまざまな価値観が共存する多様なポストモダンの世界が現実のものとなっている。このような状況下において，企業を中心とした組織のマネジメントについてシンプルなフレームワークから整理してみることは，新たな時代に入ったマネジメントのあり方を問い直してみることに役立つと信じている。

　もちろん経営管理つまりマネジメントは企業に限ったことではなく，すべての組織に必要なことはいうまでもないことであるが，組織社会に住んでいる個人の生活にとっても無縁であるわけではない。私たちは，日々朝起きて寝るまで組織とそのマネジメントに関わっているのであり，組織やマネジメントなしには何もなしえないと言っても過言ではない。したがって，マネジメント論を学ぶということは，組織の管理者としての活動を合理的に営むというだけでなく，私たちの生活をも実り豊かなものにする行為であることを理解してほしいのである。

　本書の構成は，右の図で示したように2部構成となっている。序章では，本書の理論フレームワークとマネジメント・プロセスおよび前提となる基礎理論を概説している。

　第Ⅰ部の第1章では，マネジメントをプロセスとして提示し，概説している。その内容は，本書の中心的なものであり，意思決定や経営戦略論を前提としてまとめている。続いて第2章では，実際のマネジメントの領域を，経営学のヒト，モノ，カネ，情報という側面から簡単ではあるが，企業のマネジメントという側面から各論を記述した。

　第Ⅱ部は，マネジメントに関連する諸理論を各章ごとにまとめている。第3章では，マネジメント論の成立からの歩みを概説し，どのような理論がい

かなる要請によって展開されてきたかを説明している。続いて，第4章ではマネジメントにおける基礎理論となる意思決定論について，第5章では経営戦略，第6章ではマネジメントの主体でありそのツールとなる経営組織について論じている。また，第7章では組織における人間や集団の行動を扱う組織行動論，第8章ではイノベーションや組織変革，知識粗造などを扱うナレッジ・マネジメント，第9章はマネジメントの基本概念であり機能であるコントロールを論じている。さらに，第10章はマネジメントが扱うべき価値の側面を含む国際化と文化について，第11章は組織を取り巻く環境をマネジメントの側面から理解できるようにまとめている。最後に，マネジメントの行為者である管理者についてまとめて，締めくくっている。

　読者には，第2章での管理路のプロセスで使用されている理論について，この第II部で確認し，理解を深めてもらうことを願っている。

　最後に，本書の企画をお願いして快くお引き受けいただいた株式会社文眞堂常務取締役企画部長の前野　隆氏に心よりお礼を申し上げたい。前野氏には3年以上にわたり辛抱強く原稿を待っていただき，その間，様々な課題を克服できるよう温かく見守っていただいたことに深く感謝を表する次第である。

2012年3月

著者を代表して
高橋正泰

本書の構成

- マネジメントのフレームワーク（序章）
  - プロセスとしてのマネジメント（第Ⅰ部）
    - マネジメント・プロセス（第1章）
    - マネジメントの各論（第2章）
  - マネジメントの諸理論（第Ⅱ部）
    - マネジメント論の歩み（第3章）
    - 意思決定（第4章）
    - 経営戦略（第5章）
    - 経営組織（第6章）
    - 組織行動（第7章）
    - ナレッジ・マネジメント（第8章）
    - マネジメント・コントロール（第9章）
    - 文化と国際化（第10章）
    - 環境マネジメント（第11章）
    - 管理者の役割（第12章）

目　　次

はしがき ……………………………………………………………… i

序章　マネジメントのフレームワークと諸理論 …………………3
　Ⅰ．マネジメントのフレームワーク ……………………………3
　Ⅱ．マネジメントの前提となる人間観の変遷 …………………5
　Ⅲ．マネジメントの意思決定 ……………………………………7
　Ⅳ．マネジメントと経営戦略 ……………………………………10

第Ⅰ部　プロセスとしてのマネジメント ……………………19

第1章　マネジメント・プロセス ………………………………21
　Ⅰ．Fayolのマネジメント論 ……………………………………21
　Ⅱ．マネジメントのプロセス ……………………………………23

第2章　マネジメントの各論 ……………………………………41
　Ⅰ．人事労務管理 …………………………………………………42
　Ⅱ．生産管理とマーケティング …………………………………45
　Ⅲ．財務管理 ………………………………………………………47
　Ⅳ．情報管理 ………………………………………………………50

第Ⅱ部　マネジメントの諸理論 ………………………………53

第3章　マネジメント論の歩み …………………………………55
　Ⅰ．マネジメント論の成立以前 …………………………………55

Ⅱ．古典的アプローチ(Classical Approach) ……………………57
　　Ⅲ．マネジメント論の発展 …………………………………62
　　Ⅳ．経営管理論のさらなる発展 ………………………………67

第4章　意思決定 …………………………………………………71

　　Ⅰ．個人の意思決定 …………………………………………72
　　Ⅱ．管理行動における意思決定 ……………………………75
　　Ⅲ．意思決定のパターンと階層 ……………………………79
　　Ⅳ．意思決定のゴミ箱モデル ………………………………81
　　Ⅴ．おわりに …………………………………………………82

第5章　経営戦略 …………………………………………………84

　　Ⅰ．メインストリームの経営戦略論 …………………………85
　　Ⅱ．北米における戦略プロセスの研究と欧州における批判的・
　　　　実践アプローチの経営戦略論研究 ………………………99

第6章　経営組織 …………………………………………………106

　　Ⅰ．組織の概念 ………………………………………………107
　　Ⅱ．組織の設計と構築，維持のための組織と管理の原則……108
　　Ⅲ．組織の基本形態 …………………………………………109
　　Ⅳ．組織と環境 ………………………………………………116
　　Ⅴ．組織のパラダイムと組織モデル ………………………123
　　Ⅵ．おわりに …………………………………………………135

第7章　組織行動 …………………………………………………136

　　Ⅰ．モチベーション …………………………………………137
　　Ⅱ．リーダーシップ …………………………………………147
　　Ⅲ．コンフリクト ……………………………………………157

第 8 章　ナレッジ・マネジメント ………………………165

 Ⅰ．知識の有用性 ………………………165
 Ⅱ．知識，情報，データの特徴 ………………………165
 Ⅲ．ナレッジ・マネジメントの分類 ………………………168
 Ⅳ．知識プロセス ………………………170
 Ⅴ．知識移転の条件 ………………………174
 Ⅵ．知識資産 ………………………178
 Ⅶ．実践コミュニティ ………………………182

第 9 章　マネジメント・コントロール ………………………189

 Ⅰ．マネジメント・コントロールとは何か ………………………189
 Ⅱ．マネジメント・コントロールの基本概念 ………………………190
 Ⅲ．マネジメント・コントロール論の新しい展開 ………………………196
 Ⅳ．まとめ ………………………205

第 10 章　文化と国際化 ………………………206

 Ⅰ．文化概念の意義 ………………………206
 Ⅱ．組織の価値的側面の源泉 ………………………206
 Ⅲ．組織風土論とその特徴 ………………………209
 Ⅳ．文化の定義と「強い文化」………………………212
 Ⅴ．文化の機能 ………………………215
 Ⅵ．国際化と文化 ………………………218
 Ⅶ．多国籍企業と文化 ………………………221

第 11 章　環境マネジメント ………………………227

 Ⅰ．組織と環境 ………………………227
 Ⅱ．コンティンジェンシー理論の環境分類 ………………………227
 Ⅲ．自然環境の保護要請 ………………………233

Ⅳ．特定環境と一般環境の基盤変化 …………………………………236
　　Ⅴ．資源生産性を高める管理 ……………………………………………239

第12章　管理者の役割 …………………………………………………244

　　Ⅰ．Mintzbergによる管理者の役割　………………………………244
　　Ⅱ．管理者に求められる役割行動 ………………………………………252
　　Ⅲ．変革の管理 ……………………………………………………………254

参考文献 ………………………………………………………………………262
事項索引 ………………………………………………………………………272
人名索引 ………………………………………………………………………278

マネジメント

序章
マネジメントのフレームワークと諸理論

1. マネジメントのフレームワーク

　マネジメント（もしくは経営管理）とは，様々な資源を用いて目的を達成するプロセスであり，その多くは組織を通して実行されるものである。その組織は，目標達成のための道具でもあり，また人々の活動する社会的システムとして理解される。組織は，そこに参加する個人とその個人からなる協働システム，およびマネジメントの複雑な相互関係によって形成されており，マネジメントの諸問題はこれらの関係の中で論じることになる。

　本書におけるマネジメントのフレームワークは，基本的に，マネジメントが組織を通して行われるプロセスとして構成している。ここでのマネジメント・プロセスは，以下のように包括的なフレームワークの中で示すことができる[1]。

　組織はオープン・システムとクローズド・システムのモデルとして理解されるが，計画化→組織化→指揮→統制として示されるマネジメント・プロセスは，基本的にクローズド・システム内で行われる。もちろん，このマネジメント・プロセスはオープン・システムとしての組織の影響を受けるわけであるが，それは外部環境とその不確実性，および成果を扱う経営戦略としてここでは示されている。

　マネジメント・プロセスは，意思決定，組織コンテクスト，組織行動，ナレッジ・マネジメント，文化により影響される。第1の意思決定は，マネジメントの主体性を扱い，マネジメント・プロセスの活動に先立つ意思決定が如何に行われるかについて明らかにしている。

図1 マネジメントのフレームワーク

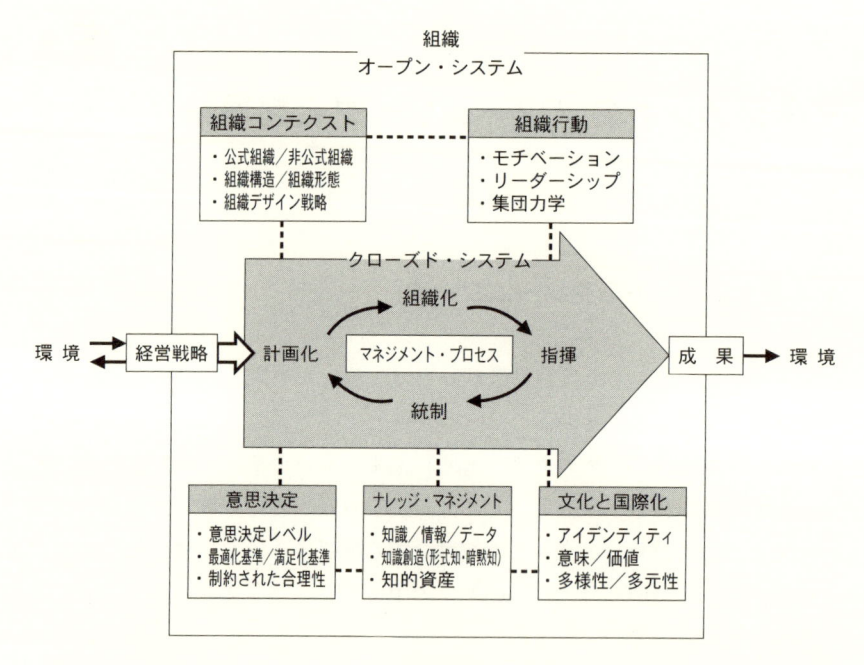

```
                        組織
                    オープン・システム
    ┌─────────────────┬─────────────────┐
    │ 組織コンテクスト │   組織行動      │
    │ ・公式組織/非公式組織 │ ・モチベーション │
    │ ・組織構造/組織形態 │ ・リーダーシップ │
    │ ・組織デザイン戦略 │ ・集団力学      │
    └─────────────────┴─────────────────┘
              クローズド・システム
                    組織化
環境 → 経営戦略 → 計画化  マネジメント・プロセス  指揮 → 成果 → 環境
                    統制
    ┌─────────┬─────────────┬─────────────┐
    │ 意思決定 │ ナレッジ・マネジメント │ 文化と国際化 │
    │ ・意思決定レベル │ ・知識/情報/データ │ ・アイデンティティ │
    │ ・最適化基準/満足化基準 │ ・知識創造(形式知・暗黙知) │ ・意味/価値 │
    │ ・制約された合理性 │ ・知的資産 │ ・多様性/多元性 │
    └─────────┴─────────────┴─────────────┘
```

　第2の組織コンテクストでは，経営戦略に基づいてマネジメントの計画化によって設定された目的達成のための公式組織と非公式組織の関係，組織構造，およびその組織をつくる組織デザインについて，マネジメント・プロセスの組織化との関係で論じている。

　第3の組織行動は，個人のモチベーション，集団のダイナミックス，パワーおよびリーダーシップを中心に個人と集団レベルの行動を説明しており，マネジメント・プロセスにおける指揮に関係している。

　第4のナレッジ・マネジメントは，意思決定のための情報や知識，組織学習，組織イノベーションに不可欠な知識創造といった知的資産について扱っているもので，これからのマネジメントにとって最重要な要素として位置づけられる。

　最後の文化は，組織内の行動や認知に影響する組織の規範や暗黙の期待，価値，さらには信頼や公平さ等を含んだものを扱っているものであり，組織

の目的達成のみならず個人の目的の達成組織メンバー間の社会的関係，すなわち文化として論じられる価値的側面である。文化は，その組織の目的や成果に深く関わるものであり，企業ならば提供する商品やサービスなど，企業の姿勢を基本的に規定する重要な側面である。

これらについては，すでに本書の構成のところで説明してあるが，意思決定，環境，経営戦略，経営組織，組織行動，管理者については，第Ⅱ部の各章で詳述している。意思決定については，序章でも触れているが，第4章で詳しく論じている。また，オープン・システムとしての組織が扱うべき経営戦略については，序章と第5章で，環境については第11章で扱っている。さらに，経営組織については第6章，組織行動については第7章で，情報処理を含むナレッジ・マネジメントは第8章で説明している。さらに，組織と管理の文化については，文化と国際化として第10章で詳述している。

組織のクローズドシステムに関係するマネジメント・コントロールについては第9章で，最後に経営管理をおこなう管理者については第12章で説明している。

以上のように，読者が第1章と第2章でのマネジメント・プロセスとマネジメントの各論を読むときは，第3章以下の関係諸理論を参照しながら学んでもらうことを願っている。

次の節は，マネジメントを論じる際の前提となる人間モデルについて議論しており，さらに意思決定と経営戦略について簡単に紹介している。マネジメントを学ぶとき，これらを最初に学習することにより，マネジメントの全体像を明確にすることができると確信している。

Ⅱ．マネジメントの前提となる人間観の変遷

マネジメントにはヒト，モノ，カネ，情報にわたる活動を含んでいるが，とくにマネジメントを展開する上で重要なのは「ヒト」である。なぜならば，マネジメント活動は「ヒト」を通して展開されるのであり，その意味で「ヒト」をどのように扱うかは重要な問題となる。

マネジメント論の展開は、この「ヒト」つまり人間観の変遷としてみることができる。古くは封建時代にみる人間観をあげることができる。この人間観は、「本能人モデル」というべきもので、その前提は「もっともよく働く人間は、もっともひもじい人間である」というものである。わが国では、江戸時代の農民に対する幕府、大名が課す年貢制度にみることができる。「生かさず、殺さず」がその政策であり、このマネジメントは人間の生きるという本能的な欲求に基づいたものであるといえる。

しかし、科学としてのマネジメントの成立後の人間観は、経済人モデルに始まるといわれるが、これまでの人間観の変遷を、以下のようにみることができる。

1. 古典的アプローチの人間観

科学的管理法でしられる古典的アプローチでは、合理的／経済志向的人間モデルが前提とされて経営管理論が展開してきたとされる。この意味は、人は経済的誘因に基づいて動機づけされるということである。つまり、企業において従業員は労働に対する経済的報酬によって影響されるというものであり、賃金制度によって従業員を動機づけるモデルは科学的管理法に典型的にみることができる。テイラー（F. W. Taylor）がこのようにみていたかは別としても、人間は経済的報酬によって動機づけられ、仕事の生産性は経済的誘因によって達成されると考えられていたことをみれば、人を経済人としてみていたことは明らかである。また、その人間は、常に合理的存在であり、古典的アプローチの普遍的理論思考から完全合理性をもっている人間とみなされた。

2. 行動科学的アプローチの人間観

古典的アプローチの人間観に対して、異議を唱えたものが人間関係論である。人間は機械のような合理的・経済的存在というよりは、人間の社会的関係の中にあって社会的欲求を満たそうとするのであり、その人間モデルは社会人モデルであると提唱した。したがって、組織の生産性もしくは能率を向

上するためには，個人の社会的欲求を達成する必要があり，職場ではその社会的欲求の充足が達成されることが重要であり，それによって生産性が上がるとされた。

その後，この人間関係論に始まる人間モデルは，欲求充足人モデルとして自己実現モデルなど，理論的展開へと発展することになる。

3. 近代的アプローチの人間観

近代的アプローチにおける人間モデルは，行動科学的人間モデルによる複雑人モデル（complex man）へと展開され，他方，意思決定の観点から前提とされる経営人モデル（administrative man）が人間モデルとして考えられている。

複雑人モデルは，シャイン（E. Shein）によって提示された人間モデルであり，人間は ①様々な欲求を持ち，②それらは時間とともに変化し，また③環境に応じて変化する，とされる。

他方，経営人モデルでは，サイモン（H. Simon）により考えられた人間モデルであり，人間は ①制約された合理性（bounded rationality）の中にあり，②意思決定者であるとされる。意思決定という側面から，人間は完全合理性下にあるのではなく，また行動も最適化基準に基づいて行われるのではなく，制約された合理性のもとにある存在であり，その行動基準は満足化基準によるとされている。

III. マネジメントの意思決定

1. マネジメントにおける意思決定の意味

サイモンは，意思決定こそがマネジメントの本質であるとして，意思決定を中心としたマネジメント論を展開した。そこでは，意思決定とは，「一定の目的を達成するために，2つ以上の代替案の中から1つの代替案を選択するプロセスである」と定義される。われわれ人間の行動は，すべて意思決定の結果行われるものであるとするならば，人間行動を理解するためには，意

思決定を理解しなければならない。したがって、経営管理もその例外ではない。

マネジメントとは、「人々に物事をなさしめること」とされるが、この中には当然「決める」という意思決定が含まれている。しかしながら、人間は何かしようとするときに、必要なあらゆる情報を入手して、完全に処理することはできない。それゆえ、現実に人間はこれでよいとする基準を設定して、それを満足するような代替案を選択し、行動することになる。これを、満足化意思決定という。

図2　最適化意思決定と満足化意思決定

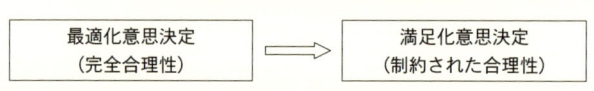

| 最適化意思決定
（完全合理性） | ⟹ | 満足化意思決定
（制約された合理性） |

以上のように、マネジメント論を学ぶためには、この意思決定を十分に理解することが必要である。マネジメント行動も組織行動も、意思決定と非常に深く関わっているのである。このような意思決定の考え方を、経営学では情報処理モデル、もしくは情報処理パラダイムといわれており、重要な考え方の一つである。

2. 意思決定のプロセス

マネジメントのように一定の目的を達成するために意識的行動をとるためには、それに先立つ意思決定のプロセスを考えなければならない。Simon (1977) は、意思決定のプロセスを(1)インテリジェント活動（意思決定が必要となる条件を見極めるために環境を探索すること）、(2)デザイン活動（可能な行為の代替案を発見し、開発し、分析すること）、(3)選択活動（利用可能な行為の代替案のなかから、ある特定のものを選択すること）、(4)再検討活動（過去の選択を再検討すること）の4つの局面でとらえているが、基本的には意思決定のプロセスを以下のように考えることができる（大月・高橋・山口, 2008: 168）。

図3 意思決定のプロセス

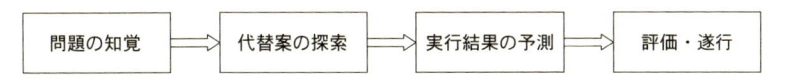

問題の知覚 ⇒ 代替案の探索 ⇒ 実行結果の予測 ⇒ 評価・遂行

　このように，意思決定には問題の知覚，代替案の探索，代替案の実行結果の予測，評価，実行からなっているが，それには決定の前提が存在している。それは，目的や結果の評価基準に関係する「価値前提」と問題解決に関係する「事実前提」である。マネジメントにおいては，「目標達成のために適切な代替案（手段）が選択されたか」が重要な課題であり，これが達成された場合に，合理的な管理とみなされるのである。しかし，先に述べたように，この合理性は制約された合理性であり，完全に達成することは不可能であることを明記しなければならない。

3. マネジメントの意思決定モデル

　経営管理において重要となる意思決定は，単に個人レベルの意思決定ではなく，組織的意思決定である。組織の意思決定は，以下の3つのレベルに分けることができる(Ansoff, 1965)。

　　a)　戦略的意思決定・・・企業の事業内容と市場の決定
　　b)　管理的意思決定・・・企業の資源を最大の業務遂行能力をもつように構造化すること
　　c)　業務的意思決定・・・資源変換過程の効率を最大化すること

それを図示すると，図4のように示すことができる。

　組織の階層にしたがって，戦略的意思決定，管理的意思決定，業務的意思決定のうち，マネジメントの対象となるものは主に管理的意思決定であるが，戦略的意思決定，業務的意思決定も重要な対象でもある。

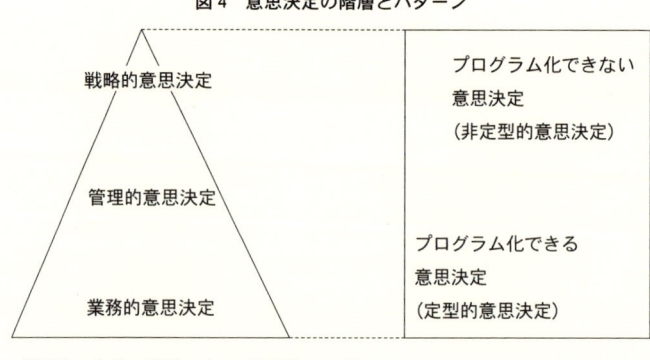

図4　意思決定の階層とパターン

- 戦略的意思決定
- 管理的意思決定
- 業務的意思決定

プログラム化できない意思決定
（非定型的意思決定）

プログラム化できる意思決定
（定型的意思決定）

（出所）　大月・高橋・山口（2008），p.172。

IV．マネジメントと経営戦略

1．マネジメント論における経営戦略の意味

　前節で述べたように，人間行動は意思決定の結果であるとされるが，経営管理もその例外ではない。本書では，マネジメントを計画化―組織化―指揮―統制として扱っているが，その計画化に先立つ将来の予測や展望，企業ならばその将来のあり方や事業の展開など，長期的展望が必要となる。これを与えてくれるものが経営戦略である。

　経営戦略は様々に定義されているが，チャンドラー（Chandler, A. D. Jr.）は「戦略とは，企業の基本的長期目標・目的を決定し，さらに，これらを遂行するのに必要な行動方式を採択し諸資源を割り当てることである」（Chandler, 1962: p.13）としている。また，「経営戦略とは，組織活動の基本的な方向を環境とのかかわりあいにおいて示すもので，組織の諸活動の基本的状況の選択と諸活動の組み合わせの基本的方針の決定を行うものである」，あるいは「組織存続の確保のために基礎的かつ長期的行動基準となるアクション・プランニングのことである。すなわち，環境変化に適合していくためになされる長期的行動基準のことである」とも定義される。

結局，戦略とは，「企業を環境に適応させるだけではなく，新たな成長の機会や競争機会を発見し，企業の存続・成長を図ることにある」であり，戦略の構成要素としては，以下のようなものが考えられている（Ansoff, 1965）。

①製品－市場戦略（当該企業の製品と市場）
②成長ベクトル（企業がその製品－市場分野で行おうと計画している変化）
③競争優位性（企業に強力な競争上の地位を与えてくれる個々の製品－市場
④シナジー（相乗効果：2＋2＝5になる現象）

このように戦略とは，企業の成長・発展に欠かせない経営の基本的機能であり，それ故，経営管理と深く関わっている。

また，経営戦略には，例えば新規事業に進出するといった企業活動に広範な影響を及ぼし，その成否が企業パフォーマンスに深く影響するような戦略とそれを実行するための戦略に大別することができる。

さらに，企業もしくは組織は環境に対して適応し，働きかけなくてはならないが，これはいうまでもなく経営戦略によっておこなわれるのであり，ここに，経営戦略と経営管理連結が図られるのである。それでは，組織の関わる環境とはどのように把握されるであろうか。

組織に関わる環境については，組織の外部環境と内部環境として分けて考えることができるが，経営戦略との関係からいうと主に外部環境を考える必要があろう。組織の外部環境は，あらゆる組織が共通して関わる一般環境とその組織特有の環境に分類して理解することが有用である（Luthans, 1976）。前者は一般環境といわれ，後者は特定環境もしくはタスク環境といわれる。一般環境は，政治，経済，社会，および技術など，組織に間接的に影響をもつ環境であり，他方，特定環境は，当該組織の活動が直接関係する市場や競争相手などであり，経営戦略で考慮しなければならない重要な環境要素が含まれている。

表1　組織の環境

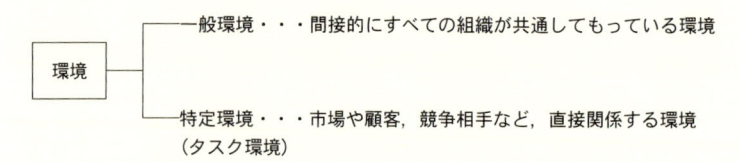

環境 ─┬─ 一般環境・・・間接的にすべての組織が共通してもっている環境
　　　│
　　　└─ 特定環境・・・市場や顧客，競争相手など，直接関係する環境
　　　　（タスク環境）

　また，組織の環境を同質―異質，安定―不安定の次元（Thompson, 1967）として，あるいは単純―複雑，安定―ダイナミックという次元（Duncan, 1972）から，環境を動態的に理解することも重要である。

2. 経営戦略のレベル

　組織ないし企業における経営戦略は，組織の階層に応じて把握することができる。つまり，企業レベル，事業レベル，職能レベルに応じて，企業戦略，事業戦略，職能戦略に識別可能である。それぞれのレベルには目標が設定されており，もし経営戦略がこれらの目標を達成するためのツールとなるのであれば，それは経営管理と一体となって実行されることになる。図5は，組織階層の目標―手段の連鎖との関係を示したものである。

図5　目標と戦略の関係

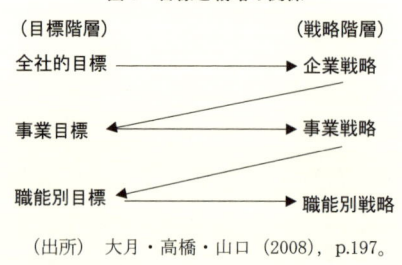

（目標階層）　　　　　　　　（戦略階層）

全社的目標 ───────────→ 企業戦略

事業目標 ←──────────→ 事業戦略

職能別目標 ←─────────→ 職能別戦略

（出所）　大月・高橋・山口（2008），p.197。

　このような目標と戦略の関係で示される戦略レベルは，以下のようにまとめることができよう[2]。

　　(1)　企業戦略（Corporate Strategy）：企業全体の将来のあり方にかかわるもので，基本的にいかなる事業分野で活動すべきかについて

の戦略である。したがって，事業分野の選択と事業間の資源展開が主たるものとなる。
(2) 事業戦略（Business Strategy）：企業が従事している事業や製品－市場分野でいかに競争するかに焦点を当てた戦略で，資源展開と競争優位性が主になる。
(3) 職能別戦略（Functional Area Strategy）：各職能分野において資源をいかに効率的に利用するかの戦略で，資源展開とシナジーが戦略構成要素のカギとなる。

このような戦略レベルは事業の多角化や規模の拡大によって明確に区別されるようになるが，同時に有効に機能するためには，これらが有機的にかつ

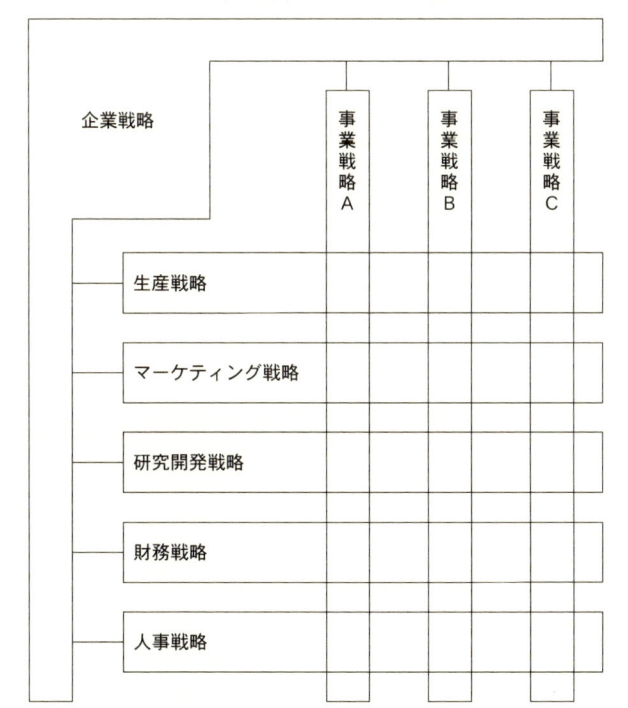

図6　経営戦略のマトリックス構造

	事業戦略A	事業戦略B	事業戦略C
企業戦略			
生産戦略			
マーケティング戦略			
研究開発戦略			
財務戦略			
人事戦略			

（出所）　石井他（1985），p.11。

相互に統合され一貫したものでなくてはならない。組織や企業の行動に関わる経営戦略は，組織階層の中で策定され，実行されていくことになる。その関係を示したものが，図6である。縦割りになっている事業戦略と職能ごとに各事業に横断的に関わっている職能戦略のマトリックスとして，組織全体に関わる企業戦略が構成されるのである。このような戦略マトリックスが，戦略として整合性を持つことが必要であり，それこそがマネジメントといえる。

3. 戦略策定プロセス

　戦略はどのようなプロセスによって策定され，実行されるのであろうか。多角化戦略で有名な Ansoff（1965）をはじめとして Hofer & Schendel（1978）などさまざまに議論されてきているが，いずれにしても戦略策定と実行はプロセスとして理解される。その一例としてあげることができる Hofer & Schendel（1978）のモデルは，7つのステップを含んでいる（大月・高橋・山口, 2008: p.200）。

　(1)　戦 略 の 識 別：現在の戦略と戦略構成要素の評価
　(2)　環 境 分 析：組織が直面する主たる機械と脅威をはっきりとさせるための特定の競争環境とにより一般的な環境評価
　(3)　資 源 分 析：次の第4ステップで明らかにされた戦略ギャップを縮めるのに利用可能となる主たるスキルと資源の評価
　(4)　ギャップ分析：現在の戦略にどれくらいの変更が必要なのかを決めるために，環境における機会と脅威に照らしてする組織の目標，戦略，資源の比較（多くのモデルではこのステップは明示的というより暗黙的である）
　(5)　戦 略 代 替 案：新しい戦略を形成するための戦略オプションの識別
　(6)　戦 略 評 価：株主，経営者，および他のパワー保有者やり甲斐関係者の価値観や目標，利用可能資源，さらにこれらを十分に満たすような代替案を識別するためにある

序章　マネジメントのフレームワークと諸理論　15

　　　環境の機会と脅威などの観点からする戦略オプションの評価
(7)　戦　略　選　択：実施のための一つないしそれ以上の戦略オプションの評価

　以上の Hofer & Schendel (1978) の戦略策定プロセスは，図7のモデルとして示されている。

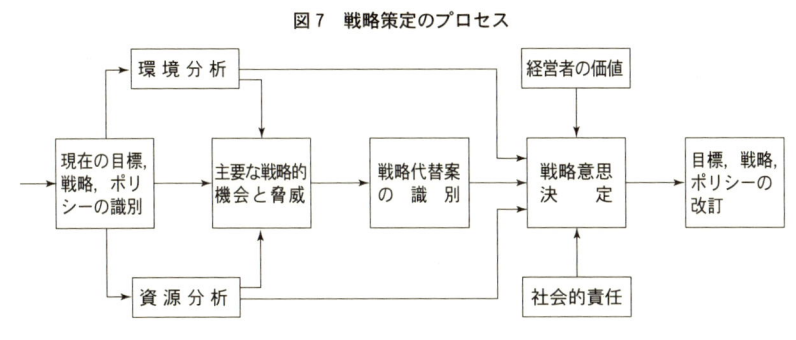

図7　戦略策定のプロセス

```
              環 境 分 析                経営者の価値
                │ │                       │
                ↓ │                       ↓
現在の目標，     主要な戦略的    戦略代替案    戦略意思    目標，戦略，
戦略，ポリ  →   機会と脅威   →  の 識 別  →  決　　定  →  ポリシーの
シーの識別        ↑                       ↑            改訂
                │                         │
              資 源 分 析                社会的責任
```

　　　　　　（出所）　Hofer & Schendel (1978) p.48, 訳 p.55。

4. 戦略の種類

　戦略については様々なタイプが考えられるが，経営資源やシナジー，ケイパビリティなどを考える必要がある。その中で多く議論されるのは，製品－市場戦略であり，特に多角化戦略と製品ポートフォリオ・モデル (Products Portfolio Model) が有名である。

(1)　製品－市場戦略

　製品－市場戦略は，企業レベルや事業レベルにおいて，製品－市場分野に着目した戦略モデルであり，縦軸に現在と将来の新しい市場分野，横軸に現在の製品と新製品の軸を取り，マトリックスにしたものが，それである。

表2 製品－市場戦略

市場＼製品	現製品	新製品
現市場	市場浸透戦略	製品開発戦略
新市場	市場開拓戦略	多角化戦略

(出所) 大月・高橋・山口 (2008), p.201。

製品浸透戦略は，企業が現在関わっている市場と製品の組み合わせによるものであり，製品の販売促進やPR活動により現製品の市場への浸透を狙う戦略である。

市場開拓戦略は，企業が現在もっている製品で新たな市場分野を開拓する組み合わせであり，例えば販売地域の拡大，海外進出など，市場の拡大を意図している。

製品開発戦略は，企業が現在活動している市場分野と新たな製品分野の組み合わせによる戦略であり，現市場に対する新鋭品の開発と販売をねらうものである。

多角化戦略は，新製品と新市場の組み合わせによる戦略であり，企業が現在関わっている市場分野とは異なる新しい市場にむけて，新製品の開発と販売を狙ったものである。

このような製品－市場戦略では，成長ベクトルとシナジーが重要な要素であり，特に多角化戦略では，競争優位を確保するためにシナジー効果を十分に発揮できるようにすることが必要である(Ansoff, 1965)。つまり，既存の事業と新事業とのプラスのシナジーを確保することが重要なのである。

(2) 製品ポートフォリオ・モデル (Products Portfolio Model)

製品ポートフォリオ・マネジメント (PPM) は，ボストン・コンサルティング・グループ (BCG) によって開発された手法であり，多角化戦略における各事業への効果的な資源配分や企業全体としての製品事業の最適な組合せを明らかにしたものである。その前提として，① 製品ライフ・サイクルと ② 経験曲線が考えられている。① の製品ライフ・サイクルでは，製

品には生物と同じように誕生から成長を経て衰退するという一連のプロセスがあるとされる。②の経験曲線は，企業の経営において経験が蓄積されると，つまり累積生産量が上がると製品の単位あたりのコストが低減されるというものである。

　これをもとにして，縦軸に市場成長率，横軸に相対的マーケットシェアをとる製品マトリックスを作成し，負け犬になった製品はすぐに捨て，問題児と花形製品をいかに金のなる木を育てるかが図られるのである。

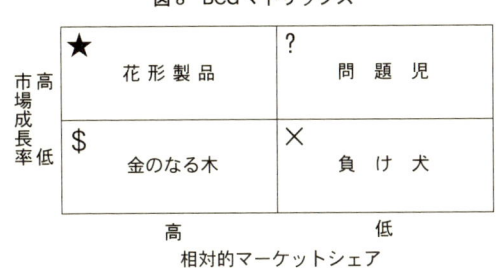

図8　BCGマトリックス

市場成長率	高	花形製品 ★	問題児 ?
	低	金のなる木 $	負け犬 ×
		高	低

相対的マーケットシェア

　他にも戦略のタイプは，様々に識別することができる。例えば，環境の次元を基準にすれば安定戦略，乱気流下の戦略，適応戦略，能率を基準とすればコスト削減戦略，企業の成長や縮小を考えれば成長戦略と撤退戦略，さらに市場を考えれば競争戦略，差別化戦略など，に分類することができる。

【注】
1）　このフレームワークの図については，Martin & Fellenz(2010)のp.23の図1-4を参考にして作成した。
2）　経営戦略のレベルについては，大月・高橋・山口(2008)のpp.197-198によっている。

第 I 部

プロセスとしてのマネジメント

第1章

マネジメント・プロセス

1. Fayolのマネジメント論

　ファヨール（H. Fayol）は長年の経営者としての経験から，管理の重要性と管理教育の必要性を認識し，マネジメントをプロセスとして展開した。それに先立ち，Fayol（1916）は「経営」と「管理」を明確に区別し，経営とは「企業に委ねられているすべての資源からできるだけ多くの利益をあげるよう努力しながら企業の目的を達成するよう事業を運営すること」であり，管理は「経営がその進行を確保せねばならない本質的六職能の1つにすぎない」（p.5, 訳10ページ）としている。そして，その経営の本質的職能は，

　　　技術職能（fonction technique）―生産，製造，加工
　　　商業職能（fonction commerciale）―購買，販売，交換
　　　財務職能（fonction financière）―資金の調達と運用
　　　保全職能（fonction de sécurité）―財産と従業員の保護
　　　会計職能（fonction de comptabilité）―棚卸，貸借対照表，原価計
　　　　　　　算，統計など
　　　管理職能（fonction administrative）―計画，組織，命令，調整，統制
の職能からなっているとされる。この6つの職能のうち管理職能は，経営者の役割がもっぱらこの職能であるかのようにみられるほど大きな地位を示している。管理職能は，①事業の全般的活動計画を作成すること，②組織体を構成すること，③諸努力を調整すること，④諸活動を調和させることを任務にしているのである。さらに，この管理職能は5つの「管理要素」

(elements d'administration) からなると Fayol は定義した。つまり、「管理する」とは、計画し（prévoir）[1]、組織し（organiser）、命令し（commander）、調整し（coordonner）、統制する（contrôler）ことなのである。

　計画するとは、将来を探求し、活動計画を作成することである。
　組織するとは、事業経営のための、物的および社会的という二重の有機体を構成することである。
　命令するとは、従業員を職能的に動かせることである。
　調整するとは、あらゆる活動、あらゆる努力を結合し、団結させ、調和を保たせることである。
　統制するとは、樹立された規則や与えられた命令に一致してすべての行為が営まれるよう監視することである。

　Fayol によれば、管理職能は他の5つの本質的職能と同様に組織体のトップ・マネジメントと従業員で分担されるべき職能である。そして彼は、管理概念は経営者に固有のものではないとしてその普遍性を強調する一方で、従業員の重要能力は事業の特質を示す専門的能力（技術、商業、財務、保全、会計）であり、トップ・マネジメントの重要能力は管理能力であるとも認識していたのである。したがって、企業の発展・存続を確保するためには、管理の学理（une doctorine administration）を樹立し、管理教育によって管理概念を拡充することが重視されたのである。
　このように、Fayol は、経営と経営管理を区別し、管理の重要性をうったえたのであるが、彼の理論は、管理者教育を目的として構成されているが故に、その理論構成は明確である。その理論内容は、企業における現在の管理者研修においても十分通用するものであり、管理プロセスの要素や構成などは様々ではあるが、その基本のプロセスは同じである。本書では、この管理プロセスを踏襲して、経営管理について説明している。

II. マネジメントのプロセス

マネジメント (management あるいは administration)[2]は，企業のみならず政府，自治体，学校，病院，教会，軍隊，そして家計などあらゆる組織体の運営に共通であると考えられている。マネジメントとは「人々をして効果的に活動を行い，目的を遂行する普遍的なプロセスである」と定義できる。管理者は目的の達成度を意味する有効性（effectiveness）と希少資源の最適配分である能率（efficiency）を同時に考えなければならない。

マネジメントのプロセスは，現在ではPDCA（Plan-Do-Check-Action）として広く知られているが，基本的にプラン（Plan）―ドゥー（Do）―シー（See）（略してP―D―S）のマネジメント・サイクルという一連のプロセスであると理解される。P―D―Sの内容については，理論家によって若干の相違がみられるもののここでは計画化（Planning）―組織化（Organizing）―指揮（Leading）―統制（Controlling）として把握することにする（図1-1）。

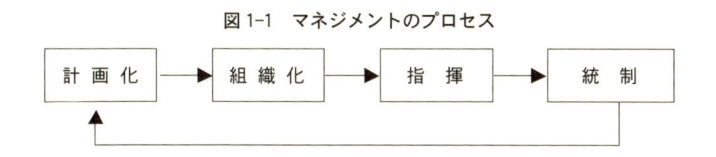

図 1-1 マネジメントのプロセス

計画化 → 組織化 → 指揮 → 統制

目的は計画化によって決定され，希少資源の配分は計画化と組織化に関連する。指揮は人々を通して目的を達成することであり，統制は設定された目的と成果を比較して必要ならば行動を修正することを含んでいる。

1. 計画化

計画化とは，遂行される目的とその目的を達成する手段をあらかじめ決定することである。つまり，計画化は何を行うか，それをいかに，いつ，どこで行うか，そして誰が行うかを決めることである。「計画化とは，望ましい

将来を設計し，それを創り出す効果的な方法のデザインである」とか「将来に予測される環境の変化に適応して，企業の存続・成長をはかるための意思決定のシステムである」と定義されるが，結局は「計画化とは，何をなすべきかを決定すること」である。

この計画化は，現状と理想とのギャップを橋渡しすることであるがゆえに，4つの管理プロセスのうちで最も基本的な職能であるといえる。

(1) 計画化のプロセス

計画化は，戦略に基づいて目的設定より始まる。その計画化のプロセスは，まさに意思決定過程と同様であり，以下のように示すことができる。

　　1．目的を特定化すること
　　　　　↓　　経営戦略に基づき，組織が何をなすべきかという目的を明確にすること
　　2．現状の識別
　　　　　↓　　組織の持つ有形無形資源と組織の能力と内外の環境を識別すること
　　3．計画を決定すること

組織の目的は様々であるが，それらの目的に合わせて様々な計画が組織の内部で策定されることになる。

(2) 計画の種類

計画の種類には様々な計画が考えられるが，具体的には，期間の長さを基準にした(i)長期計画（5年以上），(ii)中期計画（1年から5年），(iii)短期計画（1年以内），組織の管理レベルによる(i)戦略的計画，(ii)管理的計画，(iii)業務的計画，対象範囲による(i)全体的計画と(ii)部分的計画，計画の継続性・反復性をもとにした(i)定例計画と(ii)臨時計画，経営方針や手続規定を基準にした(i)恒常的計画と(ii)可変的計画，将来の特定時点の活動のための単一計画や環境変化に対応するために複数の計画を用意して状況に対応するためのコンティンジェンシー計画などがあげられる。

2. 組織化

　組織化とは，遂行されるべき諸活動，それを遂行するためにヒトおよびモノを集め，計画化によって策定された計画が実行できるように諸原則を指針として組織を編成することである。従って，組織化とは，簡単に言えば，組織の目的を達成するための経営資源をどのように配分するか，そしてその配分のネットワークをつくることであるといえる。管理者は入手可能な資源を調整し，能率的で有効的な目的達成を助長するべく，組織を設計しなければならない。

　組織とは，共通の目的を能率的かつ有効に達成するために，組織メンバーが遂行すべき職務の範囲や種類，職務遂行のための権限[3]と責任を明確にし，組織メンバーの有機的な相互関係を規定したシステムと考えられる。職務分担の決定，人員配置，そして階層化の原則，専門化の原則，スパン・オブ・コントロール，権限と責任の同一化といった組織の諸原則がこの組織化のガイドラインとなる。

　計画化に従い目的達成のために最大限の組織成果をうることが重要であり，常に環境に適合するように組織化は行われなければならない。そのために，公式組織構造の設計には，たとえば，職能部門制組織から事業部制組織へ，プロジェクト組織あるいはマトリックス組織の採用，さらに委員会制の導入があげられる。また，タスク構造の修正にはプロジェクト・チームといったタスクフォースの活用，職務拡大，職務充実，フレックス・タイム制の導入が考えられる。

(1) 組織の考え方

　組織は，「二人以上の人々による意識的に調整された諸力の体系」(Barnard, 1938: p.73, 訳 p.76) という定義が有名である。その組織の要件として，① 共通の目的，② 協働意欲，③ コミュニケーションをあげることができる。

　　①共通の目的
　　　　組織メンバーが共有する価値を表すもので，組織の公式目的である。まずこれがなくては組織はまず成立しない。

②協働意欲

　　組織メンバーから協働意欲を引き出さなければ組織を動かすことは出来ない。以下に組織メンバーからこの貢献意欲を引き出すかが重要となる。

③コミュニケーション

　　Barnardは組織の権限関係でとらえているが，いわゆる意思の疎通を図るコミュニケーションと理解できる。目的があり貢献意欲があっても，それを調整しなければ組織は有効性を発揮することは出来ない。

(2) 組織構造 (Organization Structure)

組織構造とは,「組織内の諸要素間の関係」であり，具体的には権限や責任のネットワーク，職務のネットワークと理解できる。通常は，企業の組織図として描かれるものである。他方，組織図として表されることのない組織構造，すなわち人間関係論で指摘された非公式な関係といわれる関係（構造）が組織には存在している。

a) 公式組織 (formal organization)

公式組織（フォーマル組織ともいわれる）は，組織図に表れる構造であり，図1-2にあるように, 通常, 企業の組織を見るときに示されるものである。組織の目的を達成するための組織の関係が示されるといってよい。

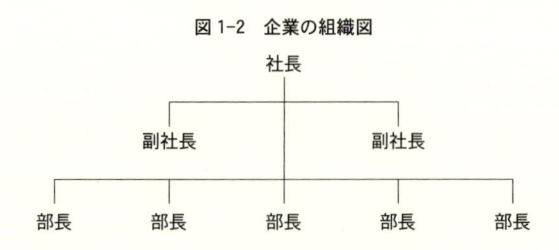

図1-2　企業の組織図

```
            社長
       ┌─────┴─────┐
      副社長        副社長
   ┌───┼───┐   ┌───┴───┐
  部長 部長 部長  部長    部長
```

また，公式組織をつくるためのいくつかの組織原則があるが，命令の一元性の原則は組織デザインの基本である。通常，この組織の一元性の原則に基づき組織は作られるが，命令の多元性を持つファンクショナル組織やマト

リックス組織も考えられている。
　b）　非公式組織（informal organization）
　人間関係論で指摘された組織図には表れない，組織の中で自然発生的に形成される人間関係である。この非公式組織（インフォーマル組織ともいわれる）は組織に大きな影響を与えることは広く知られていることであり，その機能の重要性を認識する必要がある。この非公式組織は使い方によっては公式組織のコミュニケーション機能を補完することが出来るが，しばしば公式組織の機能を阻害する逆機能を持つことが多い。

(3)　組織の形態
　a）　組織の基本形態
　組織の基本形態としては，①ライン組織，②ファンクショナル組織，③ライン・アンド・スタッフ組織があり，他に④プロジェクト組織・委員会などがあげられる。
　b）　具体的組織
　①　職能部門制組織
　具体的につくられる組織としては，職能部門制組織であり，組織の基本的職能に基づき部門化して編成された基本的な組織である。組織は基本的にこの職能に基づいて編成される。しかしながら，この組織は集権型の組織であり，組織の規模の拡大にともない管理コストの増大や調整の難しさ，環境への適応の困難さという問題を抱える。
　②　事業部制組織
　部門化の基準にしたがって事業別に編成された組織で，分権的組織といわれる。この場合，各事業部が独自の市場を持っていることが前提となる。この事業部制組織は，現在ほとんどの大企業に取り入れられている組織であり，環境への対応など，集権型の職能部門制組織の欠点を克服しているといえる。
　③　マトリックス組織
　この組織形態は，2つ以上の組織編成原理を1つの組織に入れたもので，それ故マトリックスといわれる。具体的には，職能別組織とプロジェクト型

の組織を組み合わせたものといえる。そのため，ワンマン・ツーボスという多元的な命令系統をとることになり，そのため管理コストの増大や命令の混乱をきたす場合がある。

　この組織が有効に働くためには，第1に，2つ以上の組織編成原理が必要となる環境からの圧力があること，第2に，外部環境の不確実性やタスクの複雑性など，高度情報処理が必要となること，第3に，業績達成のための経営資源の共有が必要とされること，という条件がある場合である（Davis & Lawrence, 1977）。

　④　ネットワーク組織

　この組織は，組織の階層に捕らわれない新しい組織編成によるものであり，いわば自立した単位組織が横断的に結びつけられ，ネットワークを形成した組織である。IT技術の発展により現実的となった組織であり，目的や情報の共有により各構成単位が自律的に動くことが求められ，それにより環境に柔軟に対応しつつ，高いパフォーマンスを上げることができると考えられた組織である。

(4) 組織デザイン（Organizational Design）

　a)　組織デザインの目的

　組織デザインの目的は，環境の変化に応じ組織を適切に設計することにある。この考えは，コンティンジェンシー理論以降の環境適応に沿って議論されたもので，現在では重要な理論分野となっている。

　b)　組織デザインへのアプローチ

　ここでは，組織構造と環境（外部環境と組織のコンテクスト）との関係で組織デザインを考えることにする。コンティンジェンシー・アプローチにもとづけば，組織の普遍的理想形態，いわゆる唯一最善の方法（only one best way）という「どの環境にも普遍的に有効な組織構造がある」を放棄して，環境との適合関係でとらえられる。そのために，まず普遍理論の代表的理論で合理的組織の典型である官僚制の組織をレビューし，その逆機能を考察することによって環境適合への考え方を見てみることにする。

　ⅰ）官僚制理論

ウェーバー（Weber, M.）によって定義された理念型官僚制は、① 明確な仕事の分化，② 階層化された権限構造，① 機能的専門化に基づいた分業，② 権限の明確な階層制，③ 職務担当者の権利と業務を規定する規則のシステム，④ 労働条件を扱う手続きのシステム，⑤ 人間関係の非人格化，⑥技術的能力に基づいた雇用という特徴をもっている。この官僚制の特質により，官僚制組織は合理的に目的が達成されるとした。しかし，実際には制約された合理により十分機能することはなく，逆機能（dysfunction）をもたらした。

ⅱ) 機械的組織と有機的組織

官僚制組織での問題に答えたものが，Burns & Stalker（1961）の研究である。彼らの研究により，組織構造は2つのタイプがあることが判明した。それらは，それぞれ異なる環境に対してパフォーマンスを発揮することが論じられた。つまり，安定した環境には機械的管理システムを持つ機械的組織が，他方変化の激しい環境では有機的な柔軟性のある組織が適合することが実証研究として証明されたのである。このように，環境により適合する組織構造や管理システムが異なるということが示され，コンティンジェンシー理論が展開することになる。

ⅲ) 組織デザインと情報処理

組織デザインの目的は，外部環境と組織コンテクスト（organizational context）の要因（技術，タスク，規模，目標，戦略といった組織構造や組織プロセスを条件づけるような変数）を考えて，組織をつくっていくことである。そのために，これらを環境情報としてとらえ，組織はこれらの環境情報を処理する役割を持つものとして考察することが必要となる。われわれは，何か行おうとするときに入手可能でかつ処理できる情報は，必要なすべての情報ではなく，また完全にその情報を処理することはできない（制約された合理性）ので，現実には入手できないもしくは処理できない情報が存在することになる。これこそが不確実性なのである。

以上のように，組織環境を情報（負荷）の観点から捉え，組織は環境の不確実性を処理するものとして考えることができる。したがって，環境からの

情報負荷を如何に処理するかが，組織デザインといえる。

このような情報処理の側面から不確実性の処理に対処する組織デザインを，Galbraith（1977）は以下のように示している。環境の不確実性に対して，まずは伝統的な組織原則により機械的モデルで対処しようとするが，それで対処できなくなると，情報処理の必要性削減および情報処理の能力増大によって組織は対応することになる。

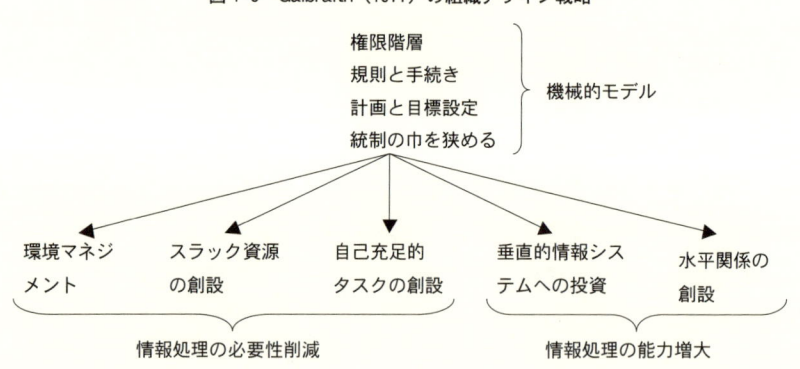

図 1-3　Galbraith（1977）の組織デザイン戦略

```
         権限階層
         規則と手続き      ⎫
         計画と目標設定    ⎬ 機械的モデル
         統制の巾を狭める  ⎭
```

環境マネジ　スラック資源　自己充足的　　垂直的情報シス　水平関係の
メント　　　の創設　　　　タスクの創設　テムへの投資　　創設

　　　情報処理の必要性削減　　　　　　　情報処理の能力増大

(5) 職務デザイン

組織デザインは，組織全体を形づけることができるが，それだけでは不十分である。すなわち，組織のメンバーが実際行うべき仕事について考えることが必要である。組織内でのなすべき仕事（課業：task）についてのデザインは，すでに科学的管理法によって確立されているが，経営学での組織内の労働には，さらに社会−心理的側面を考えることが人間関係論以降常識化されている。組織のメンバーは賃金，労働時間，有給休暇などの物理的側面とともに，仕事に価値を見出し，創造性を発揮し，社会的満足を得るといった社会心理的側面を持っているのである。

したがって，このような要求を満たす職務を如何に提供するかが組織パフォーマンスに大きな影響をもたらすのである。そのために，組織の理論や組織行動論では，職務業績（Job Performance）をあげると同時に個人に職務満足（Job Satisfaction）がえられるように考えられている。それが，

管理者の重要な役割の1つである。

　職務は，通常，職務記述書（Job Description）により規定されるが，要は仕事という意味である。このような職務により，組織メンバーが高い満足と十分な物的報酬を得るためには，適切な職務デザインが要求される。そのために，職務拡大や職務充実が図られている。職務拡大とは，細分化された単純労働ではなく，職務の種類や範囲の幅を広げることであり，職務充実とは，上位の職務を担当させることにより組織メンバーのやる気を引き出し，職務満足を増大させることである。

　いずれにしても，組織行動論では，職務のパフォーマンスと職務満足について研究が進められているが，その関係は「鶏と卵」のような関係であり，特定化することは難しい。したがって，職務に関しては，職務満足と職務パフォーマンス，およびどのような報酬が得られるかを総合的に考慮する必要があり，これはモチベーション論と深く関わっている。

3. 指揮

　指揮（leading）とは，組織の目的を達成するために，組織化された経営資源や組織をとおして，実際に人を組織目的達成に導き，協働意欲を確保することである。つまり，指揮とは，計画化で設計された目的を遂行するために組織メンバーを導き，協同意欲や諸活動を確保することである。そこで，ここではモチベーション，リーダーシップ，および集団とコンフリクトを考え，コミュニケーションを通して部下を動機づけ（あるいはモチベーション），リーダーシップを発揮することにより組織の目的達成に必要な諸活動を確保しなければならない。

　ここでは指揮について，以下の3つの分野から考察することにする。

　(1)　動機づけ（Motivation）
　(2)　リーダーシップ（Leadership）
　(3)　集団とコンフリクト（Group & Conflict）

(1) 動機づけ（Motivation）

　組織は個人の限界を克服するために考えられた協働システムであるが，個

人をただ集めただけでは組織とはならない。個人の協働意欲をまとめることが必要となる。これがマネジメントであるが，そこで，どのようにして人間行動を管理するかを考えるためには，まず個人の行動について知る必要がある。その手がかりが動機づけ（motivation）であり，基本的には図 1-4 のプロセスとして理解される。

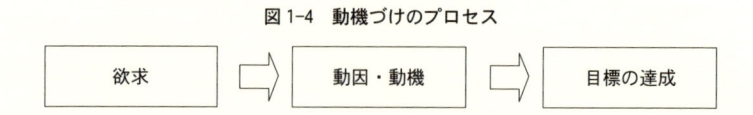

図 1-4 動機づけのプロセス

欲求 ⇒ 動因・動機 ⇒ 目標の達成

このプロセスを前提として，管理者は組織メンバーから個人の努力を引き出すことを考えなければならない。ただ，重要なことは，人間は欲求を持ち，それを満たすように行動するという仮説を前提としていることを認識しなければならないということである。

(2) 動機づけの理論

動機づけの理論には，大きく分けて，欲求（needs）の内容に関する理論と，欲求充足のためのプロセス理論がある。前者は，人間行動へのエネルギー付与の問題を扱う研究であり，後者は，欲求によって付与されたエネルギーの強さ，持続性，そして方向性に関する研究である。

a) 動機づけの内容理論（Content Theory）

人間のもつ欲求については，Murray (1938) の欲求リストによって示されているが，ここでは，個人がどのような欲求を持つかが要点となる。そのため，以下では，マズロー（Maslow, A.H.）の欲求段階論，アルダーファー（Alderfer, C. D.）の ERG 理論，ハーズバーグ（Herzberg, F.）の動機づけ－衛生理論，そしてマクレーランド（McClelland, D. C.）の達成動機の理論を取り上げる。

(i) マズローの欲求段階論

この理論によれば，個人の持つ欲求は低次生理的欲求から，安全性の欲求，社会的欲求，尊厳欲求，そして自己実現の欲求という高次へと階層をなすとされ，個人は低次の欲求が充足されると，順次，高次の欲求へと関心を

移していくとされる。ただ，その方向は高次への一方方向であり，低次の欲求に戻ることは仮定されていない。

(ii) アルダーファーのERG理論

マズロー理論の批判点を克服し，発展させた理論であるが，以下の点で異なる。

　　a) 欲求を生存欲求（Existence Need），関係欲求（Relatedness Need），成長欲求（Growth Need）の3段階とした。
　　b) 欲求充足は必ずしも上昇の原則に従うとは限らず，より低次の欲求が先立つことは必要でないことも，同時に2つの欲求が作用することも認めている。
　　c) 高次の欲求から低次の欲求へと戻る行動を考えている。

(iii) ハーズバーグの動機づけ－衛生理論

ハーズバーグは動機づけに関して，満足を提供する要因（動機づけ要因）と，不満足を解消する要因（衛生要因）を区別した。前者は，個人に積極的に動機づけるが，後者は，不満足を取り除くが積極的な動機づけとはならない。したがって，経営者／管理者は両者の要因を区別し，従業員を動機づけなければならないことになる。

(iv) マクレーランドらの達成動機の理論

マクレーランドらは，組織行動，特に仕事の遂行に達成欲求（need for achievement）が強く関係していることに注目した。さらに，パワー欲求（need for power），親和欲求（need for affiliation）も仕事に関係していることを発見した。つまり，成功した経営者や管理者は，強い達成欲求を持っているが，これはパワー欲求によって動機づけられる。しかし，このパワー欲求が成功に直ちに結びつくものではなく，他の欲求，とくに親和欲求と関係があり，他人との信頼関係や支持を得ることによってはじめて強いパワー欲求を持ったリーダーが成功を収めると考えた。

　b) 動機づけのプロセス理論（Process Theory）

この研究は，個人が欲求達成行動による報酬にどのような意味づけを持っているか，に分析を集中する。以下では，ブルーム（Vroom, V. H.）の期

待理論，ポーター＆ローラー（Porter, L. W. & Lawler, E. E.）の期待モデル，アダムス（Adams, J. S.）の公平理論，行動変容の理論を検討する。

(ⅰ) ブルームの期待理論

ブルームによると，個人を動機づける力は基本的に期待（expectancy）と誘意性（valence）によって決定される。そして，課業と個人の目標の達成についての道具性（instrumentality）により報酬と努力が決定される。

(ⅱ) ポーター＆ローラーの期待モデル

ポーター＆ローラーは，ブルームのモデルをより精緻化して，職務態度と職務成果についての関係を実証分析する理論枠組みを示した。

(ⅲ) アダムスの公平理論

アダムスは，他人との比較を通して動機づけを考えるモデルを示した。つまり，「個人は他人と比較して自分が不公平な取り扱いを受けていると感じたとき，その不公平を取り除く行動をとり，不公平な状態を公平な状態に変化させようとする」と考え，人間の動機づけ行動を説明しようとした。

(ⅳ) 行動変容の理論

スキナーに代表される理論で，「強化理論（Stimulus-response Reinforcement Theory）」として知られている。ワトソン（Watson, J.B.）らによる行動主義に立脚しており，学習と強化を通して目標に合う行動を導き出そうとする。したがって，「行動は，その行動の結果の関数」であるとされる。

(3) リーダーシップ（Leadership）

リーダーシップ（Leadership）とは，人々を進んで目標を達成するように影響を与えるパワー[4]でありプロセスである。管理者の役割はこのリーダーシップを発揮することで，組織のメンバーに影響を及ぼし，組織の目的を達成することが求められる。

a) リーダーシップの考え方

リーダーシップ理論の考え方は，「管理者がリーダーシップを発揮することにより，個人の努力をある一定の方向に向かわせ，組織の目標を達成する」というものである。これまでのリーダーシップ論をグループ・ダイナ

ミックスで有名なレヴィン（Kurt Lewin）の人間行動の公式をもとに変遷をたどることができる。彼は，人間行動を B=f (P,E) として定式化した。B は人間行動であり，人間行動は，P である人と環境である E との関数であるとして表される。したがって，人間行動は B=f (S) として，状況変数に依存するとされた。これをリーダーシップに適用すると，L=f (l,f,s) として表すことができよう。L はリーダーシップ，l はリーダー，f はフォロワー，s は状況変数である。初期のリーダーシップ研究である特性研究では，L=f (l) であり，行動理論であるリーダーシップ・スタイル研究では L=f (l,f) として，また状況理論では L=f (l,f,s) と表すことができる。このようにリーダーシップ理論は，リーダーシップの変数を加えることにより展開してきたといえる。

b) リーダーシップの諸理論

リーダーシップの理論には，以下のようなものがある。

(i) 特性アプローチ（Trait Approach）

リーダー個人に焦点を当てる研究で，優れたリーダーは優れたリーダーシップを発揮すると考えられ，リーダー個人の特性や資質，および能力が分析された。つまり，いかなる資質・特性を持つリーダーが最適であるかを考える理論であるが，優れたリーダーの資質や特性，能力が必ずしも一致しないという研究結果が見られる。

(ii) 行動スタイル研究（Behavioral Approach）

リーダーだけではなく，部下（followers）との関係を考えて，上司と部下がどのような関係にあるときが最適であるかを，管理スタイルとして研究する。この研究としては，アイオア大学の研究，オハイオ州立大学およびミシガン大学の研究が有名である。

① アイオア実験

グループダイナミックスで有名なレヴィン（Lewin, K.）のもとで 1937 年から 1940 年にかけてアイオア大学児童福祉研究所で行われた最初のリーダーシップの類型の実験研究である。実験では，リーダーシップを民主型リーダーシップ（democratic leadership），専制型リーダーシップ

(authoritarian leadership), 自由放任型リーダーシップ (laissez-faire leadership) に分けて, どのタイプのリーダーシップはパフォーマンスを上げるかを研究した。その結果, 民主型のリーダーシップが, 作業パフォーマンスが高く, 集団の不平不満がなかったことが認められた。

② オハイオ州立大学とミシガン大学の研究

オハイオ州立大学の研究は, 空軍の爆撃機と乗員を対象にして行われたものであり, その結果からリーダーシップ行動の2因子として配慮 (consideration) と構造設定 (initiating structure) が抽出された。また, ミシガン大学の研究でも同じように従業員志向 (employee-centered) と生産性志向 (production-centered) が抽出された。これらのリーダー行動の研究から, リーダーシップ・スタイルの2次元モデルが提唱されたのである。

リーダー行動のスタイル研究から, ブレイク&ムートン (Blake, R. E & Mouton, J. S.) はマネジリアル・グリッド (Managerial Grid) を展開した。

(iii) 状況理論(Situational Theory)

① ハーシー&ブランチャード (Hersey & Blanchard) のSL理論

SL理論 (Situational Leadership Theory) とは, リーダーの有効性モデルから展開された理論で, ハーシー&ブランチャード (Hersey, P. & Blanchard, K.H.) は, 管理者の行動スタイルと部下の成熟度 (Maturity) の関係から状況に応じて適切な管理スタイルは変わると考えた理論である。

② フィードラーのコンティンジェンシー・モデル (Fiedler's Contingency Model)

ミクロレベルのコンティンジェンシー理論として知られ, リーダーシップの有効性から, 職場の環境により, それぞれ最適なリーダーシップのスタイルは異なることを提唱した研究である。つまり, リーダーシップの有効性は, リーダーシップ・スタイルと環境との適合関係に依存すると考えられた。

③ 目標-経路理論 (Path-Goal Theory)

基本的にモチベーションの期待理論に理論的基盤をもった理論であり, リーダーの行動が部下の動機づけ, 満足, そしてパフォーマンスに影響を及

ぼすことにより，管理者は部下の目標への経路（path）をあたえ，部下が目標を達成できるように導くことであるとされた。House（1971）により展開された理論である。

(4) **集団とコンフリクト（Group & Conflict）**

ⅰ） 集団（group）

組織の行動については，個人レベルだけでなく集団レベルを考えなければならない。集団については，人間関係論で明らかになったように，組織内では集団行動の重要性が指摘されている。三隅（1966）の PM 理論によれば，集団の機能には目標達成機能と集団維持機能があるとされ，リーダーはこの両機能を高い程度で達成しなければならないことが指摘されている。

個人は組織内において個人は集団からの圧力を受け，影響されるが，このような問題を研究したのが集団力学（Group Dynamics）である。ここでは，集団規範（group norm）と集団凝集性（cohesiveness）が考えられている。

ⅱ） コンフリクト（conflict）

現在では，組織内で起こるコンフリクトは避けがたいものであり，コンフリクトは解消されなければならないというよりマネジメントされなければならないというように認識が変化している。基本的に組織目標と個人目標は一致することがなく，必ず目標コンフリクトが存在することになるが，このコンフリクト・マネジメントの考えは，コンフリクトを単に解決するだけでなく，イノベーションの観点から一歩進めて改善や新たな状況の創出と結びつけ，活用することが強調される。

4. 統制（Control）

統制とは，「計画化によりたてられた計画が計画通りに行われたか」を，組織によって遂行された実際の活動の結果の測定と，計画に従った諸目的達成への逸脱があった場合の修正を行うことである。つまり，統制は標準や計画値と実績を比較してそこに差異が生じた場合，速やかにその原因を分析して是正措置を講じるという一連のプロセスであり，組織目標達成の測定と分

析することである。もし逸脱した組織行動がある場合，改めて管理プロセスを開始することになる。統制のプロセスは，基本的に標準の設定→標準と実際の活動の比較→矯正行動と考えることができる。ここでの標準と実際の活動の比較→矯正行動は，計画を実現するものであるところから狭義の統制と見なすことができるが，統制のプロセス全体は図1-5のように理解することができる。

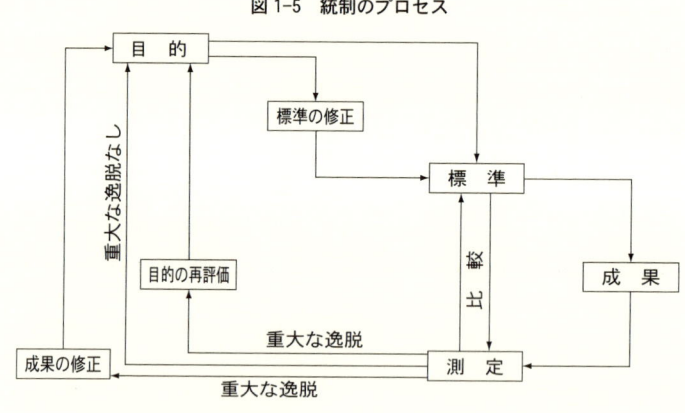

図1-5　統制のプロセス

（出所）　Robbins（1979），p.377.
①実際の成果の測定
②違いがあるかを知るために測定結果を標準（standard）と比較すること
③修正行動を通して重大な逸脱を修正すること

標準に対する逸脱の許容水準を決める統制規準（control criteria）としては，量，質，コスト，時間が一般に考えられよう。これらについては，管理会計の分野で研究が発展しているが，具体的な統制技法として，原価管理（cost management），品質管理（quality management），費用－利益分析（cost-benefit analysis），PPBS（Planning-Programming-Budgeting System），ゼロ・ベース予算（zero-base budgeting）などが知られている。

最後に，このようなコントロールが効果的におこなわれるためには，次のことが重要となることを心に止めなければならない（車戸編，1984：124-125）。

　ⅰ）　コントロールをおこなうためには計画がなければならないこと。つ

まり，コントロールは計画を実現に導くための一つのプロセスであり，コントロールには計画にもとづいたシステムや技法が採用され，それにより計画化で設定されたとおりに実行されたかどうかが判断されるからである。したがって，コントロールは計画化というコインの裏面といえる。

ⅱ）コントロールをおこなう前提として，合理的な組織が編成されていることが必要であること。つまり，コントロールは諸活動を測定して，計画の達成のために必要な行動を取らせることであり，計画からの逸脱を発見して是正するためには権限と責任が明確にされていることが必要となる。したがって，コントロール・システムの役割分担が明確に定められていることが不可欠であるといえる。

以上のように，組織が明確にデザインされることにより，コントロールは効果的におこなわれることになる。

【注】
1) Fayol は，管理要素の最初に「予測する(prévoir)」を上げているが，この内容は計画すると同義であるので，ここでは計画とした。また，経営戦略も含んでいると考えられるが，Fayolの時代には，まだ経営戦略という概念は経営学では議論されていなかった。
2) management は主に利潤追求を行う組織に，administration は利潤追求を目的としない組織において用いられる傾向にある。なお，ここでのマネジメント・プロセスは，大月・高橋・山口（2008）の「第5章 経営管理Ⅱ経営管理論」に依拠している。

表1-1 権限についての考え方

	権限法定説	職能説	受容説
主張者	H. Koontz＝ C. O'Donnell	M. P. Follett	C. L. Barnard H. A. Simon
経営組織	権限の体系	交織した職能の体系	伝達の体系
権限の源泉	私有財産制	職　　能	伝　　達
責任との関係	与えられた権限と同等の責任をもつ	責任・職能・権限は三位一体をなす	
権限の委譲	権限は上位から委譲される	委譲権限に対して累積権限	委譲なし 個人の受容に依存する
権限の発生	上位者の権限が委譲されることによって発生する	職能から発生，「情況の法則」に基づいて受容	個人の命令 伝達の受容によって権限が発生する

（出所）　大月・高橋・山口（2008），p.191。

3) 組織における権限については，表 1-1 のような考えがある。
4) パワーの源泉については，French & Rave(1959)による報酬のパワー，強制的パワー，一体化のパワー，専門的パワーの 5 つが一般的によく知られている。

【さらに学習するための文献】
塩次喜代明・高橋伸夫・小林敏男『経営管理論』有斐閣，1999 年。
サイモン，H.A., 桑田耕太郎，西脇暢子，高柳美香他訳『新版 経営行動―経営組織における意思決定過程の研究―』ダイヤモンド社，2009 年。
寺本義也・岩崎尚人 編『経営戦略論』学文社，2004 年。

第 2 章
マネジメントの各論

　経営管理は基本的にP−D−Sのプロセスとして把握され，第2章では計画化→組織化→指揮→統制として各管理プロセスの要素について説明してきた。それでは，実際の管理の分野としては，どのような分野があるであろうか。経営活動が行われる組織としてもっとも典型的な組織である企業には，実践としてさまざまな管理が行われている。企業は，一般にヒト（人），モノ（物），カネ（金），そして情報という経営資源から構成されていると考えられる。したがって，管理は代別するとヒトの管理，モノの管理，カネの管理，情報の管理からなっているといえよう。ヒトの管理は人事労務管理，モノの管理は生産管理とマーケティング，カネの管理は財務管理，そして情報の管理は経営情報管理として具体的に展開している（図2-1）。ただ，これ

図2-1　管理の分野

(出所)　大月・高橋・山口（2008），p.181。

らの管理は独立したものではなく，相互に密接した関係にあり，全社的観点からのトップ・マネジメントの経営管理によって相互に関連づけられ，調整され，統合されなければならない。以下では，ヒトの管理は，人事労務管理，モノの管理は生産管理とマーケティング，カネの管理は財務管理，そして情報の管理は経営情報管理について，説明することにする[1]。

1. 人事労務管理

「企業は人なり」とは，よく聞かれる言葉である。企業の組織はヒト・モノ・カネ・情報という各システムから構成されている。しかし，実際の組織活動を担うのはヒトであり，その意味からしても「ヒトの管理」はとくに重要であり，組織メンバーの管理が企業の将来を決定してしまうといっても過言ではない。これが人事労務管理である（英語では Human Resource Management といわれ，HRM と略して使われる場合が多い）。

従来，労務管理は工場の作業レベルにおける人間（ブルー・カラー）の管理，人事管理はホワイト・カラーを主に対象として使用される傾向にあったが，現在ではほとんど区別なく，ここでは人事労務管理として扱っている。

初期の人事労務管理の内容は，テイラー（F. W. Taylor）に始まる科学的管理法の影響を受けて，職務分析，職務記述書と職務詳細書の作成，心理的検査，従業員の面接と選抜，人事考課，昇進の基本方針，労働補充率の分析，教育訓練，そして遅刻，欠勤に類するさまざまな問題処理などであった。しかし，現在「人こそ企業の最大の資産である」という人的資源管理の考え方が一般的となり，単に企業組織メンバーから最大限の努力・能力を引き出すにはどうしたらよいかという管理ではなく，組織メンバーの目的と組織の目的を一致させ，自ら進んで生活の場である組織に貢献し，組織の目的達成をするとともに組織メンバーの目的を達成し，自己実現の欲求を満足させるにはどのような管理が適切なのかが人事労務管理の主眼となっている。

近年では，派遣会社からの派遣社員や嘱託職員など，非正規雇用が盛んに行われ，正規社員との待遇の格差や経済の停滞やリセッションによる企業業

績の悪化による非正規職員の解雇そして失業などが社会的な問題になっている。また，日本企業の海外進出による多国籍化が進んでいるが，海外での人事労務管理は文化や習慣，制度の違いなどにより日本での管理とは異なっている。その意味では，人事労務管理論はこれまで以上に難しい管理問題に直面しているといえる。

具体的な人事労務管理の対象としては，(1) 採用・教育訓練，職務，人事考課，解雇，退職に関する人事管理，(2) 賃金管理，(3) 労働時間管理，(4) 福利厚生管理，(5) 安全・衛生管理，(6) 労使関係管理などがあげられる。ここでは，1. 採用，教育，訓練に関する管理，2. 賃金管理・労働時間管理，3. 労使関係管理について簡単に説明する。

1. 採用，教育，訓練

企業はまず第1に人材を集めなければならない。企業にとって必要な能力をもった人を見つけだすことは，その死活にかかわるほど重要な問題である。欧米社会では，職務（job）に必要な能力をもった人材を企業は募集することが原則である。したがって，企業が要求する能力が明確で，その職務遂行能力が備わった人を雇用するといういわゆる能力主義に基づく採用形態が一般的である。しかしながら，わが国では社会的慣行として4月に新卒者を一括採用するという，日本的経営の特徴として挙げられる方法が大企業を中心として一般的にとられている。この場合，欧米とは異なり明確な職務遂行能力を前提とするというよりは，各人のもっている潜在能力の発見が人員採用の際に主眼となり，勢い採用に関しては学歴主義的傾向をもつという特徴がある。そのため日本企業では，各社独自の社内教育システムによる人材育成が人事労務管理の主要職務となっている。

教育・訓練としては，① 研修制度，② OJT (on the Job Training：職場内訓練)，③ TWI (Training Within Industry)，QCサークル活動（最近では全社レベルでのTQC＝Total Quality Controlが日本の企業で展開している）が多くの企業で広く行われている。また，教育・訓練技法としては，① 感受性訓練 (sensitivity training)，② ロール・プレイング (role playing），③ブレーン・ストーミング（brain storming），④KJ方が広く普及している。

2. 賃金管理と労働時間管理

　企業すなわち組織への貢献に対して支払われる報酬としての賃金は，組織メンバーの労働意欲（貢献意欲）を左右するだけに適正なものでなければならない。賃金は，基本的に時間給，日給，月給，年給が考えられるが，わが国の場合，月給制が一般的である。賃金体系については，その一例として図2-2のように示すことができよう。また，ボーナス，退職金についても，わが国の企業では賃金管理の主要な事項である。成果主義のような新しい人事評価制度を導入した企業もあるが，必ずしも成功しているとはいえない。人事考課はその評価基準などの明確化と評価システムの適正化が十分に考慮されなければ，かえって従業員の意欲をなくす結果となることを肝に銘じなければならない。

　労働時間に関しては，労働基準法に定められているとおり週40時間労働を基準として，① 所定外労働時間の削減，② 週休2日制の導入，③ 有給休

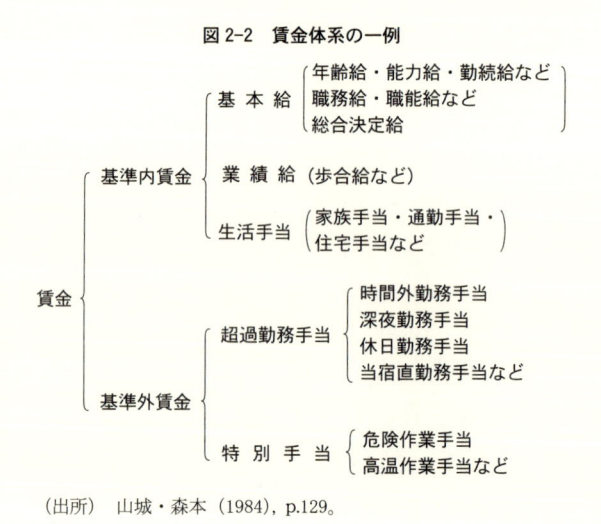

図2-2　賃金体系の一例

賃金
├ 基準内賃金
│　├ 基本給：年齢給・能力給・勤続給など／職務給・職能給など／総合決定給
│　├ 業績給（歩合給など）
│　└ 生活手当：家族手当・通勤手当・／住宅手当など
└ 基準外賃金
　　├ 超過勤務手当：時間外勤務手当／深夜勤務手当／休日勤務手当／当宿直勤務手当など
　　└ 特別手当：危険作業手当／高温作業手当など

（出所）　山城・森本（1984），p.129。

暇の完全消化および長期休暇の充実がはかられている。しかし，わが国企業では，今でもサービス残業といわれる無給の残業が広く行われていることは，残念なことである。職務内容の管理など，しっかりとした職務デザインをおこない，企業は無駄のない効率的でやり甲斐のある仕事を従業員に提供することを重要な課題として真剣に取り組まなければならない。さらに，労働時間の設定にもフレックス・タイム制，在宅勤務，ワークシェアリングなど就業形態にそった労働時間制が導入されてきている。

3. 労使関係管理

　企業で働く従業員は労働者として使用者（経営者）と対等の立場にあることが法的にも，社会的にも認知されており，労働者に労働三権（団結権，団体交渉権，争議権）が保証されている。したがって，仕事の諸条件に関しては使用者が一方的に決定できるのではなく，労使双方の協議によって決定されるという合理的システムが必要であり，その意味で労使関係管理は企業管理のなかで重大な地位を占めている。労働者が実際に経営側と交渉をもつのは多くは労働組合（労働者が組織的団結によって利益を確保し，企業における地位を向上させるための組織）[2]によってである。日本的経営論で議論されているが，我が国の労働組合の多くは企業内組合であり，御用組合と揶揄されることがある。

　近年，経営協議会の設置など労働者の経営参加が進んできており，西ドイツの共同決定法（1951年4月，1976年3月）はそのよい例である。また，EC（欧州共同体）においてもドイツの労使協議制を義務づけようとする動きがみられ，労使双方の利益を擁護する協調的労使関係を目指すという労働者の経営参加が世界的趨勢であるといえよう。

II. 生産管理とマーケティング

　顧客の必要とする製品・サービスを提供することによって，企業あるいは他の組織は存続・発展する。製品・サービスを生産することが生産管理の分

野であり，その製品・サービスを顧客にとどける活動がマーケティングであるといえる。

1. 生産管理

　生産管理は Taylor の科学的管理法以来，いちじるしい発展を遂げてきている。フォード・システムとして知られるベルト・コンベアー・システム，オートメーション・システム（たとえば，最近では高生産性をあげているシステムとして世界的に注目されているトヨタ式生産方式，通称かんばん方式などがある）といった工場レベルの生産管理は経営工学（industrial engineering），経営科学（management science）の分野で努力が重ねられ，大きな成果を生んでいる。最近は，IT 革命といわれる通信技術・コンピュータ技術の発展によって，3次元 CAD/CAM（Computer Aided Design/Computer Aided Manufacturing）による設計工程管理，ロボットやマシニング・センターを用いた生産などが実施され FMS（Flexible Manufacturing System）が可能となるとともに FA（Factory Automation）化が一段と進んでいる。さらに，遠く離れた場所から工場を管理するバーチャル・ファクトリーなども登場してきている。

　また，生産管理には製品をつくるというそのものだけではなく，生産計画・日程計画の立案・作成（代表的な技法としては，PERT, CPM がある），品質管理（ZD 運動，QC サークルなど），在庫・設備についての資材管理（具体的手法として，ABC 分析，価値分析がある），購買管理，外注管理なども含まれる。

　この生産管理の分野では，製品のイノベーションとともに生産方式についての研究が情報技術の発展とともに進んでおり，ジャスト・イン・タイム方式であるトヨタ式生産方式で知られるリーンマネジメントだけではなく，セル生産方式，またモジュール化など，現場の重要性が再認識され，企業の競争力の要となっている。

2. マーケティング

　企業活動において，販売は製造とならんで基本的な職能である。マーケティングとは「企業の生産した製品・サービスの市場への対応行動，またそこにおける企業の姿勢を含んだ業務活動」であり，この意味でマーケティングは単なる販売管理ではなく，それを包括した概念である。マーケティングには販売活動のほかに市場調査，広告・宣伝，製品計画，製品開発，価格の決定，マーチャンダイジング，販売促進，市場の開拓，販売チャネルの創造と確保などの諸活動が含まれる。

　さらに，マーケティング活動は直接消費者と結びついているだけに消費市場に大きく左右されるが，企業は確固たるマーケティング政策（たとえば，製品-市場戦略）を確立し，市場に臨むことが必要となる。この戦略策定には，消費者の生活スタイル，ニーズの多様化，生活の価値観を反映する購買行動を正確に把握することが企業にとって必要であり，昭和40年代におこった消費者運動としてのコンシューマリズムも重要な企業環境の1つとして企業は考えて行かなければならない。

　現在のマーケティングでは，顧客志向のマーケティング，関係性マーケティング，経験価値マーケティングが注目され，また，バリューチェーンやロジスティックスなど，ビジネス・モデルの重要性が議論されている。

　また，企業の多国籍化にともなって，マーケティングも国際的に展開されており，グローバルな視点によるマーケティングが今後さらに必要となるといえよう。

III. 財務管理

　あらゆる組織は人間のシステムであると同時に，経済活動を行っている協働システムである。この経済的価値の側面を扱う分野が財務管理である。経済活動が中心となる企業は，その目的を達成するために生産・販売が不可欠であることはすでに述べたことであるが，そのためにはまず，第1に資本（capital）が必要である。この資本は貨幣の形態で調達される場合もあれ

ば，土地，建物，機械などの財貨として調達される場合もある。しかし，貨幣であっても投下された資本は，経営活動において諸財貨に転換して実際には用いられている。

　企業資本については，① 価値の所有形態と ② 価値の機能形態から考察することができる。前者は「名目資本」あるいは単に「資本」とよばれ，調達の源泉から見た場合であり，資本提供者に対する所属関係を示すものである。他方，後者は「資産 (assets)」といわれ，企業の経営活動によって価値が変転する形態を示している。これらの資本と資金は企業資本の二側面を表わしているのであり，両者の貨幣計算の総額はつねに同額である。この関係を示したものが貸借対照表 (balance sheet) であり，その借方に資産を，そして貸方に資本を表記している。

　以上のような企業資本の調達と運用のための管理が財務管理であって，両側面の計画化や実施政策についてのコントロールがなされなければならない。

1. 資本の構成と資産の構成

　資本の構成は図 2-3 に示される。自己資本は企業者の出資した資本である。そのなかで元入資本は資本金とよばれるものであり，付加資本は企業が得た利益のうちから企業内部に留保したものである。また，資産の再評価によって生じた資本剰余金もこの付加資本に分類される。

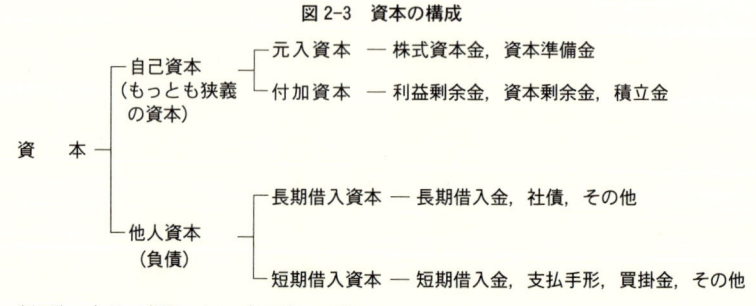

図 2-3　資本の構成

```
              ┌ 自己資本    ┌ 元入資本 ── 株式資本金，資本準備金
              │（もっとも狭義│
              │  の資本）    └ 付加資本 ── 利益剰余金，資本剰余金，積立金
資　本 ───┤
              │
              │ 他人資本    ┌ 長期借入資本 ── 長期借入金，社債，その他
              └（負債）     │
                            └ 短期借入資本 ── 短期借入金，支払手形，買掛金，その他
```

（出所）　大月・高橋・山口（2008），p.187。

他人資本は出資者以外の銀行，その他債権者から借入れた資本であり，会社にとっては固有の資本ではなく債務である。

図 2-4 資産の構成

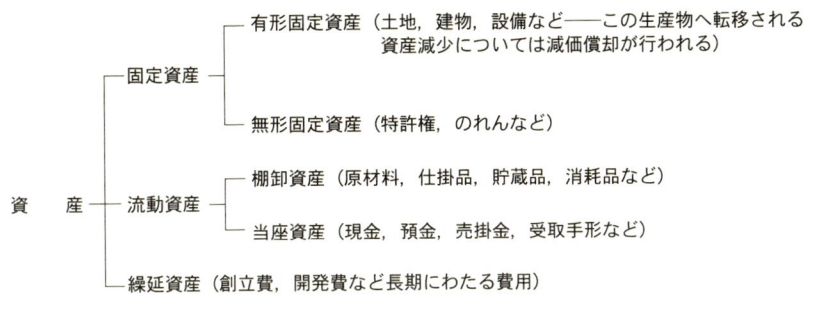

```
                    ┌─ 有形固定資産（土地，建物，設備など──この生産物へ転移される
          ┌─ 固定資産 ┤                            資産減少については減価償却が行われる）
          │         └─ 無形固定資産（特許権，のれんなど）
資　産 ───┤         ┌─ 棚卸資産（原材料，仕掛品，貯蔵品，消耗品など）
          ├─ 流動資産 ┤
          │         └─ 当座資産（現金，預金，売掛金，受取手形など）
          └─ 繰延資産（創立費，開発費など長期にわたる費用）
```

（出所）　大月・高橋・山口（2008），p.187。

また資産は図 2-4 から構成されており，大きく分けて固定資産，流動資産，繰延資産からなっている。

2. 資本の調達と運用

資本の調達については，自己資本の調達と他人資本の調達がある。自己資本の調達は一般に増資といわれ，株式会社であれば株式（stock; share）の発行によって調達され，他人資本の場合は買掛金，支払手形の発行，銀行からの当座借越，手形割引などの短期借入資本の調達，さらに社債の発行による長期資本借入れが行われる。株式・社債[3]は有価証券として証券市場で流通・取引される。資本を調達する際に企業はその環境・状況によって，株式の発行にするか社債発行によるか，また金融機関からの借入れを行うか，あるいは利益内部留保金による自己金融とするかを適切に判断し，意思決定しなければならない。

また，調達した資本を将来の経営活動の予定に基づき適切に運用するための財務計画を立て，合理的に企業資本を運用することが必要である。企業（他の組織も含め）は内部に留保した剰余金を優良企業に貸し付けたり，株

式投資，子会社への融資などによって，企業のもつ資産を上手に運用することも財務管理の重大な業務である。しかし，リーマンショックにみられる金融市場の破綻など，投資リスクの管理を考えなければならない。

近年では，投資ファンドによる企業買収や合併等が国際レベルで展開されており，企業は敵対的買収に備えなければならないし，為替相場の変動によるリスク管理も重要となっている。

IV. 情報管理

人事・労務，生産活動，マーケティング，資本の調達と運用などに際して，情報管理が企業にとって重要課題となる。なぜならば，企業の存続・発展のために，外部環境である金融市場，国の財政金融政策，外国為替市場の動向などの経済的・政治的環境，さらに社会的・文化的環境を十分把握し，また企業内部の財務，人事，生産，販売などの経営資源についての環境を的確に理解することが情報によってできるからである。

情報管理は，事務処理のコンピュータ化が進むにつれ，急速な発展をしている企業の情報システムを通じて行われてきた。情報システムは，経営業務の遂行にあたって必要な情報システム―オペレーションズ・インフォメーション・システム（Operations Information System）―と経営全般にかかわる経営者に必要な情報システム―マネジメント・インフォメーション・システム（Management Information System, 略して MIS）―に区分され運用されたが，MIS がその意図とは異なり，ほとんどデータの処理業務をおこなっていたにすぎず，経営管理者の意思決定にはそれほど役立たなかったとして，新たな意思決定支援システム（Decision Support System, 略して DSS）が考えられた。現在では，ERP（Enterprise Resource Planning）といった経営管理向けのアプリケーションの開発など，戦略的情報システム（SIS: Strategic Information System）や IT 戦略に関わる企業情報システム（EIS: Enterprise Information System）の重要性はさらに増している。

今日の情報システムは，高度な情報の量と質，処理能力，蓄積能力，検索能力などが求められ，コンピュータを中心としたシステムにならざるを得ない。そして，情報の重要性がますます認識されるにつれ，情報処理部門の確立が必要となっている。そこでは，データの収集方法，データの体系的蓄積，情報の提供方法を考慮した情報管理システムを支える総合的データ・ベースの作成が行われ，さらに大量の情報を収集・提供する機関であるデータ・バンクの利用が多くの企業組織で行われている。しかし，情報の過度の集中は，データ・ベースの破壊やそのアクセス手段（電話回線や専用回線）の故障や破壊が生じた場合，重大な事態を招くこととなるので，情報の分散を含めた二重三重の安全性を確保した高度な情報システムが組織に求められるのである。

近年の急テンポで進んでいる事務部門におけるIT化の推進は，企業全体の情報システムに新たな変革を求めているともいえる。パーソナル・コンピュータ，ワークステーション，ファクシミリなどによるIT化は，会議のやり方や文書の作成・配布といったあらゆる分野での情報システムの変革をなしてきたが，とりわけ，インターネット関連技術の急速な発展によって，今やEメールは経営活動に不可欠なものとなっており，その活用やインターネット会議など，それを利用した企業内情報システムの構築が当面の課題となったのである。

情報管理システムは，事務管理（文書管理と事務所管理）システムを起源とし，科学的管理法が意図した生産管理システムについての情報コントロールの影響を受けて発展してきたといえる。これが，今日，情報通信技術の飛躍的発展「情報通信革命（IT革命）」により，さらに，クラウドコンピューティングといった従来とは異なった観点での情報システムとして変容せざるを得ない状況にある。

したがって，企業にとって情報管理は急激に変化する環境の適応手段としての必要性ばかりでなく，直接戦略や経営管理の意思決定にかかわる分野であり，ライバルにたいする競争有意を確保するためにも，すぐれたものが必要である。そのためには，必要な情報を必要な所に，また必要な時間・場所

に提供できるという時間的・空間的制約を超克した情報システムの構築だけでなく，企業や組織全体で情報を共有し，新製品やイノベーションのもととなる知識創造などがナレッジ・マネジメントとして情報管理には求められている。

さらに，企業や政府などにみられる情報漏洩，情報システムを破壊するサイバー攻撃の問題など，組織の情報セキュリティの強化が急務となっている。

【注】
1） 本章は，大月・髙橋・山口（2008）の第5章Ⅲをもとに記述している。
2） 労働組合には，産業別組合，職能別組合，企業別組合などの種類がある。また，組合加入に関しては，クローズド・ショップ制（同一企業の労働者全員が強制加入），オープン・ショップ制（加入を任意とする。したがって，企業は組合労働者以外の者も雇用できる），ユニオン・ショップ制（企業は自由に従業員を雇用できるが，一定期間内に組合員にならなければならないという方法）がある。
3） 株式には，普通株，優先株，後配株，無額面株，保証株，株式配当株などがある。また，社債にも保証社債，利益分配付社債，永久社債などがあり，さらに一定期間後は社債権者の希望によって株式への転換を認める転換社債もある。

【さらに学習するための文献】
〈人事労務管理〉
黒田兼一・関口定一・青山秀雄・堀龍二『現代の人事労務管理』八千代出版，2001年。
平野文彦・幸田浩文編『人的資源管理』学文社，2003年。
〈生産管理とマーケティング〉
藤本隆宏『生産マネジメント入門 Ⅰ・Ⅱ』日本経済新聞社，2001年。
一橋イノベーション研究センター編『イノベーション・マネジメント入門』日本経済新聞社，2001年。
田中洋・岩村水樹『はじめてのマーケティング』日本経済新聞社，2005年。
フィリップコトラー・ケビン・ケラー，恩蔵直人監修 月谷真紀訳『コトラー＆ケラーのマーケティング・マネジメント 』（第12版）ピアソン・エデュケーション，2008年。
〈財務管理〉
坂本恒夫編 現代財務管理論研究会『テキスト 財務管理』（第2版）中央経済社，2005年。
E.ソロモン，別府祐弘訳『ソロモン財務管理論』同文館，1971年。
〈情報管理〉
島田達巳・遠山暁編『情報技術と企業経営』学文社，2003年。
松行康夫『経営情報論―経営管理と情報技術―（増補版）』創成社，2000年。

第II部

マネジメントの諸理論

第3章

マネジメント論の歩み[1]

1．マネジメント論の成立以前

　マネジメント論（経営管理論）は，20世紀に入り初めて科学として成立したが，マネジメント（Management）を広義に解釈し，組織を運営することと考えれば，人間は有史以来確実に「マネジメント」を行ってきている。古代文明の遺跡やこれまでの人類の歴史をみれば，組織をつくり，マネジメントを行わなければ成し得ないことである。しかしながら，現在のようなマネジメント論は産業革命以後，とりわけ19世紀と20世紀の産業社会の発展と企業の事業規模の拡大を背景とする実践的要請によるものであった。

　マネジメント論が実践的に展開するのはアメリカであった。19世紀のアメリカは，対英戦争（1812）を契機にイギリスから経済的に独立し，繊維産業をはじめとする各産業および大量輸送を可能とする輸送分野が同時に発展するという産業革命が進行した。また，労働力確保のための移民労働者は大多数が未熟練労働者であったことにもより，大量生産のための機械化が早くから導入されたのである。

　アメリカにおける経営管理に関する研究では，(1)鉄道企業を対象に展開された「組織と統制」の研究，(2)工場管理の合理化の研究を課題とする「工場管理運動」，(3)原価計算を過去の実績だけでなく進行中の作業を統制するための手段として利用する問題を中心とする「原価計算改革運動」などがあげられる（Aitken, 1960）。アメリカ最初のビッグ・ビジネスである鉄道業においては，鉄道網の拡大によって地域的限界をこえた管理のための諸技法の開発が急務であり，当時の管理者である技師にそれが要請された。管

図3-1　経営

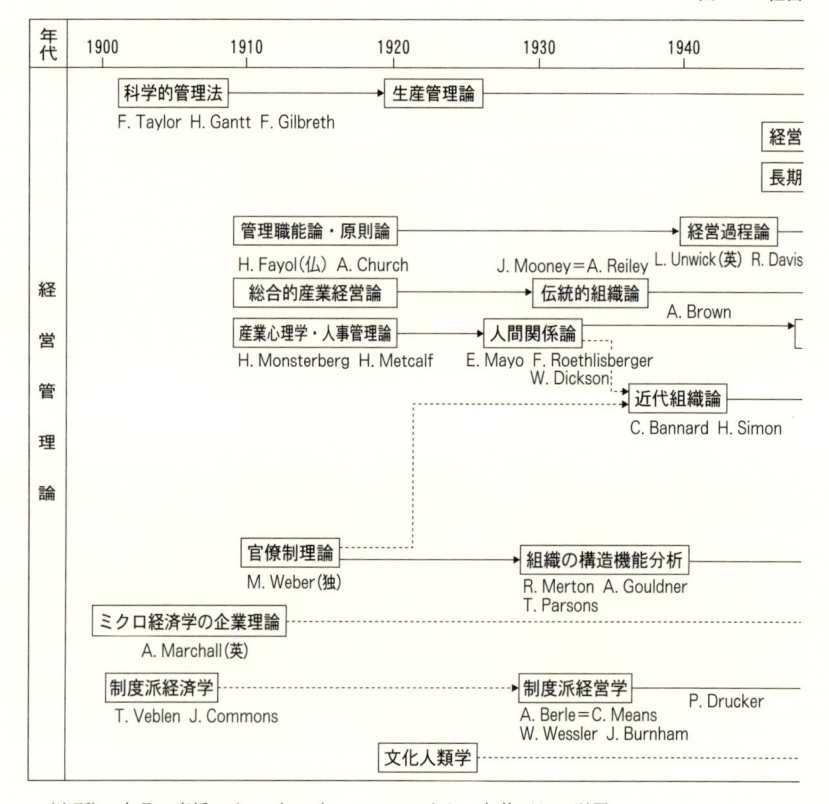

年代	1900	1910	1920	1930	1940

経営管理論

- 科学的管理法　F. Taylor　H. Gantt　F. Gilbreth → 生産管理論
- 管理職能論・原則論　H. Fayol(仏)　A. Church　／　J. Mooney＝A. Reiley → 経営過程論　L. Unwick(英)　R. Davis
- 総合的産業経営論 → 伝統的組織論　A. Brown
- 産業心理学・人事管理論　H. Monsterberg　H. Metcalf → 人間関係論　E. Mayo　F. Roethlisberger　W. Dickson
- 近代組織論　C. Bannard　H. Simon
- 官僚制理論　M. Weber(独) → 組織の構造機能分析　R. Merton　A. Gouldner　T. Parsons
- ミクロ経済学の企業理論　A. Marchall(英)
- 制度派経済学　T. Veblen　J. Commons → 制度派経営学　A. Berle＝C. Means　W. Wessler　J. Burnham　　P. Drucker
- 文化人類学

経営　長期

（出所）　大月・高橋・山口（2008），pp.18-19 より一部修正して引用。

理の原則，組織体制，組織図の作成によるくずれた管理を研究したマッカラム（D. C. McCallum, 1815-1878）の研究を現実に採用したのはペンシルベニア鉄道であった。また，「工場管理運動」は生産技術の発達と生産の集中による労働過程の技術的・組織的性格の強化と労働強化による能率増進に対する労働者の組織的抵抗の激化という問題を抱えていた。このようにアメリカにおける経営研究は，直接的には生産過程における管理や財務的管理という，いわば実践的な要求に応えるべく展開された研究が中心となるのである。

管理論の系譜

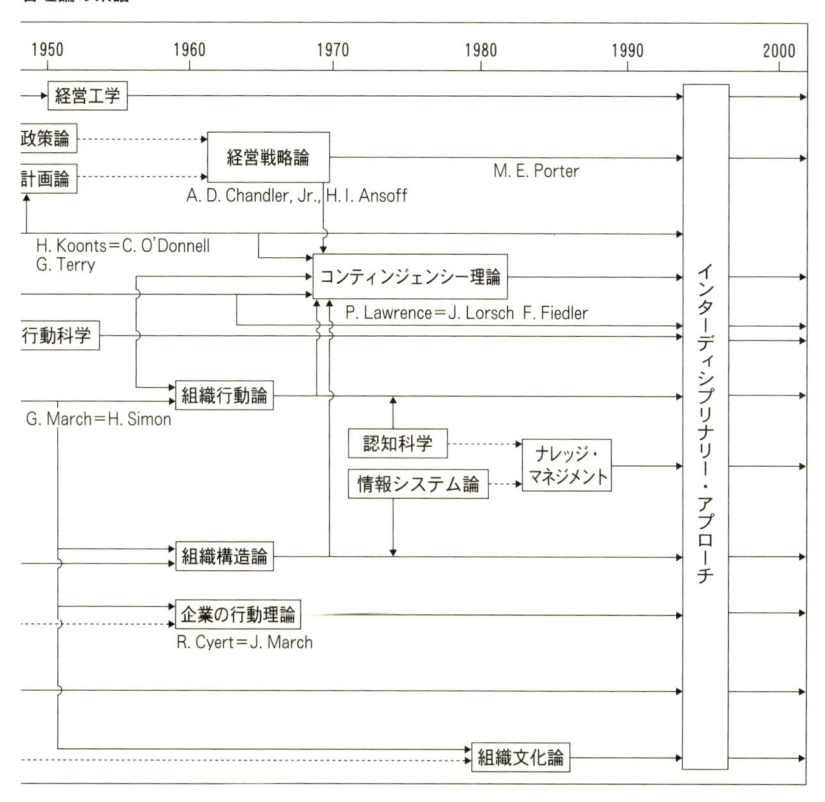

　このような時代的背景のもとで展開してきたマネジメント論の歴史を，以下，Ⅱ．古典的アプローチ (Classical Approach)，Ⅲ．行動科学的アプローチ，(Behavioral Approach)，Ⅳ．近代的アプローチ (Modern Approach) として概観することにしたい。

Ⅱ．古典的アプローチ (Classical Approach)

　アメリカでは19世紀後半における「能率増進運動」と「組織的怠業」

(systematic soldiering) の狭間に, 1880年アメリカ機械技師協会 (American Society of Mechanical Engineers, 略して ASME) が設立され, タウン (H. Towne) の分益制, ハルシー (F. Halsey) の割増し賃金制などの刺激賃金制度を中心とした体系的管理が進められていた。このような状況下で, テイラー (F. W. Taylor) による科学的管理法が登場するのである。また, ほぼ同時期にフランスのファヨール (H. Fayol) による経営管理の研究, ドイツのウェーバー (M. Weber) による官僚制の研究が展開され, これら二者の研究は後のマネジメント論に大きな影響を及ぼすことになる。

ここでは, テイラーの科学的管理法, ファヨールそしてウェーバーの業績を, それぞれ1. 科学的管理法 (Scientific Management), 2. 管理原則論 (Administrative Principle), 3. 官僚制論 (Bureaucratic Organization) として検討することにする。これらの古典的アプローチの特徴は, 1. 経済人モデル（完全合理的人間モデル・機械人モデル）, 2. 普遍的理論的志向として理解することができる。

1. 科学的管理法

当時のアメリカの経済的発展と労使関係の状況は, ① 成行管理と組織的怠業, ② 従業員を教育する考えがないこと, ③ 管理の概念がないこと, ④ 「労働量一定の法則」が一般的に信じられていたこと, として特徴づけられる。このような時代の中で, 科学的管理法 (Scientific Management) は, 経験的観察によって, より能率的な作業方法の開発に科学的方法が利用できることを示唆した。

製鋼会社の技師であったテイラーは, 実践的な経験から後に科学的管理法と称されるテイラー・システムを展開した。彼は組織的怠業の原因となる従来の「成行管理」(drifting management) にかえて, あらかじめ設定された遂行されるべき仕事である課業 (task) を中心とした「課業管理」(task management) を提唱した。これは科学的管理法の柱をなすものであり, (a) 大きな一日の課業, (b) 標準的諸条件, (c) 成功に対する高い報酬, (d) 失敗

した場合の損失負担，(e) 第一級の労働者にしてはじめて達成できる程度に困難な課業，という原則に基づいている。つまり，科学的管理法はつぎのアプローチによって行われる。

1. 所与の課業を遂行する唯一最善の方法を開発すること
2. その方法の標準化（通常は時間・動作研究によって行われる）
3. 特定課業の遂行に最も適した労働者を選抜すること
4. 仕事を遂行するのに最も能率的な方法を労働者に訓練すること

このようなアプローチは，工業的アプローチであると批判されることもある。つまり，それは人間を機械の一部としてみなすものであり，「従業員は経済的報酬によって動機づけられる」という「経済人」仮説を内包していると批判されるのである。科学的管理法のもとでは課業の計画化，組織化，統制が労働者の自由裁量からとりあげられ，管理の専門家にそれが委ねられることになる。ここにおいて，万能的職長制度にかえ，計画機能と執行機能を分けた職能別職長制度が示され，それは標準課業の達成を基準として2つの異なる賃率を用いる差別出来高給制度とともにテイラー・システムを構成している。したがって，科学的管理法は管理の発展への新しいシステマティックなアプローチをもたらしたが，反面，労働者の強い抵抗をまねくこととなった。しかし，テイラーはこうした労働組合からの批判に対して科学的管理法の本質は管理の技法や管理制度でなくて，科学主義と労使協調主義による労使双方の「精神革命」であると「科学的管理法特別委員会における供述」（1912年）において述べている。

2. ファヨール（H. Fayol）のマネジメント論

科学的管理法が工場や作業レベルにおける最適化に関心をよせていたのに対し，組織のより高いレベルに適用可能な管理原則を強調し，管理の一般理論の構築を目指したのはファヨールであった。この理論は科学的管理法，官僚制モデルと同様に今日においても依然として管理や組織の管理的枠組みを提供するものとして適切かつ基礎的な役割を果たしている。Fayol（1916）は企業経営を (a) 技術，(b) 商業，(c) 財務，(d) 保全，(e) 会計，(f) 管理という

活動の6つの職能に分け，経営はこれらの職能を円滑に行い，企業全体をできるだけ多くの利益を生みだすよう努力させ，方向づけることであるとし，マネジメントを企業職能の1つとしてはじめて位置づけた。ここでマネジメント職能が重視され，マネジメント職能は5つの要素，すなわち①計画[2]，②組織，③命令，④調整，⑤統制からなるプロセスとして把握された。

また，マネジメント職能はもっぱら従業員にだけかかわり，そのマネジメント職能を行うには道具としての組織体が必要となるが，その組織体を健全に機能させるものこそが管理の原則であるとファヨールは主張している。原則は航海にて進路を決定させる燈台であり，燈台は港への航路を知っているものにのみ役立ちうるとしながらも，自己の経験より次のような14の「管理の一般原則」(principes généraux d'administration) を示した。

(1) 分業 (la division du travail)
(2) 権限 (l'autorité)
(3) 規律 (la discipline)
(4) 命令の一元性 (l'unité de commandement)
(5) 指揮の一元性 (l'unité de direction)
(6) 個人的利益の全体的利益への従属 (la subordination des intérêst particuliers à l'interest général)
(7) 報酬 (la rémunération)
(8) 権限の集中 (la centralisation)
(9) 階層組織 (la hiérarchie)
(10) 秩序 (l'ordre)
(11) 公正 (l'équité)
(12) 従業員の安定 (la stabilté du personnel)
(13) 創意 (l'initiative)
(14) 従業員の団結 (l'union du personnel)

このように，彼は正しい適用方法を知らなければ役に立たないとしながらも，燈台の明かりにたとえられる14の管理原則を経験から導き出し，マネジメント教育の必要性を指摘したのである。

以上概観したごとく，ファヨールは企業経営を技術，商業，財務，保全，会計，管理という6つの職能からなると考え，このなかでとくに全般的経営に関するマネジメントの概念を重視した。マネジメント職能は計画，組織，命令，調整，統制という5つの要素からなるプロセスとして把握され，この考え方は現在のマネジメント・プロセス論のプロトタイプとなっている。また，彼は正しい適用方法を知らなければ役に立たないとしながらも，燈台の明かりにたとえられる14の管理原則を経験から導き出し，マネジメント教育の必要性を指摘したのである。

3. ウェーバー（M. Weber）の官僚制論

ウェーバーは周知のごとく近代社会科学の創始者の1人であり，経済，社会，および政治思想に重大な貢献を行った人である。彼の関心は単一組織の管理とともに社会の経済的・政治的構造にあった。ウェーバーは宗教観の変化が資本主義の成長に及ぼした影響を議論し，組織構造に対する工業化の影響を検討し，複合組織の発展を導いた歴史的・社会的要因の考察から官僚制の理論を引き出した。ウェーバーによれば，官僚制はもっとも能率的な組織形態であり，近代社会の要求によって生じた複合組織—企業，政府，軍隊など—にもっとも能率的に利用されうる組織であり，また必然的な組織形態であるとされる。ウェーバーのこうした理念型官僚制は，① 機能的専門化に基づいた分業，② 権限の明確な階層制，③ 職務担当者の権利と業務を規定する規則のシステム，④ 労働条件を扱う手続きのシステム，⑤ 人間関係の非人格化，⑥ 技術的能力に基づいた雇用という特徴をもっている。大規模組織は程度の差こそあれ，これらの特徴を備えているといえよう。

テイラーの科学的管理法はガント（H. L. Gantt），バース（C. G. L. Barth），ギルブレス（F. B. Gilbreth），ギルブレス（L. M. Gilbreth），エマーソン（H. Emerson）らに受け継がれ，人的資源管理を含むマネジメント論に大きな影響を及ぼしたが，特に生産管理論，経営工学，そして経営科学の分野で発展されることになる。一方，ファヨールのマネジメント論はのちの

デイビス（R. Davis），クーンツ（H. Koonz9 & オドンネル（O'Donnell），テリー（G. Terry）らに受け継がれ，マネジメント・プロセス論として現在でも管理論の中心を占めている。また，Weber の官僚制は組織の構造－機能分析とともに，バーナード（C. I. Barnard）を創始とする近代組織論に継承されるのである。

III．マネジメント論の発展

1．人間関係論の展開

　人間関係論（Human Relations）に先立つ人間問題は，「産業心理学の父」とよばれるミュンスターバーグ（H. Münsterberg, 1863-1916）によって体系的に心理学的研究がされている。さらに，科学的管理法と産業心理学の導入によって人的資源管理が発展してきたが，内容的には職務分析，職務記述書と職務明細書の作成，心理的検査，人事考課，教育・訓練，昇進の基本的方針などであり，福利ないし産業内改善と労働者の科学的選抜というものであった。この人間問題は，ホーソン実験（1924-1932）を契機に開花するのである。

　人間関係論は，1924 年にウェスタン・エレクトリック社ホーソン工場での調査にはじまる，いわゆるホーソン実験（Hawthorne Experiments）である。

　① 照明実験（1924 年 11 月―1927 年 4 月）

　当時，管理の研究者は「適切な物的作業環境と奨励給制度によって作業者を動機づければ作業能率は向上する」と考えていたので，1924 年にはじまる最初の調査は照明と作業能率の関係を調査するために行われた。しかし，この調査結果は予想に反し照明度，賃金支払い方法，休憩時間と作業能率には何ら関係をみいだせなかった。このようなことから，メイヨー E. Mayo, レスリスバーガー F. Roethlisberger らハーバード・グループが招かれ実験に加わった。

　② 継電器組立実験（1927 年 4 月―1929 年 6 月）

照明実験の結果を踏まえ，6人（うち1人は直接組立には従事しない）の女子工員による継電器組立実験が行われた。しかし，結果は照明実験と同様に作業条件と生産性向上には何ら関係を認めることができなかった。そこで，Mayo らはこの結果から生産高の増加は賃金によるものではなく，モラールや監督，そして人間関係による改善であると結論づけたのである。

③　面接計画（1928年9月—1930年5月）

継電器組立実験と並行して行われた面接は 21,126 人の従業員に対して行われた。彼らの不平，不満を分析した結果，監督，モラール，生産性については社会的状況下で考えられねばならないことが判明したのである。

④　バンク配線実験（1931年11月—1932年5月）

14人の男子従業員を対象にしたこの実験調査は，配線実験室におけるインフォーマルな集団行動に関する研究であった。この実験結果は，会社の定めた公式組織とは別の非公式に形成されるインフォーマル・グループの存在を示すことになったのである。

図 3-2　人間関係論による経営組織のとらえ方

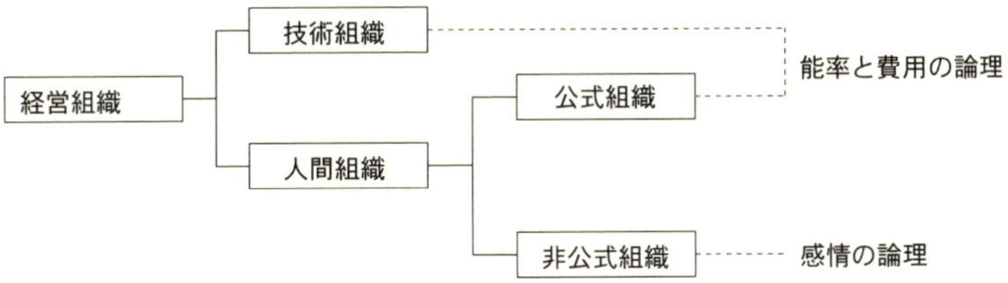

経営組織 ─┬─ 技術組織
　　　　　└─ 人間組織 ─┬─ 公式組織　……　能率と費用の論理
　　　　　　　　　　　　└─ 非公式組織　……　感情の論理

このような人間関係論は，企業を社会的組織とみなし，組織に能率の論理に基づく公式組織と感情の論理に基づく非公式組織が存在し，管理者には両者を調和させることが求められたのである。また，科学的管理法で仮定された「経済人」仮説にかわり，「社会人」仮説という人間観を人間関係論は提示した。人間関係論については方法論などに問題があるとして批判されているが，その後の社会科学に大きな影響を与えたのである。

2. 行動科学の展開

　人間関係論の研究分野は行動科学として受け継がれ，リーダーシップ，動機づけの理論を中心として展開される。レヴイン（K. Lewin）によるグループ・ダイナミックスの研究では，個人に対する集団圧力による緊張が考えられ，集団に対するリーダーシップの効果が研究された。また，ミシガン大学社会調査研究所のリカート（R. Likert）はシステム4理論を展開し，集団参画的なシステム4が高い生産性をあげることを指摘し，リンキング・ピン組織を提唱した。さらに，民主的参画的リーダーシップによって組織の欲求と個人の欲求を統合しようとしたアージリス（C. Argyris）の研究は重要である。

　動機づけの理論は，マズロー（A. Maslow）の欲求段階論，ハーズバーグ（F. Herzberg）の動機づけ－衛生理論という内容理論とヴルーム（V. Vroom），ポーター（L. W. Porter）＆ ローラー（E. E. Lawler, Ⅲ）らの期待理論が注目される。また，マズローの理論をベースにしがなら独自の人間観を類型化したマクレガー（D. McGregor）のX理論とY理論，ブレイク（R. E. Blake）＆ ムートン（J. S. Mouton）によるマネジリアル・グリッド論も展開されている。

3. 伝統的組織論とマネジメント・プロセス論の展開

　人間関係論と同時期に，ムーニー（J. D. Mooney）＆ライリー（A. C. Reiley），ブラウン（A. Brown）らによって形成主義による合理的組織の構造とその設計を求める伝統的組織論，チャーチ（A. Church），シェルドン（O. Sheldon）らによる職能・原理論についての研究がある。また，1940年代に管理過程論としてアメリカ経営学の中心的存在となる管論についてはアーウィック（L. Urwick），デイビス（R. Davis），テリー（G. Terry），クーンツ（H. Koontz）＆ オドンネル（C. O'Donnell）らを代表的研究者としてあげることができる。

　これまでふれていないが，マネジメント論の発展に深く関わっているヴェブレン（T. Veblen），コモンズ（J. Commons）らの制度派経済学の流れ

をくむ制度派経済学もあり，株式会社論のバーリ（A. Berle）& ミーンズ（G. Means），ウィスラー（W. Wessler），経営学者革命論のバーナム（J. Burnham），巨大株式会社のビジネス・リーダーシップ論のゴードン（R. A. Gordon），そしてコンティンジェンシー理論以降も経営管理論に多くの貢献を果たした制度派経営学の代表者であるドラッカー（P. F. Drucker）らの研究には十分留意する必要がある。

また，社会科学者である社会システム論のパーソンズ（T. Parsons），ウェーバーの官僚制の逆機能を指摘したマートン（R. K. Merton），グールドナー（A. W. Gouldner）らの組織の構造－機能分析，組織の社会科学分析の研究者であるエチオーニ（A. Etzioni）らの研究は，現在のマネジメント論や経営組織論に多大な影響を及ぼしている。

4. 近代組織論とマネジメント論の展開

バーナード（C. I. Barnard）は 1938 年に *The Functions of the Executive*（『経営者の役割』）を著し，後の組織研究に大きな影響をもたらした。Barnard（1938）は組織を「二人以上の人々の意識的に調整された活動や諸力のシステム」（p.73, 訳 p.76）として定義し，個人は誘因（inducement）と貢献（contribution）によって組織への参加を決める意志決定者としてとらえられる。組織は個人に誘因を提供し続けられる限りにおいて存続しうるのである。また，バーナードは，① 共通目的，② 協働意識，③ コミュニケーションを公式組織三要素と考え，個人的，物的，社会的，生物的システムからなる複合システムとしての組織を考えた。組織は，有効性（effectiveness）－ 組織目的の達成度，と能率（efficiency）－ 個人の動機の満足度，によって測定され，誘因の提供とともに個人目的と組織目的が一致しているように「確信」を与えるという管理者の創造職能としてのリーダーシップが強調されるのである。

Simon（1957）は，マネジメント・プロセスは意思決定のプロセスにほかならないとし，バーナードの意思決定の概念をマネジメントの中心概念としてマネジメント論および経営組織論を展開した。サイモン（H. A. Simon）

は意思決定過程を「諸前提から結論を引き出す」過程とし，決定前提を「価値前提」（経験的に検証が不可能なもの）と「事実前提」（経験的に検証が可能なもの）に分ける。そして前者を行動の「目的」，後者を行動の「手段」として，科学的分析を合理的手段の選択という「事実前提」に向けるのである。また，意思決定の主体たる人間は，客観的に合理的たらんとするがそこには限界があり，しょせん「制約された合理性」（bounded rationality）であるにすぎないとして，サイモンは「合理的経済人」仮説にかえて「管理人」（administrative man）仮説を現実的人間モデルとして人間行動を分析した。

さらに，意思決定機能の論理的・合理的な分布と配分に関する「組織の解剖学」（anatomy of organization）と，個人の意思決定を意識的な刺激－反応パターンに従うよう組織が刺激をコントロールしたり，刺激に対する反応を決める個人に心理的影響を及ぼす過程を分析する「組織の生理学」（physiology of organization）からなる組織影響論，および組織を誘因と貢献の均衡システムであるとする組織均衡論を展開した。

March & Simon（1958）は，人間行動を(1)受動的道具としての器械的側面，(2)組織行動の体系に参加するよう動機づけられ，組織に態度，価値，目標をもたらす動機的側面，(3)認知や思考の過程が組織における行動の説明にとって中心であるとする，意思決定者ないし問題解決者としての合理的側面という3つの命題すべてを含むものとして組織行動を考察されなければならないという，いわば近代組織論の集大成というべき組織論を構築したのである。

また，組織一般における人間行動，意思決定の研究成果を「企業の経済理論」に結合しようとする新しい試みが1950年代前半に現れる。この「企業の行動論」では，企業は経営者と従業員からなるということにかえて，個人の連合体（coalition of individuals）であると規定することからはじまる。サイアート（R. M. Cyert）とマーチ（J. G. March）は，(1)企業を理論の基礎単位とし，(2)価格，生産量，資源配分という意思決定に関する企業行動の予測を理論の目的とする，(3)組織的意思決定の現実の過程に力点をお

くという，組織目標の理論，組織期待の理論，組織選択の理論からなる A Behavioral Theory of the Firm, 1963 (『企業の行動理論』) を展開した。この企業行動理論には，ほかにボニーニ (C. P. Bonini) のシミュレーション・モデルなどの研究がある。

さらに，意思決定の問題を企業の存続に関する，つまり企業の外部環境に対する適応にかかわる戦略的意思決定を重視するとともにその戦略策定を考える，より実践的な理論展開を試みる「経営戦略論」が 1960 年代後半から 1970 年代にかけて台頭する。このチャンドラー (A. D. Chandler, Jr.) やアンゾフ (H. I. Ansoff) によって先鞭をつけられた戦略論は，コンティンジェンシー理論の展開にともなって 1 つの重要な研究分野を形成するのである。

IV. 経営管理論のさらなる発展

1. コンティンジェンシー理論の構想

Barnard (1938) 以来の「システム・アプローチ」(組織を 2 つ以上の相互依存的な部分，構成要素，あるいはサブシステムからなるシステムとして把握し，また外部環境と相互作用によって連結されているオープンシステムと考え，さらに，組織の行動を環境との適合的関係において重視する研究) に重要な進展が訪れる。それはアメリカではなく，イギリスにおける研究が契機であった。科学的管理法以前に，科学的管理といえる研究成果を残した数学者バベッジ (C. Babbage) と工場管理についてのユーア (A. Ure) の研究，また，伝統的管理論を発展したシェルドン (O. Sheldon)，アーウィック (L. F. Urwick) らの業績は評価に値するが，経営学上大きなインパクトを与えたのは 1950 年代における組織と環境の研究である。トリスト (E. Trist) らのタヴィストック研究所の研究グループにおける「社会－技術システム論」は，オープンシステムとしての企業と環境との媒介である技術と，その社会的・心理的要因の結合による環境適合こそが企業の維持，生存に決定的に重要である点を強調する。そして，Burns & Stalker (1961)

は比較的安定した環境では「機械的システム」が，そして急激に変化する環境下には「有機的システム」が適合するという命題を提示するのである。

さらに，「異なる技術には異なる組織形態が対応する」という技術と組織構造に関する Woodward (1965, 1970) のサウス・エセックスの研究，ピュー(D. S. Pugh)，ヒクソン(D. J. Hickson) らによる組織と規模に関するアストン・グループの研究はコンティンジェンシー理論の構想に大きな影響を及ぼした。

コンティンジェンシー理論を提唱したのは，ハーバード大学のローレンス(P. R. Lawrence) とローシュ (J. W. Lorsch) である。彼らは，環境の異なる3つの産業（プラスチック，食品，容器）における組織と環境の実証分析に基づき，組織の分化と統合のパターンと環境の不確実性による組織構造を研究し，組織デザインにおける「唯一最善の方法」を否定する。従来の理論が普遍的理論を想定するのに対して，コンティンジェンシー理論は組織をその規模，環境，技術に規定されるものとしてとらえ，「条件適応的」な理論や技法の適用を主張する。つまり，コンティンジェンシー理論はシステム・アプローチを継承しながら1960年代までに展開された諸理論を統合しようとするものである (Lawrence & Lorsch, 1967)。

以上の経営管理や組織に関する研究は，「もし組織が所与の環境に適応すれば，その組織は高い組織成果をあげる」というもので，環境決定論の立場をとっている。この立場に対して，Miles & Snow (1978) が「ネオコンティンジェンシー理論」と名づけた戦略的選択論が台頭する。この立場によれば，「組織は環境によってその組織構造が決定されるという受動的な立場ではなく，環境に積極的に影響を及ぼすパワーを有しており，環境を自ら創造する」というものである。

さらに，コンティンジェンシー理論には，組織のミクロ・レベルでの Fiedler (1967) のリーダーシップに関するコンティンジェンシー・モデルがある。また，組織と環境・技術との適合関係，不確実性の問題について，組織のオープン・システム・モデルとクローズド・システム・モデルにより包括的に議論している1967年のトンプソン (J. D. Thompson) の研究，

組織を環境としてとらえ組織間の関係を研究するエバン（W. M. Evan）らの組織間関係論を忘れることはできない。

2. 日本的経営としてのマネジメント論

昭和30年代後半には，Abegglen（1958）によって先鞭をつけられた日本的経営論がおこり，日本の経営の特質—終身雇用，年功序列，企業別組合，稟議制度—についての制度的研究が進められた。この日本的経営論は，第1次，第2次石油ショックを契機として注目される。企業の多国籍化という問題ともあいまって，経営文化論の研究として経営学の一分野として位置づけられるようになる。この日本的経営論については，間 宏（1963, 1971, 1978），岩田龍子（1977, 1985），津田真澂（1977, 1981）らの研究，米国商務省による『株式会社・日本』（1972），オオウチ（W. C. Ouchi）の『セオリーZ』（1981），ボーゲル（E. F. Vogel）の『ジャパンアズナンバーワン』（1979），パスカル（R. T. Pascale）& エイソス（A. G. Athos）の『ジャパニーズ・マネジメント』（1981） など多くの研究が発表されている。

3. 1990年以降の理論的展開

1970年代に議論が白熱したコンティンジェンシー理論を経て，1970年代後半から新たに「組織のルース・カップリングの理論」（March & Olsen, 1976; Weick, 1976; Meyer & Rowan, 1977），「組織のポピュレーション・エコロジー」（Hanann & Freeman, 1977; McKelvey, 1982），「組織シンボリズム」（Pondy et al., 1983），そして多くの研究がみられる「組織文化論」，組織の新制度学派の研究などが議論されてきた。

1980年代の後半には，ポーター（M. Porter）による競争戦略論が注目され，1990年代に入ると，コアコンピタンス，組織能力，ダイナミックケイパビリティなど経営戦略論の急速な展開が，経営管理論に大きな影響をもたらした。一方，マネジメント論や経営組織論の分野では，IT革命や日本のバブル経済の破綻などの背景から従来のマネジメントや組織のあり方が議論され，組織変革，イノベーション，知識創造や実践のコミュニティなどを背

景としたマネジメントの新しい理論展開の段階に入った。これらの研究は，21世紀を迎えた現在も続いている。

このように，わが国のマネジメント論は，現在，アメリカで発展したマネジメント論を中心として，これまでの行動科学，経営組織論，そして経営戦略論の研究成果に加え，ポストモダンとして展開されてきた社会構成主義に基づく解釈的研究やヨーロッパを中心としたクリティカル・マネジメント研究など，科学方法論や科学哲学を含むインターディシプリナリー・アプローチをとる研究，日本的経営に関する研究，わが国独自な批判経営学を中心とする研究など多岐にわたって研究が展開されている。

【注】
1) この章のマネジメントの歴史的概説は，大月・高橋・山口（2008）の「第1章 経営学の系譜」に依拠している。
2) Fayol（1916）では prévoir となっており，直訳すれば「予測」であるが，その内容からして「計画」とした。

【さらに学習するための文献】
ダニエル・レン／佐々木恒男監訳『マネジメント思想の進化』文眞堂，2003年。
デリック・S. ピュー・デービッド・J. ヒクソン／北野利信訳『現代組織学説の偉人たち』有斐閣，2003年。
北野利信編『経営学説入門』（有斐閣新書）有斐閣，1977年。
高宮晋『現代経営学の系譜』日本経営出版会，1969年。
土屋守章・二村敏子責任編集『現代経営学説の系譜―変転する理論の科学性と実践性』有斐閣，1989年。

第 4 章

意思決定

　「管理とは何だろうか？」という問題は，難題である。これまで管理とは，「目的を達成するための手段」，「ヒト・モノ・カネ・情報をうまく取り扱うこと」，「最小の投入量で最大の成果を獲得すること」など，一般的には「物事を成し遂げることの技法」（Simon, 1976, p.1, 訳 3）として考えられ，そして，そのためにはどのような行動が必要となるのかについて経営管理の分野において研究が進められてきた。

　しかしながら，意思決定について体系的に論じたサイモン（H. A. Simon）は，なんらかの行動に先立つ選択―すなわち意思決定―も含めて管理を議論する必要があるとした。なぜなら，何らかの行動を行う前には，様々な代替案の中から当該の行動を選択するというプロセスが存在しているためである。Simonによると，実際のどのような活動も「決定すること」と「行為すること」の両方を含んでいるため，管理においても行為することと同様に，決定することに十分に注意を払わなければならないと述べている。

　そのため本章では，まず，私たち個々人がどのように物事を決定し行動しているのかについて，個人の意思決定，とりわけ意思決定のプロセスと制約された合理性の観点から紐解いていく（第Ⅰ節）。その上で，次に管理行動における意思決定についてオーソリティ，コミュニケーションと組織の均衡の観点から論じていく（第Ⅱ節）。そして，組織階層と意思決定との関係について示し（第Ⅲ節），最後に不確実で複数の決定が同時並行的に行われている状況での意思決定について論じたゴミ箱モデルについて論じていくこととしよう（第Ⅳ節）。

I. 個人の意思決定

1. 意思決定のプロセス

　私たちは，どのように意思決定しているのだろうか？さまざまな代替案（選択肢）の中からどのように選択しているのだろうか？まずはこのような疑問に対し，どのように論じられてきたかについて示していくことにしよう。個人の意思決定を考える際，まず必要となることは私たちの意思決定のプロセスを明らかにすることにある。このことに対し Simon（1977）は(1)情報活動→(2)設計活動→(3)選択活動→(4)再検討活動の4つのプロセスで個人は意思決定を行うと述べている。

　情報活動とは，意思決定が必要となる条件を見きわめるため環境を探索することであり，問題を知覚することであるともいえる。次の設計活動は，情報活動で知覚した問題に対し可能な行為の代替案を発見，開発，分析することである。第3の選択活動は，利用可能な代替案からある案を選択することである。そして，最後の再検討活動は，過去の選択を再検討することを指す。

　Simon は，このようなプロセスに基づき個人は意思決定を行うとしたが，しかしながらこのプロセスの各段階において個人は完全に合理的なアプローチを行うことはできない。すなわち，必要となる情報を全て収集し，その上で代替案を設定し，その代替案の結果全てを予測することは，個人の時間的，能力的限界ゆえに困難なのである。例えば，高校卒業後の進路選択を考えてみよう。あなたはその時すべての代替案（例えば大学や各種学校，または企業）を発見しただろうか？そして，それら全てを比較評価しただろうか？そしてその中で最高の選択をしただろうか？きっとしていないだろう。というよりもそもそもそのような選択，すなわち「客観的な合理性」に基づいた意思決定をすることは不可能なのである。それは，以下のような理由からである（Simon, 1976, p.81, 訳 p.103）。

　① 合理性は各選択に続いて起こる諸結果についての，完全な知識と予測

を必要とするが，実際には結果の知識は部分的なものにすぎない。
② これら諸結果は将来のことであるゆえ，それらの諸結果を価値づけるに際して，想像によって経験的な感覚の不足を補わなければならない。しかし，価値は，不完全にしか予測できない。
③ 合理性は，起こりうる代替的行動のすべてのなかで選択することを要求する。だが実際の行動では，これら可能な代替的行動のうちほんの2，3の行動のみしか思い出せない。

つまり，あなたは進路選択においてある程度将来を予測するだろうが，完璧には予測できない。また，代替的行動すべてを示すことはできないのだ。したがって，実際の個人の意思決定は客観的な合理性ではなく，結果の予測を十分行うことができず，代替案も十分に設定できない「制約された合理性(bounded rationality)」のなかで意思決定が行われることとなる。

さらに，個人的なバイアスも個人の意思決定における合理性を評価することに対して困難を生じさせる。もし，個人の意思決定がすべて目的－手段関係に基づいた決定であるとすれば，限定されていたとしてもある程度評価することは可能であろう。しかし，個人の意思決定には，そもそもなぜそれを行うのかという究極的な目的も存在する。そしてそれは評価することができない。例えば，勉強を効率的に行うための方法についてはその結果の成績などで評価できるが，そもそもなぜ勉強するのかについて評価することはできないだろう（A君は金持ちになるため，B君は貧しい人々を救うために勉強するとしても，どちらが正しいことかを私たちは評価できるだろうか）。そこにはそれぞれの考えがあるだろうし，そこに優劣をつけることなどできない。このように個人の意思決定には，「事実」に基づくものと，「価値」に基づくものが存在しており，「事実」に基づく意思決定は目的－手段関係で示すことができるため評価可能であるが，「価値」に基づく意思決定は多分に個人に依拠しているため評価が不可能である。

このように個人の意思決定は「客観的な合理性」に基づき行われているのではなく，「制約された合理性」のもとで，しかもバイアスがかかった中で行われているといえる。

2. 個人の合目的的行動と意思決定

しかしながら，このような制約された合理性に基づく意思決定はその個人の合理性の基準から逸脱しているわけではない。また，個人は決して恣意的に，または非合理的に意思決定を行っているわけでもない。個人は順序だった論理や明確な理由づけよりも，むしろ，これまでの個人の経験や判断，そしてコミュニケーションに基づき意思決定を行っている（Daft, 2001）。当然ながらそこには個人の価値観も含まれてくる。そして（少なくとも個人的には）合目的であるとして行動が生じるのである。そのため，個人の意思決定においては，以下のような特徴が導き出せる。

① 以前に経験した意思決定と同種であると判断する選択の際，以前に得た経験によって今直面している状況を推測する。

② 他者とのコミュニケーションによる学習によって経験していない事柄についてもある程度予測することができる。

とりわけ以前に得た経験に基づいての意思決定は，同種の状況が生じた場合，適切な行為をもたらした決定を意識的に思いだす必要なしに同様の反応を生じさせることがある。この習慣的な反応，すなわちルーチン化された意思決定により，問題を認識し，どの代替案ならば適切に問題解決を行えるかという一連の意思決定を迅速なものとしている。

3. 満足化基準と経営人モデル

このように個人の意思決定は「客観的な合理性」に基づいたものではなく「制約された合理性」に基づき行われ，そしてこれまでの経験と他者とのコミュニケーションによってなされるとここまで説明してきた。しかしながら，ここまでの説明で一つ重要なポイントが抜けている。それは，個人の意思決定が制約されているとしても，どれだけの代替案を用意すればその個人は意思決定ができるのだろうか？どのような意思決定を行うことで個人の合理性は担保されるのだろうか？といった疑問である。

何らかの意思決定をする際，すべての代替案を提示し，その結果をあらかじめ全て予測し，そして決定を行うことは不可能であるということについて

は既に説明した。しかしながら，実際に私たちは何らかの意思決定を行わなければならない。その際，私たちは，その意思決定で満足するかどうかを判断基準として定める。先にも挙げた，「どの大学・学校に行こうか？」の状況での意思決定をイメージしてほしい。その時，すべての大学や各種学校を代替案として採りあげただろうか？ 比較分析を行っただろうか？ もちろん行っていない。というよりもそもそもどれだけの選択肢があるのかさえも多くの人にとってはわからないのである。しかし，だからといってその意思決定が不満だったというわけではないだろう（もちろん入試結果など不本意なことはあるかもしれないが）。むしろその意思決定に満足しているはずである。しかしながら，すべての代替案をピックアップしなかったにもかかわらずなぜ満足しているのだろうか？

実は，人は意思決定を行う際，自身が満足する基準を超える代替案が生じた場合，そこで選択活動が終了してしまうのである。この基準のことを満足基準という。そして人々の意思決定は満足基準に基づき行われるため，すべての代替案を探索する必要がない。ただし，この満足基準は状況によって異なるし，また自ら変化させることもありうる。例えば，自身の満足基準があまりにも高すぎ，それを上回る代替案が存在しない場合，その基準を変化させる（または変化させられる）だろうし，一方で低すぎる場合にはその基準を上げることもあり得るだろう。

このように満足基準に基づく意思決定を行う個人のことを Simon は「経営人モデル（administrative man model）」と述べ，これまでの古典的な経済学などで暗黙的に理解されてきた最適行動を探究する人間モデル，すなわち「経済人モデル（economic man model）」とは異なった人間観であるとした。

II. 管理行動における意思決定

前節で個人の意思決定について論じてきた。そこでは個人の意思決定プロセスについて説明するとともに，制約された合理性の中でどのようにして意

思決定を行ってきたのかについて示してきた。その上で本節では組織が個人の意思決定にどのような影響を与えるのかについて論じていくこととしよう。

　Simonは，組織に参加する個人は先述の個人の意思決定に部分的制約を課し，その代わりに組織の意思決定のプロセスを与えられると述べている。組織の意思決定のプロセスとは，メンバー各々の職務範囲と性質を明らかにし，オーソリティ（他人の行為を左右する意思決定をする権力）をそれぞれに与え，そしてメンバーの活動を調整するための制約を付与することであるとしている。

　このことは，ある会社で働く個人をイメージすると理解しやすいであろう。会社で働いている時とそうでない時では何が違うのであろうか？　その人が広告宣伝部長の場合，その会社の製品やサービスを，メディアを使って露出するとともに企業イメージの向上を図ることが彼／彼女の職務範囲となろう。一方で，当然ながら製品の製造工程に関する意思決定は行わない。これは製造部門のマネジャーが行う意思決定である。また，製品やサービスの効果的な露出を実現するためにそれぞれ専門技術を持つメンバーをコントロールするオーソリティを与えられ，必要に応じてそれを実行するための決定をする。また，それらメンバーは広告宣伝部長がオーソリティを分与されたのと同様に，それぞれの役割に応じたオーソリティを分与され行使する。その結果として，意思決定の階層が生じていくこととなる。だが，このような意思決定を行う際，この広告宣伝部長は自身の趣味であるサッカーをしたり，またはオンラインゲームなどに集中したりすることはないだろう。それらを行うことによる制裁を受ける可能性があるためである。つまり個人的な意思決定を制約することの代わりに組織の意思決定を行っているのである。

　本節では組織が個人の意思決定にどのような影響を与えるのかについて，Simonが論じる5つ（オーソリティ，コミュニケーション，能率の基準，組織への忠誠心，訓練）の影響のうち，とりわけ重要であると考える 1. オーソリティ，2. コミュニケーションについて述べるとともに，3. 個人が組織の意思決定にいかに参加するのかという組織の均衡のあわせて3点につ

いて説明している。

1. オーソリティ

　オーソリティ（authority）とは，先にもあげたが「他人の行為を左右する意思決定をする権力」として定義づけられる。そのため，オーソリティは相手の意思決定を制約することとなる。

　多くの組織において，オーソリティを伴った意思決定は，上司－部下の関係において生じる。そのため，オーソリティは命令と同義として理解されることが多いが，決して命令のみにとどまらない。例えば，示唆であったり，説得であったりしたとしてもオーソリティとなりうることがある。なぜならば，先に述べたように相手の意思決定を制約するならばオーソリティとなるからである。

　しかしながら，このオーソリティがすべて上司から部下へと影響を及ぼすとは限らない。Barnard（1938）が指摘しているように無関心圏（Simonの場合，受容圏）の範囲内においてこのオーソリティはオーソリティとして存在しうるのである。もちろん，上司の一般的な意思決定はこの圏内を逸脱することはないし，また上司は部下によって受容されると期待してそれを行う。また，部下はそれを期待しつつ自身の意思決定を行っていく。その際，直接的に受けるオーソリティもあるが，そうであろうという期待により自ら生じさせるオーソリティも存在する。例えば，制裁を受けるかもしれないという期待（不安）は組織においての自身の意思決定に大いに影響を及ぼすことになるだろう。その時，彼／彼女は上司がどのように考えているのか，上司はどのような決定を下そうとしているのかについて思いを巡らせ，そして少なくとも上司の意向に沿うと考えられる意思決定を行うことになろう。

　また，このようなオーソリティはある特定の個人に固定されているものではない。オーソリティは通常職位や職務に基づきメンバーに付与されていき，その結果，上司－部下（上司）－部下と連鎖されていくこととなる。そしてそれに基づく意思決定も同様に連鎖されることとなり，上位の手段が下位の目的となる目的－手段関係が構築され，組織の意思決定が上位層から下

位層まで円滑に連鎖することとなる。

2. コミュニケーション

　コミュニケーションはメンバーから他のメンバーへ決定の諸前提を伝達するためのプロセスであると定義づけられる。コミュニケーションがなければ組織は存在しないのは明らかであるが，どのようなコミュニケーションがとられるかによって意思決定をどのように分配するかが決定するといっても過言ではない。

　コミュニケーションとオーソリティは重複すると思われがちだが，オーソリティは全体のコミュニケーションの一部にすぎない。なぜなら，組織のコミュニケーションには公式のコミュニケーションと非公式のコミュニケーションの2種類が存在しているためである。

　公式のコミュニケーション手段として代表的なものとしては，例えば上司から部下への命令といった口頭でのコミュニケーション，指示が書かれたメモ，公式の報告書や記録，業務マニュアルが存在する。これらのコミュニケーション経路はオーソリティの経路と同一であることが多い。

　しかしながら，非公式のコミュニケーションはオーソリティの経路とは異なっている。非公式のコミュニケーションは，メンバーの社会的諸関係を基盤として構築されている。それは学校時代の同級生であったり，同一地域であったり，友情関係であったりする。そして，この非公式のコミュニケーションは，公式のコミュニケーションの流れを補うために存在している。なぜなら，公式のコミュニケーションは上司－部下といった上下の指示命令として構築されており，その結果，メンバー全体に情報がいきわたらないためである。そのため，非公式のコミュニケーションも含めたこれらコミュニケーションによって個人の意思決定に影響を及ぼしている。

3. 組織の均衡

　なぜ個人は自ら進んで組織に参加するのだろうか？　そして個人の目的と組織の目的は並立するのだろうか？　個人が組織に参加するかどうかは，組

織の中での個人の活動が自分自身の目的に直接，または間接的に合致するかどうかによっている。例えば，金銭などの外的報酬を獲得したいとある個人が求めている場合，高額の報酬を提供する企業，またはそこに参加することにより，将来の報酬が得られると予測できる企業に対し積極的に参加することになるであろう。

　このことを組織の視点から考えるならば，何らかの「誘因」を組織が提供できる限りにおいて個人はその組織に参加する決定を行うと理解できる。一つには，組織の目的と個人の目的が合致している時，その個人は組織に参加するであろう。また，当該組織が存続することによる自身の安定性という誘因も存在する。例えば，創業まもない会社の場合，その会社の目的と社長や創業メンバーは組織が存続する限りにおいて自身も安定するため，彼らはその会社の目的を達成するために積極的に参加するだろう。第3として，単に自身の報酬という誘因のため個人はその組織に参加する決定を行うこともある。この代表的なものとして，賃金を得たいからというものがあろう。

　Simon は，組織は通常，主としてこれら3つの動機を持つ個人の集団から成り立ち，このような個人の集団は組織が提供する誘因と引き換えに組織に対して貢献を行い，またある集団の貢献は他の集団の誘因の源泉ともなると述べる。そして最終的に組織の存続や成長はこのような誘因と貢献の均衡によって決まるとしている。そのため，組織は個人を組織に参加し続けさせるための誘因を提供するための原資を用意する必要がある。

III. 意思決定のパターンと階層

　前節までで組織による個人の意思決定への影響について説明を行ったが，組織階層によっても意思決定は異なることについてここでは述べていくことにしよう。そのため，まずは意思決定のパターンについて説明し，その上で組織階層との関係について説明する。

　日常反復的な意思決定で，しかもその対処策が決まっている場合，この意思決定は定型化されることが多い。このような意思決定のことを Simon は

プログラム化できる意思決定（programmed decisions）と名付けた。一方で，問題が反復的でなく，新規的な意思決定のことをプログラム化できない意思決定（non-programmed decisions）と名付けた。もちろん組織の意思決定をこれら2つに明確に分類することはできないが，両極端のパターンとしてこれらが示すことができる。そして比較的組織階層の上部（例えばトップマネジメント）においては，プログラム化できない意思決定の比率が高く，一方で下位においてはプログラム化できる意思決定が多いという特徴がみられる。

またアンゾフ（H. I. Ansoff）は組織における意思決定を大きく3つに分類し，それぞれの特徴を示すとともに組織階層との関係について示した。Ansoff（1965）によると組織の意思決定は以下の3つに区分することができる。

① 戦略的意思決定：企業の内部よりも外部の問題に関係があるもので，例えば，企業がこれから生産しようとする製品の構成とそれを販売しようとする市場との結合を選択すること。
② 管理的意思決定：最大の業務能力を生み出すように企業の資源を組織化するという問題にかかわるもの。
③ 業務的意思決定：企業にインプットされた資源の変換プロセスの効率を最大にすること。

これらはそれぞれトップ，ミドル，ロワーマネジメントが担うとみなすこともでき，それぞれの階層によって意思決定の種類が異なるともいえる（図4-1参照）。さらに，戦略的意思決定はルーチン化されていない事柄に対する意思決定であるためプログラム化できない意思決定の傾向が強い。例えば，新しいマーケットに参入するかどうかや，他社を買収したり，相手先との合併などに関する意思決定はルーチン化することは困難であろう。一方で，業務的意思決定はプログラム化できる傾向が強い。例えば，単純な製品生産はマニュアル等によってプログラム化されることが多いし，またはそのプログラムをより正確に実行できるように機械化されたりもする。このように意思決定は階層によって異なっているといえよう。

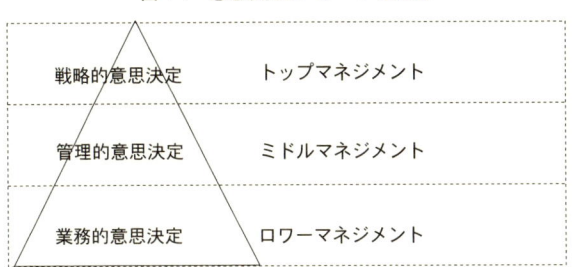

図 4-1　意思決定のパターンと階層

戦略的意思決定	トップマネジメント
管理的意思決定	ミドルマネジメント
業務的意思決定	ロワーマネジメント

IV．意思決定のゴミ箱モデル

　ゴミ箱モデル（garbage can model）は極めて不確実性が高い状況かつ同時並行的に行われている組織の意思決定について論じたものである。このような状況においては Simon や Ansoff が述べたような組織階層と意思決定との関連性や何らかのルールには依拠しない意思決定が行われているとゴミ箱モデルの論者は論じている（Cohen, March, and Olsen, 1972）。
　コーエン（M. D. Cohen）らは，実際の組織の意思決定は Simon が示した情報活動から再検討活動へと流れる連続的プロセスをたどるのではなく，むしろ，「組織化された無秩序（organized anarchy）」と名付けられるような混乱した状況で行われていると述べている。なぜなら，組織目標とは組織メンバー全員が正確に理解しており共有されているようなものではなく，また，自身の業務と組織全体の業務との因果関係をメンバーは十分に理解しておらず，さらに組織に参加するメンバーは流動的であるためである。そのため，これまで述べてきた意思決定プロセスでは現実に生ずる問題に対し十分に対処できていないとしている。
　ではどのように意思決定が行われているのだろうか？ Cohen らは組織内に存在する ① 問題，② 解決案，③ 参加者，そして ④ 選択の機会の 4 要素が偶発的に結びつくことによって意思決定が行われ問題が解決しているのだとした。つまり，組織全体を大きなゴミ箱と捉え，その中でこれら 4 要素が

たまたまうまく結びつくことによって意思決定がなされると論じた。実際，組織内には意思決定の種として様々な問題が存在しているし，これまでの意思決定の結果としての解決案もいたるところに存在している。また様々な人々が組織内には存在しているし，意思決定を行う機会も様々に存在している。しかしながら，それら4つの要素はすべて整理され，可視化されて組織内に存在しているわけではない。むしろ，それらはある特定のチームや個人によって保持されていたり，または偶然に生じるものである。そしてそれらが偶然に結びついたときに，意思決定が行われ問題が解決する。そのため，当然ながら問題が解決されないまま残ったり，問題が存在しないにもかかわらず解決案が示されたりすることも生じることとなる。

このようにゴミ箱モデルは，Simonを代表とするリニアな意思決定に対し疑問を提示するとともに，実際の組織で生じる偶発性に富んだ様々な意思決定について（解決に結びついてもそうでなくても）説明するモデルを提示したという点で非常に興味深いといえよう。

V．おわりに

Simonによって本格的に研究された意思決定論によって経営管理論は行動レベルのみならず意思決定レベルも含むこととなり，そのフィールドをさらに拡大することとなった。ファヨール（J. H. Fayol）が提唱し，現在，Plan-Do-Check-Action（本書では，Plan-Organizing-Leading-Control）でよく知られている管理プロセスの各段階においても意思決定の考え方が前提として存在している。また意思決定論は，組織コミットメントに関する研究，モチベーション，組織学習，センスメーキング，認知科学など様々な研究領域に対し幅広い知見を提供しているように，非常に影響力の強い研究となっている。

【さらに学習するための文献】
アンゾフ, I.／廣田寿亮訳『企業戦略論』産業能率短期大学出版部，1969年。
サイモン, H.／松田武彦・高柳暁・二村敏子訳『(新版) 経営行動—経営組織における意思決定プ

ロセスの研究—』ダイヤモンド社,1989 年。
Simon, H. A. (1977), *The New Science of Management Decision*. NJ.: Prentic-Hall.（稲葉元吉・倉井武夫訳『意思決定の科学』産業能率短期大学出版部,1979 年。）

第 5 章
経営戦略

　経営戦略は，1960年代のアメリカの大企業において発展した研究領域である。今日では，アメリカ企業に限らず，世界中の様々な国や地域の企業で導入され，今や戦略をもたない企業は，明確な方向性を有していない企業だと考えられるほどになってきている。しかし，今日のような経営戦略論の普及に至るまでの間，経営戦略論研究は様々な研究展開をみせてきた。この研究の展開過程を整理すると，大きく3つの流れに整理することができる。その3つとは下記の通りである。

　Ⅰ．メインストリーム（主流）の経営戦略論：命題「戦略をどう策定するか」

　Ⅱ．北米における戦略プロセス研究：命題「実際のところ戦略はどう形成されるのか」

　Ⅲ．欧州における批判的・実践アプローチの経営戦略論研究：命題「我々はなぜ戦略的であろうとするのか，また，どうやって戦略を組織の中で行っているのか」

　一般に，我々が経営戦略論という場合，Ⅰのメインストリームの研究を指し，経営戦略策定の手法として理解しているのが通常であろう。しかし，Ⅰのメインストリームの研究にも，1980年代以降，とくにアカデミックな研究の中で様々な問題点が指摘されてきており，新しい研究の動向は実務家の中でも注目を集めつつある。従って，本章ではⅡとⅢの研究についても若干の言及をしながら，経営戦略論研究の全体像について考えていこう。

I. メインストリームの経営戦略論

1. 概要

　メインストリーム（主流）の経営戦略論研究とは，具体的に，企業がどのような戦略を講じれば求める成果につながるのかを規範的に示し，経営者が優れた戦略を策定するための分析フレームワークを提供することを目的とした研究を指している。つまり，一般的に我々が経営戦略論と聞いてイメージするもの，そのものであると言える。

　この経営戦略論では，大きく以下の3つのステップで戦略論の策定を考える。

組織目的の設定（理念，目標の設定）
↓
事業の設定（成長戦略の策定）
↓
事業別戦略（競争戦略の策定）

　とりわけ経営戦略論として具体的に議論がなされているのは，事業の設定と事業別戦略に関する領域であり，前者は成長戦略論，後者は競争戦略論として議論が展開されている。興味深い点は，これらの議論が始まったのが，成長戦略論は1960年代であり，競争戦略論は1980年代である点である。これらの時代背景は，メインストリームの戦略論研究が研究対象としてきたアメリカ大企業が直面した経営上の課題とリンクしている。1960年代は戦後の経済成長が始まり，アメリカ大企業が大きく成長を遂げた時期であり，この時期には多くの企業が事業の多角化を行っていった。この多角化を行う上で，どのように事業展開を行うべきか，経営上の指針を示そうとしたのが成長戦略論の議論である。

　しかし，1970年代に入ると，アメリカ経済は成長屈折の時代に入り1973

年のオイルショックはアメリカ企業の成長にも大きな影響を及ぼす。しかしその一方では，日本企業が台頭してきた。この中でアメリカ企業が取り組んだ課題は，これまでの成長戦略の見直し，および，日本企業との競争への挑戦であり，それゆえに，1980年代には競争戦略論が盛んに議論されるようになった。以下では，これらの議論を学びながら，メインストリームの戦略論研究の概要を理解しよう。

2. 初期の経営戦略論：Chandler と Andrews

経営戦略論の研究が明確にスタートしたのは，1962年のチャンドラー（A. D. Chandler Jr.）によるアメリカ大企業の組織デザインが事業部制に移行するプロセスについての経営史研究からである。むろん，これ以前にも古くは孫子やクラウセヴィッツなど，様々な軍事戦略の思想家・研究家による戦略論の研究は行われてきた。また，1945年に終結した第二次世界大戦，とりわけ太平洋での日米の戦いは，海兵隊という新しい組織を生み出したアメリカの軍事戦略上の勝利でもあったため，社会的には戦略概念自体は広く浸透していたと考えられる。しかし，企業経営の領域に戦略の概念が明確に持ち込まれたのは，Chandler の研究からである[1]。

Chandler（1962）はアメリカ大企業の経営史研究を通じて，ひとつの現象に気がつく。それは，アメリカの大企業は，様々な展開を経ながらも，事業部制組織の組織デザインを導入していく，という事実であった。

Chandler は，この現象の背後に，2つの戦略があったことを明らかにする。すなわち，垂直統合戦略と多角化戦略である。前者の垂直統合戦略とは，自社の提供する最終製品からみて，必要な職能を増やしていったり，職能の規模自体を拡大したりする戦略である。後者の多角化戦略とは，既存事業とは異なる事業領域への展開を行う戦略のことである。これらの戦略が生じる背景に，Chandler が見いだしたのは環境変化への企業の適応行動であった。つまり，組織は変化する環境に適応するために，職能を拡充し（垂直統合戦略の遂行），また，既存事業の存立が危うくなったりした場合は新規事業を立ち上げ（多角化戦略），存続を図ろうとする。とりわけ多角化戦

略は，組織デザインに決定的な影響を及ぼす。なぜならば，職能別組織では，複数の事業を管理することは困難だからである。こうして，組織は環境変化に適応するために戦略を行使し，その結果生じる管理上の問題に対処するために，組織デザインを変更する，という一連のプロセス（環境変化→戦略の変更→組織デザインの変更）が確立されたのである。

この環境変化から組織デザインの変更に至る流れは，「組織構造（デザイン）は戦略に従う」という非常に有名な言葉にまとめられ，今日でも広く知れ渡っている。また，環境変化から戦略転換，そして，組織デザインの変更を適切に行うことが，組織能力であるとChandlerは指摘し，こうした組織能力は経営者の能力に帰結すると考えた。これら環境変化への適応から組織デザインに至る一連のプロセスは，その後の経営戦略論の考え方の基本的な視点として，重要な意義があると言えるだろう。

このChandlerの議論とほぼ同時期に，2つの経営戦略論研究が生まれた。ひとつは，アンドリュース（K. R. Andrews）をはじめとするハーバード・ビジネス・スクールの経営政策研究の発展としての経営戦略論であり，もうひとつは，アンゾフ（H. I. Ansoff）による戦略経営のアプローチである。以下では，Andrewsたちの議論を説明した後に，Ansoffの議論を紹介しよう。

3. Andrewsたちの戦略論
(1) Selznickの制度化概念

アンドリュースの議論は，SWOT分析というフレームワークを示したことで有名である。しかし，この内容に入る前に，彼らの議論の背後にあるアメリカの組織社会学者であるセルズニック（P. Selznick）の議論に触れておく必要がある。Selznick（1957）は，ニューディール政策で実施されたTVA（テネシー川流域開発公社）が，どのように事業を行っていったのか，あるいは，ロシアのボリシェビキがどのように共産党の支配的勢力になったのかをリサーチし，それらの知見をもとに経営学領域に『組織とリーダーシップ（原著：*Leadership in Administration*）』を著している。Selznickが同書

の中で明らかにしたことは大きく3つある。ひとつは,組織は環境(彼は社会構造と呼ぶ)との関わり合いを持たずして,その目的を達成することはできない,とする環境適応の重要性である。2つめは,組織は環境との関わり合いの中で,独自の性格を帯び,適応する環境に対して,より適切な適応行動が可能になる能力(独自能力と呼ぶ)を身につけていく,という点である。3つめの指摘は,組織が身につけた独自能力は,特定の環境に対しては有効性を発揮するが,異なる環境に対しては,組織無能力の様相を呈するようになる,というパラドクスである。この3点のうち,とりわけAndrewsたちの研究に反映されたのは,1番目と2番目の点である。ではどのように彼らの研究に反映されたのであろうか。

(2) Andrewsたちの戦略論

Andrewsたちの戦略論[2]は,元々経営政策論研究(business policy)研究を発展させたものである。事実,1965年に彼らが戦略という概念を紹介したテキストのタイトルも"Business Policy"であった。この経営政策と経営戦略の概念上の決定的な違いは,組織環境という要因が考慮されたことにある。つまり,経営政策は環境という要因よりも,むしろ,組織の目的の達成のための内的な統合により重点を置いていたのに対し,経営戦略は組織の環境との関わりをより重視するものとして位置づけられた。

彼らはSelznick(1957)の『組織とリーダーシップ』の議論で指摘された独自能力と社会構造の適合関係という命題を元に,組織と環境がより適切な適合関係にある状態を分析するためのフレームワークとして,SWOT分析のフレームワークを示した。今日でもこのフレームワークは様々なビジネス・シーンで用いられるに至っている。

SWOTとは,強み(strength),弱み(weakness),機会(opportunities),脅威(threats)の頭文字をとったものである。強みや弱みは自社の内的な能力を分析することの重要性を示している。一方,これら強みや弱みは,外部環境の機会や脅威に適切にフィットしていなければならない。この外部環境を分析する上では,自社にとって機会がどのようなものか,あるいは,脅威がどのようなものかを考える必要がある。すなわち,自社の能力(強み・

弱み）と外部環境（機会・脅威）の両者の適合関係を構築することが戦略であり，この適合関係をデザインすることの重要性が指摘された。

しかし，彼らの議論の問題点はいくつか挙げることができる。第1に，SWOT分析を行うための具体的な方策が示されていないこと，第2に，強みや弱みは相対的な概念であり，競争相手との比較を通じて明らかになる相対的な概念であることである。別な言い方をすれば，Andrewsたちの議論には競合する組織との競争が加味されていないという問題点がある。この問題点は後の競争戦略論の議論で考慮されることになる。

4. Ansoffの戦略論

Ansoffが1965年に著した『企業戦略論』（Ansoff, 1965）は，成長戦略論の中でも，とりわけ多角化戦略を決定するためのガイドラインを明示したきわめて重要な研究である。多角化戦略は自社がどのような事業を手がけるべきかを決定することを意味し，成長の方向性が多角化戦略によって決定されるが故に重要なのである。この多角化戦略において，Ansoffはシナジー効果の重要性を示したことでも知られている。

Ansoffは戦略を「部分的無知の状況における意思決定のルール」と定義した。部分的無知とは，不確実性のことを指しており，高い不確実性の中でいかに経済的な成果を達成するかをより確実にするために戦略を策定する必要があると考えた。そこで，Ansoffは意思決定の3つの階層を指摘する。すなわち，業務的意思決定，管理的意思決定，戦略的意思決定である。この3階層はそれぞれ不確実性の大きさを表している。不確実性の大きさはルーティン化（ルール化）が出来る度合いの大きさによって決定される。

業務的意思決定とは，例えば，製品に部品を取り付けるタスクのように，日常的に繰り返し行われる意思決定のことを指している。一方，管理的意思決定とは，Chandlerの議論に出てきたように，組織デザインを職能別組織から事業部制組織へと改変するような意思決定のことを指す。そして，戦略的意思決定とは，どの事業を行うべきかを決定する意思決定であり，組織の外部環境との関わりを決定する意思決定であるが故に，それまでの業務的，

管理的意思決定と比べると明らかに不確実性が高い。

　この戦略的意思決定の中でも，とりわけ多角化に関する決定は最も不確実性が高いと言える。なぜならば，多角化戦略は新しい市場環境に新しい製品を投入することを意味する（図5-1参照）。なぜならば，これまでの意思決定のルーティンが機能する部分がもっとも少ない意思決定だからである。

　このような意思決定を行う場合，Ansoffは既存事業と多角化戦略の中で新規に手がけようとする事業との間に，シナジー効果が存在するかどうかが決定的に重要であると述べる。シナジー効果とは，一般に範囲の経済性（economy of scale）として理解できるが，新規の市場に新規の製品を投入する場合においても，それまでに組織に蓄積された何らかの意思決定のルーティンを活用出来る部分が存在すれば，全く存在しない事業を手がけるよりも，より不確実性を低くすることが可能になるからである。

　例えば，Chandlerがとりあげたデュポンは，多角化戦略を行う上で，それまで軍事用の火薬事業で培った技術が応用できる領域としてワニスの事業を展開したが，これはおそらく火薬事業と全く関係が存在しないであろう清涼飲料水事業を手がけるよりは，遙かに不確実性は低いであろうし，シナジー効果は様々な点で見いだすことができるだろう。

図5-1　成長ベクトルの構成要素

		製品	
		既存	新規
市場	既存	市場浸透	製品開発
市場	新規	市場開発	多角化

（出所）　Ansoff（1965）をもとに作成。

しかし，シナジー効果を考える上での注意点として，同効果はあくまでも事後的に認識されるものであり，事前のデューデリジェンスのプロセスでは必ずしも存在することを確実視することはできないことを指摘する必要がある。事実，自動車メーカーのダイムラーとクライスラーの合併は，世紀の大合併と呼ばれたが，当初予定されていたシナジー効果はほとんど発揮されることなく合併が解消されている。

5. プロダクト・ポートフォリオ・マネジメント（Product Portfolio Management: PPM）

1960年代に多くの企業が多角化し，コングロマリット化する過程で普及した成長戦略論の研究も，1970年代のアメリカ経済の低迷を背景に，徐々に異なる方向性の探究が行われるようになる。具体的には，多角化した事業が必ずしも収益と結びつかない事態が生じるようになり，自社の事業の組み合わせ（ポートフォリオ）を再検討するべき段階が1970年代であった。そうした時代背景の中で登場したのが，戦略コンサルティングファームであったボストン・コンサルティング・グループ（Boston Consulting Group）

図 5-2　PPMの4象限

相対マーケットシェア
（競争上の相対的ポジションの強さ）

	高い	低い
市場成長率 高い	花形 ☆ (Stars) キャッシュ・イン：大 キャッシュ・アウト：大	問題児 ？ (Question Marks) キャッシュ・イン：小 キャッシュ・アウト：大
市場成長率 低い	金のなる木 $ (Cash Cows) キャッシュ・イン：大 キャッシュ・アウト：小	負け犬 × (Dogs) キャッシュ・イン：小 キャッシュ・アウト：小

が提唱した市場相対シェアと市場成長率の 2 軸から経営資源配分の意思決定を行うプロダクト・ポートフォリオ・マネジメント（以後，PPM）のフレームワークである（Hedley, 1977）。

PPM では縦軸に市場成長率，横軸に相対マーケットシェアを設定し，自社の事業を 4 つの象限に分類することで，自社が有する事業に資源配分をするための分析を行う。

縦軸の市場成長率は，(1) 競争の激しさ，(2) 製品ライフサイクル上の位置づけの 2 点を知る上で有用である。(1)について，市場成長率が高ければ，競合他社にとっても魅力的な市場であるため，新規参入業者が増え，競争が激しくなる。従って，新製品開発やプロモーションなどの費用がかさむ（キャッシュ・アウトが多い）ため，成長の著しい市場（図 5-2 上の花形，問題児の象限）では，成長率の低い市場と比較すると収益性は低くなる。言い換えるならば，PPM のマトリクスの上にいるほど収益性は低くなる。

(2)については，製品ライフサイクル（図 5-3 参照）の概念に基づいており，市場成長率は時間とともに必ず低下することを示している。従って，上の象限にいる事業は時間経過とともに，下の方へと下がってくる。下の象限（金のなる木，負け犬）の象限にある事業は，キャッシュ・アウトは少ないが，成長は見込めない。従って，これらの事業に偏った事業の構成にある企

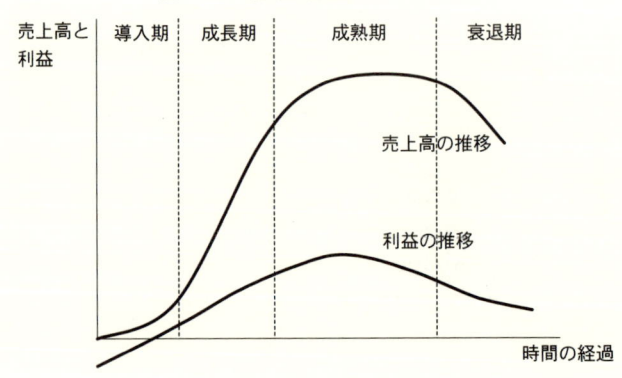

図 5-3 一般的な製品ライフサイクル

第5章　経営戦略　　93

業は成長性がないと判断できる。

　一方，横軸の相対マーケットシェアは，競争相手と比較した際のマーケットシェア（市場占有率）を表している。相対マーケットシェアは，競争相手と比較した際に，相対的により多くのシェアを有している企業の方が，より少ないシェアの企業よりも，収益性が高いことが予想される。なぜならば，より多くのシェアを持っている企業は，提供する製品の製造コストにおいて，より大きな経験曲線効果の恩恵を受けることができるからである。

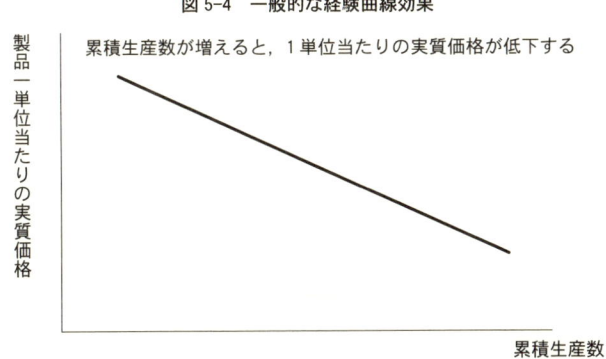

図 5-4　一般的な経験曲線効果

累積生産数が増えると，1単位当たりの実質価格が低下する

（縦軸：製品一単位当たりの実質価格　横軸：累積生産数）

つまり，より多くの相対マーケットシェアを有していれば，より低コストで製品を市場に供給できるため，販売価格が一定であると仮定すると，販売

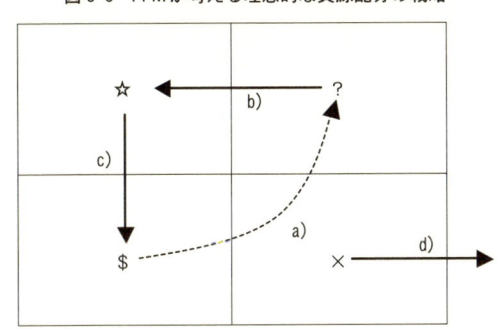

図 5-5　PPM が考える理想的な資源配分の戦略

（☆　b)←　?
　　c)↓　　　a)↗
　　$　←‥‥　×　d)→）

価格に占める自社のマージンが大きくなるため収益性は高くなる。言い換えるならば，PPM のマトリクスの左にいるほど収益性が高くなるのである。この縦軸・横軸に基づいて，分析を行うと次の資源配分の戦略が導き出される。

(1) 金のなる木の事業は，キャッシュ・インが大きく，キャッシュ・アウトが小さいが，将来的な成長は見込めない。従って，この金のなる木の事業から資金を回収し，問題児の相対マーケットシェアを高めるための資源投下を行うべきである（図 5-5 上の線 a))。問題児のポジションを強化して，花形事業へと育てることができれば（図 5-5 上の線 b))，時間の経過とともに製品ライフサイクルが変化し，花形事業は金のなる木の事業へと変化していく（図 5-5 上の線 c))。この金のなる木の事業ができることによって，再び問題児の事業を育てる資金を獲得することができる。

(2) 負け犬の事業は，成長の可能性もなく，かつ，相対マーケットシェアも低い。従って，事業の売却が望ましく，それが不可能な場合は事業を解散すべきである（図 5-5 上の線 d))。

以上のように，PPM を用いることで自社の事業への資源配分を決定することが可能となる。だが，フレームワークがシンプルで明快であるが故に，問題点もいくつか指摘されている。たとえば，縦軸については，製品ライフサイクルが存在したとしても，ライフサイクルの長い製品と短い製品，また，需要量の細かな変動もあり，当該事業がライフサイクル上，どのステージにあるのかを知ることは困難であることが指摘できる。横軸については，相対マーケットシェアは，そもそも市場の定義をどのように行うのかによって競争相手が異なってくる。しかし，今日の競争環境においては，市場の定義こそが難しくなっているし，Levitt (1960) が「マーケティング近視眼」の議論で指摘しているように，市場の定義を行うことはきわめて大きなインサイトを必要とする。しかし，PPM はシンプルな分析ツールであるが故に，自社の全体的な趨勢を知る上で有効であると考えられているのもまた事実である。

6. Porterの競争戦略論

　成長戦略論では全社的な自社の資源配分を決定するためのフレームワークが考えられてきたが，一方で，個々の事業においてどのように他の組織と競争をしていくのか，という点については十分な考察はこれまで展開されてこなかった。また，時代も1980年代に入ると，製造業を中心に日本企業がアメリカに進出し，アメリカ企業を駆逐していった時代でもあった。こうした時代背景からも，どのように企業が個々の事業で競争をしていくべきかを考えるフレームワークとして，競争戦略論が求められたのである。

　この競争戦略論のフレームワークを示したのは，Porter（1979）である。元々，産業組織論の領域で独占禁止法が企業の収益性に及ぼす影響を研究していたポーター（M. E. Porter）は，1979年に5つの競争要因のフレームワーク（図5-6を参照）を提示し，続く1980年に著した著書『競争の戦略』において，5つの競争要因から3つの基本戦略を導きだし，経営戦略論研究において中心的な貢献を行った。

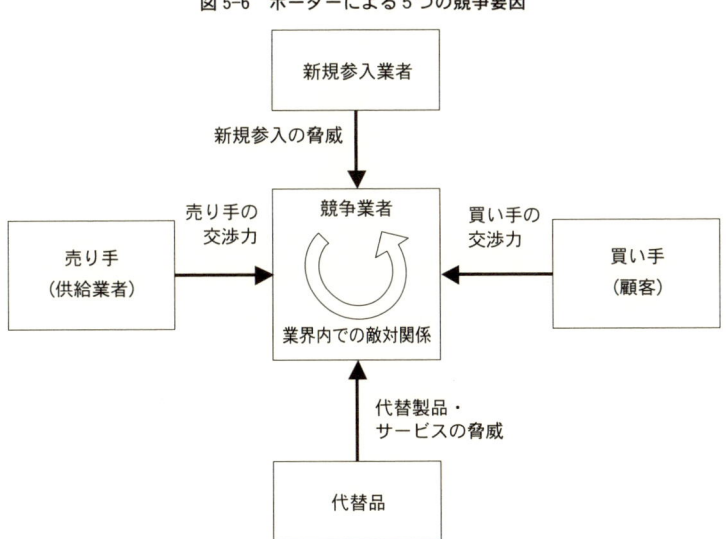

図5-6　ポーターによる5つの競争要因

5つの競争要因とは，競争環境を分析するためのフレームワークである。具体的には，以下の5つであり，それぞれがもたらす競争上の脅威にどのように対抗しながら，収益性を確保していくのかを考えるために用いられる。

(1) 新規参入業者：新規参入業者が参入しやすければしやすいほど，同じパイを取り合うことになるため競争が激しくなり，収益性が低下する可能性がある。

　従って，参入障壁を構築して参入を防いだり，参入の際の反撃の手段を準備したりする必要がある。

(2) 代替品：代替製品・サービスの脅威が高ければ高いほど，自社の提供する製品・サービスの価値が陳腐化され，収益性が低下する可能性がある。

　現実的には，代替品・サービスの脅威を回避することは難しいが，相対的に見て，現在の競争状況の中で有利なポジションにある企業は，代替品に対する対抗措置をとる上では有利な立場にある。

(3) 競合他社：競合他社との競争関係が激しければ激しいほど，顧客を巡って激しい製品開発や価格競争が繰り広げられ，収益性が低下する可能性がある。

　従って，シェアの拡大を図って経験曲線効果をより強く働かせたり，他社に真似の出来ない製品・サービスを提供したりすることによって価格競争を避けることにより，収益を確保する必要がある。

(4) 売り手（供給業者）：売り手の交渉力が高ければ高いほど，原材料の仕入れ原価の上昇圧力が生じ，収益性が圧迫される可能性がある。

　従って，複数の売り手を確保したり，合併・買収によって業界内での寡占化を進めたりして，売り手の交渉力を下げる必要がある。

(5) 買い手：買い手の交渉力が高ければ高いほど，販売価格の下落への圧力が生じるため，収益性が圧迫される可能性がある。

　従って，製品の差別化を図ったり，業界の寡占化を進めたりして，買い手の交渉力を下げる必要がある。

これら5つの競争要因を分析すると，どのような具体的な策を講じるべき

かが見えてくる。その上で，より明確に自社の競争戦略を示すのが3つの基本戦略である。この3つの基本戦略を通じてPorterが明確に示した点は，競合他社と同じように競争をしないこと，つまり，競争を避けることが競争戦略の本質である，という点である。なぜならば5つの競争要因の分析からも，様々なプレーヤーが収益性を低下させる圧力を自社に対してかけてくるため，これらをうまく回避するためには，独自のポジショニングを行っていくことが必要だからである。

たとえば，同じような製品を提供すれば当然価格競争は避けられないが，独自の生産技術があればより安く生産することができ，収益は確保できる（コスト・リーダーシップ戦略）。また，他社にはない製品やサービスを提供すれば，顧客はその企業以外からはその製品を購入することはできないので，比較的高い価格でも購入する。従って，企業からすれば大きな収益が見込める（差別化戦略）。また，顧客のターゲットを限定して，そのターゲット顧客のセグメントに特化した製品を提供すれば，きめ細やかな製品を提供することで，より製品は競争力を持ってくる（集中戦略）。これらをまとめると以下のようになる。

(1) コスト・リーダーシップ戦略：競合他社よりもより低いコストで生産することによって，収益を確保しようとする戦略。シェアの確保は経験効果を獲得する上で，きわめて重要な要因である。

(2) 差別化戦略：競合他社にはない独自の製品・サービスを顧客に提供することによって，競争を避け，買い手に対してはプレミアム価格を行使することを可能にして，収益を確保しようとする戦略。製品開発やニッチの発見は有効な方法である。

(3) 集中戦略：特定の顧客セグメントにターゲットを絞り，そのセグメントに対して経営資源を集中させることで，優位性を築くことを目指す戦略。コスト／リーダーシップ戦略，差別化戦略双方との組み合わせで用いられ，差別化＝集中戦略，コスト・リーダーシップ＝集中戦略と呼ぶこともある。

7. 競争戦略論の課題と新たな研究展開

　Porter は競争戦略の概要を 5 つの競争要因と 3 つの基本戦略から競争戦略論を示した。しかし，この議論にはいくつかの問題点が指摘されている。たとえば，競争上の優位なポジションを築き，業界平均を上回る収益の確保（競争優位性）に成功したとしても，競合他社が同じようなポジショニングを容易にとれるのであれば，優位性は喪失されてしまう。また，こうしたポジショニングをとることを可能にするのは，単に戦略の構想力の問題だけではなく，自社の実行能力や技術力にも関わる問題でもある。従って，これらの要因を考えなければ，競争戦略の実現はおぼつかない。この点について論じたのが，RBV（resource-based view：資源ベース論）やコア・コンピタンス論である。

　前者の主要論者である Barney（1991）は，競争力の維持に関して，自社資源が模倣困難である場合，あるいは，市場で購入できず代替可能性がない場合に限り，競争力は持続されることを論じている。とりわけ，資源は時間の経過とともに歴史に依存して形成される側面がある。たとえば，大きなターミナル駅前の利便性の高い場所への立地などは，歴史的な経緯があるものの容易に入手することはできないだろう。また，独自の創造的な文化をもつ組織は次々と差別化が可能な製品を生み出すことができるだろうが，こうした文化を模倣しようとしても困難であるのは言うまでもない。

　一方，後者のコア・コンピタンス論は Hamel & Prahalad（1994）によって論じられた。創造的な組織は創造性を作り出すコアとなる部分が存在し，それらが様々な製品やサービスに応用されることによって，優位性を構築していることを指摘する。独自の競争力を生み出す製品技術がある企業は，その製品技術を様々な分野に応用して，次々と競争力のある製品を生み出すことが出来る。こうした中核的な競争力をコア・コンピタンスと呼び，単に製品単位での競争力の分析ではなく，組織のコア・コンピタンスを分析することの重要性を指摘している。

　このほか，1990 年代半ばからは，IT 革命を背景として，劇的な業界の再編が行われてきたことを背景に登場したダイナミック・ケイパビリティー

ズ・アプローチにも言及する必要がある。代表的な研究者はアイゼンハート（C. M. Eisenhardt）やティース（D. J. Teece），ヘルファット（C. Helfat）などである。ダイナミック・ケイパビリティーズ・アプローチは，厳密な戦略を策定することよりも，変化を組織の中で作り出すことの重要性を強調する。たとえば，オンラインストアのアマゾン・ドット・コムなどは，それまでの書店網を徹底的に駆逐し，全世界に強大な販売網を構築した。しかし，アマゾン・ドット・コムは書店販売に留まらず，近年ではあらゆる製品（玩具，家具，電化製品など）を扱う総合的なオンラインショッピングモールへと進化している。では，このアマゾン・ドット・コムのような企業を特定の業界単位で分析することは可能だろうか。個々のサービスに関して言えば可能だろうが，アマゾン・ドット・コム全体を分析することは，業界という単位で区切ればきわめて難しいし，有効な分析ではない。なぜならば，業界というものの境界線がきわめて曖昧で，激しい変化にさらされているからである。従って，ダイナミックに変化する環境に適応するためには，ダイナミックな変化をする能力を組織は持つ必要がある。今後のグローバル化の進展による新たな競争環境の登場を考えた場合に，リアリティのある経営戦略論だと言えるかもしれない。

II. 北米における戦略プロセスの研究と欧州における批判的・実践アプローチの経営戦略論研究

これまでメインストリームの経営戦略論研究について，その登場年代順に説明をしてきた。ここからはメインストリームの経営戦略論に対して，1980年代以降に生じてきた批判的なスタンスの諸研究を説明する。これらは大別すると，北米における戦略プロセス研究と欧州における1990年代を中心に展開された批判的研究，および，2000年代以降展開されている実践としての戦略（strategy-as-practice）の諸研究である。

戦略プロセス研究は，それまでのメインストリームの経営戦略論研究は，規範的な議論を展開してきたにすぎず，現実の組織における戦略形成プロセ

スとのギャップが存在していることを問題視してきた。

　一方，経営戦略論に対する批判的研究は，欧州における批判的マネジメント研究（critical management studies）の立場から，経営戦略論という考え方自体のもつ問題点を指摘してきている。こうした欧州での批判的研究を受けて，主に2000年代に新しい研究パースペクティブとして展開してきたのが，実践としての戦略（strategy-as-practice）の研究である。

　以下これらについて，代表的な議論を取り上げて説明をしていこう。

1. 戦略プロセス研究

　1980年代に入り，日本企業の台頭を背景に日本的経営への注目が盛んに行われ，アメリカの経営学においても，組織文化への注目が集まってきた。たとえば，Peters & Waterman（1983）による『エクセレント・カンパニー』の議論などは，それまで機械的に戦略を実現するための装置としてとらえられてきた組織が，実は組織文化というきわめて集合的な要因によって強くコントロールされていることを示した点で重要な研究であった。それまでのアメリカ経営学では考慮されてこなかった要因に対する注目の高まりの中で，経営戦略論では戦略が実際にどのように組織の中で形成されているのか，この点への関心が高まってきた。

　その端緒となった研究が，ミンツバーグ（H. Mintzberg）による創発的戦略（emergent strategy）の提唱である（Mintzberg, 1978; Mintzberg & Waters, 1984）。Mintzbergは，戦略が実際に組織の中で形成されるプロセスはきわめて複雑であり，これまでのメインストリームの経営戦略論で想定されてきたように，策定された戦略が機械的に実行されることは幻想であることを指摘する。そして，戦略の実行プロセスとの関わりを抜きにして，戦略形成のプロセスは考えることができないと主張し，実行プロセスから戦略が生じることを指摘し，そうした戦略を創発的戦略と呼んだ（図5-7参照）。

　創発的戦略が生じるのは，策定された戦略が実際に実行される中で，策定段階では気がつかなかったような新たな発見が生じたり，あるいは，予期し

図 5-7　Mintzberg による戦略の類型

意図した戦略 → 熟考型戦略 → 実現された戦略
　　　　　↓ 実現されなかった戦略
　　　　　↗ 創発的戦略 →

（出所）Mintzberg (1978), p.945 より引用。

ない結果を生み出すことになったりするからである。たとえば，Pascale (1982) の中で示されているホンダのバイクのアメリカ進出の例は，当初意図した戦略とは真逆の結果をもたらしながらも何らかの結果を生み出し続けていく，というものであり，合理的な意思決定とその実行という旧来のメインストリームの経営戦略論のイメージを打ち壊すものであった。

こうした実行プロセスの中で生じる新たな戦略について，より詳細に考察を行いながらモデル化を行ったのが Burgelman (1983) である（図 5-8 参照）。

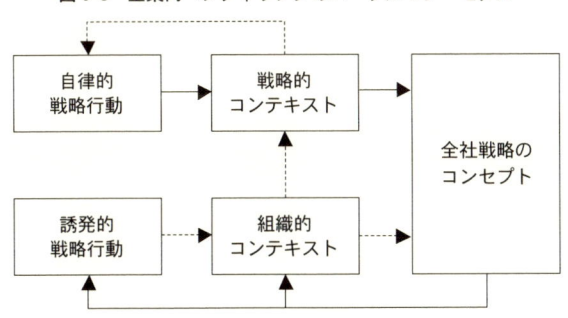

図 5-8　企業内ベンチャリングのバーゲルマン・モデル

自律的戦略行動 → 戦略的コンテキスト
誘発的戦略行動 → 組織的コンテキスト
　　　　　　　　　　　　　　　　　　　全社戦略のコンセプト

（出所）Burgelman (1983), p.65 より引用。

バーゲルマン（A. R. Burgelman）は，戦略形成プロセスには，Mintzberg の言う創発的な側面（自律的戦略行動からの一連のプロセス）と，戦略を遂

行していく側面（誘導された戦略行動を生み出す一連のプロセス）の2つが存在していることを指摘し，これらは組織の資源配分プロセスときわめて密接に関わっていること，また，ミドル・マネジャーが資源配分プロセスにおいて重要な役割を担っていることを明らかにした。

　現場から自律的に生じてきた新規の事業案件（Mintzbergのいう創発的戦略）は，ミドル・マネジャーにその内容が理解されなければ，トップに上申されず，トップとの間で資源配分の交渉が行われない。資源が配分されなければ，新規の事業案件は，全社的な戦略のコンセプトの中に組み入れられることもないため，その事業案件は戦略として実現されない。逆もまた然りで，うまくミドル・マネジャーが新規企業案件を理解し，トップ・マネジメントとの交渉を通じて，全社戦略のコンセプトの中に組み入れることができれば，資源配分が行われ，構造化が生じて戦略が実現されていくのである。

　これらの戦略プロセス研究は，今日では戦略のパラドクスに関する研究へと発展を遂げている。例えば，Christensen（1997）は，イノベーターのジレンマ（innovator's dilemma：邦訳では「イノベーションのジレンマ」）の概念を示し，既存の事業で顧客からの強い支持を得ている企業は，既存製品とは異なる技術的な断絶の上で生じるイノベーションに対して積極的な資源配分を行うことが出来ず，結果，イノベーションに対応できずに敗北してしまうことを明らかにしている。また，Leonard-Barton（1992）やBurgelman（2002）などの研究も同様に，既存事業での成功が，組織内の資源配分プロセスや認識の枠組み，技術革新の方向性を固定化させることで，戦略を硬直化させてしまうことを指摘する。つまり，成功が失敗の原因になるというパラドクスが存在しているというのである。こうした戦略プロセス研究の新しい動向は，今後の経営戦略論研究のひとつの方向性として注目すべき展開であると言えるだろう。

2. 欧州における批判的・実践的アプローチの経営戦略論研究

　欧州，とりわけイギリスの研究者を中心に，1990年代からメインストリームの経営戦略論に対して様々な批判が展開されてきた。こうした研究を

批判的マネジメント研究と呼ぶ。2000年代に入ると，批判的アプローチの指摘を踏まえながらも，これらの研究の知見を実際にどのように組織の中で用いるのか，いわば臨床的な研究を探求しようとする動きが生じてきた。こうしたアプローチをとる研究者たちは，自分たちの研究コミュニティを「実践としての戦略」と名付けて今日盛んに研究が展開されつつある。

　まず，前者の批判的アプローチの研究を簡単に紹介しよう。批判的アプローチの急先鋒である Knights & Morgan (1991) は，経営戦略論研究の社会的な帰結を批判的に考察している。経営戦略論が生み出されたのは1960年代のアメリカ大企業であるが，彼らによると，これはあくまでも多元的な資本主義で構成される今日の資本主義の中で生じてきた文化や政治的な制度に相対的な概念であった。つまり，当時のアメリカの企業社会に特殊な概念であった。しかし，この特定の社会に特殊的な現象である経営戦略論が，なぜ今日，グローバルに普遍的なものであると理解されるようになったのか，この点を彼らは明らかにしようと試みる。彼らによれば，経営戦略論はアメリカ大企業にとって「外部環境」を意識するようになったのが1960年代であったと指摘する。具体的には，株式市場が整備されたり，グローバルな競争が展開されるようになったり，事業部制組織を導入した多角化戦略が展開されたりと，それまで企業内部の管理に注目してきたマネジメント階層は，外部環境というものに対処する必要に迫られた。この状況の中で，それまでの内部組織の管理に用いてきた管理の諸理論が，外部環境も内部と同様に有効であり，従って外部環境は管理できるという信念が生み出された。こうした新しい信念とそれまで軍事用語・概念であった「戦略」が結びつき，企業経営に持ち込まれるようになったのであった。

　しかし，戦略という概念は単に概念として機能するのみならず，組織内の権力関係を構築するパワーも同時に有している。戦略の概念が企業経営に持ち込まれることによって，軍隊のイメージがより明確になり，指令と実行という組織内の関係性が構築されることになった。結果，組織の中の不平等なパワー関係を作り出す一種の社会的な装置として「経営戦略」の概念が機能するようになり，これが組織内のコミュニケーションを歪めることへとつな

がっていく。この点をナイツ（D. Knights）とモーガン（G. Morgan）は批判しているのである。

確かにこうした批判は本質的であるものの，一方で，我々は組織を抜きにして生活することはできないという現実もある。この現実との折り合いを探ることに加え，既存のメインストリームの経営戦略論研究や戦略プロセス研究に欠けていた視点を補完すべく登場したのが，実践としての戦略アプローチである。中心的な研究者はウィッティントン（R. Whittington）やジャルザブコウスキー（P. Jarzabkowski），ヴァーラ（E. Vaara）などで，彼／彼女らは，組織メンバーがどのように戦略に巻き込まれていく（enrolment）のか，或いは，巻き込んで組織を動かしていくのかという戦略化（strategizing）に着目する研究を展開している。言い換えるならば，実際に戦略をどうやって現実化していくのかを明らかにしようとするものである。戦略の現実化は実践家にとってクリティカルな問題であったが，これに対して，既存の経営戦略論の様々な研究は，あまり有効な答えをもたらしてこなかったという反省から，この研究アプローチが生み出されたと言っても良いだろう。

例えば，ヴァーラたち（Saku and Vaara, 2008）は，組織メンバーがどのように戦略化されたり，されなかったりするのかを組織内の日常の言語の使いかた（ディスコース：discourse）を分析することから明らかにしている。戦略化を促進するディスコースと抑制するディスコースが組織内には存在していることを明らかにした。例えば，対話をするためのものとして戦略が語られている場合には，組織メンバーは戦略化されやすいが，逆に，規律づけるものとして戦略が語られている場合には，抵抗感を生み出し，自分とは関係ないものとして組織メンバーが戦略を捉えるようになるのである。

経営戦略論研究は，北米における戦略プロセス研究の進展や実践としての戦略の登場など，多様な展開を見せている。こうした多様な研究展開は，経営戦略という現象がきわめて複雑な現象であることを示す証左であると同時に，より実践にとって有用な視点や方法を示していこうとする研究者の取り組みであるとも言えるだろう。

【注】

1) バーナードが 1938 年に著した著書『経営者の役割』(Barnard, 1938) にも戦略に関する言及があるが,まだこの段階では中心的な研究対象とはなっていなかった。
2) この章ではアンドリュースが著したテキスト (Andrews, 1971) を説明に用いる。

【さらに学習するための文献】

小倉昌男『経営学』日経 PB 社,1999 年。

大滝精一・山田英夫・金井一頼・岩田智『経営戦略―論理性・創造性・社会性の追及―』有斐閣, 2006 年。

Mintzberg, H., B. J. Ahlstrand, and J. Lampel (1998), *Strategy Safari*, New York: Free Press. (齋藤嘉則訳『戦略サファリ』東洋経済新報社,1999 年。)

第 6 章

経営組織

　「人々をして効率的に活動を行い，目的を遂行するシステムおよびそのプロセス」として管理を考えるならば，この目的を遂行するために組織は存在しており，そして最も目的達成にかなった組織構造や組織形態を採用する必要があることはいうまでもない。そのため，本章では管理に必要な組織に関する考え方（例えば，ヒト・モノ・カネ・情報といった経営資源を管理する際に適した組織の構造・形態にはどのようなものがあるのか，不確実な環境に対しどのように組織をデザインすればいいのか）に主に注目して説明している。

　本章の構成としては，第Ⅰ節で，「組織とは何か？」について Barnard (1938) の組織概念を用いて概説する。次に，組織形態を構築するための視点として管理原則を紹介（第Ⅱ節）し，そして，第Ⅲ節では組織の基本的形態について代表的な形態（ライン組織，ファンクショナル組織，ライン・アンド・スタッフ組織）について示していく。その上で，ライン・アンド・スタッフ組織の知見に基づいて構築される実際の企業の組織形態（職能部門制組織，事業部制組織，マトリックス組織）について論じるとともに，事業部制組織を補完する組織形態としてプロジェクトチーム（タスクフォース）についても考察する。そして第Ⅳ節では，不確実な外部環境にいかに適応するのかについて，コンティンジェンシー理論や組織デザインの知見に基づき考察を加える。最後に，これらの議論の前提となる組織の主要なパラダイムと組織の理論モデルについて考察している（第Ⅴ節）。

1. 組織の概念

　組織とは一体何だろうか？また企業と組織にはどのような違いがあるのだろうか？これらのことについて答えるためには，組織概念を理解することが必要となろう。そのためまずは，バーナード（C. I. Barnard）の組織概念を紹介していくことにしよう。

　Barnardによると，組織とは，「2人以上の人々の意識的に調整された活動や諸力のシステム」（Barnard 1938: p.73，訳 p.76）と定義づけられる。このことから考えると，組織は当然のことながら，私たちが所属している学校やサークル，家庭さえもこの定義に含まれることになる。なお，Barnardは上述の具体的でそれぞれ特徴をもった企業や学校などを協働システムと名付け，組織はそれぞれに共通する要素（すなわち，2人以上の人々の協働）を抽出したものとして捉えている。

　また，組織が成立するためには3つの要件が必要であるとも述べている。それは，① 共通目的，② 協働意欲，そして ③ コミュニケーションである。

　何らかの共通目的が存在することにより，組織は成立する。そのため，共通目的がなければメンバーが努力したところで，組織全体として統一されたものとして存続することはできない。

　また，協働意欲とは組織に対して貢献しようとするメンバーの意欲のことを指す。ではどのような時にメンバーは組織に対し貢献するのだろうか？Barnardによると，メンバーは自身の貢献（contribution）よりも組織から得られる何らかの誘因（incentive/inducement）のほうが大きいと考える際に貢献するとしている（つまり，$C \leq I$）。そのため組織は様々な誘因を用意することが必要となる。それは例えば，金銭といった物質的誘因，地位，昇進などの個人に提供される特殊的要因であるし，または良好な人間関係や作業条件などの一般的誘因である。これらを提供することにより組織はメンバーの協働意欲を獲得するのである。しかしながら，これらが得られない場合はどうなるだろうか？メンバーの協働意欲が存在しなくなった場合，

その組織は存続できなくなる。そのため、組織はメンバーが認識する誘因を変更しようとする。例えば何らかの強制力をもって誘因を変更したり、説得することによりメンバーに対し異なる誘因を理解させ変更させることを行ったりする。いずれにせよ、協働意欲を獲得するために組織は様々な誘因を提供するのである。

そしてコミュニケーションであるが、組織は2人以上の人々により構成されているため、当然ながらそのメンバーに対し伝達をしなければならない。伝達の方法には口頭によるもの、書面によるものなど様々存在するが、いずれにせよ、他者とコミュニケーションを行わなければ伝達することはできない。つまり組織はコミュニケーションを通じて調整された活動が可能となるのである。

II. 組織の設計と構築、維持のための組織と管理の原則

さてこのようにBarnardによって定義された組織概念であるが、これを管理論として展開させるためには、いかに分業し専門化しつつ協業するのか、また、どのように階層化するのかといった組織形態の視点が必要となる。このことについて本節では、ファヨール（H. Fayol）が提示し、その後様々に発展をみせた管理原則を用いて説明することとしよう。

Fayolは、組織を健全に機能させるために14の管理の一般原則を提示した（分業、権限、規律、命令の一元性、指揮の一元性、個人的利益の全体的利益への従属、報酬、権限の集中、階層組織、秩序、公正、従業員の安定、創意、従業員の団結）。ここでは、とりわけ組織の構築と維持に関連する5つの原則を示すことにする。

① 専門化の原則：経営目的を達成するためには、必要な業務を分業することが必要である。なぜなら、組織がその目的を達成するためには多様な作業がそこに存在しており、それらすべてをあるメンバーが担当することは非効率なためである。分業化することにより、メンバーは特定の業務のみに集中することができ、その結果としてその業務に対して熟練

化することとなる。これが専門化である。
② 例外の原則：管理者は時間的にも，能力的にも限界があるので，定型的な意思決定や日常業務は下位の者に任せ，戦略的な問題をあつかう非定型な意思決定に専念させるべきである。
③ 命令の一元性の原則：同時に複数の上司から命令を受けると混乱するため，組織メンバーはただ1人の上司からのみ命令を受け，複数からの命令を受けてはならない。
④ 統制の範囲の原則：1人の上司が管理できる部下の数には限界があるため，部下の人数を限定し，適切に保たなければならない。なお，その範囲はその組織が置かれている状況によって異なる（例えば部下の能力や管理方法など）。
⑤ 階層の原則：組織階層のトップからロアーまで命令のラインが明確に設定されていなければならない。

なお，これら諸原則は，時に矛盾が生じることがあり，一貫性に欠けるとしてSimon（1976）によって批判されている。しかしながら，Fayol（1916）がその著書で示しているように，これら原則は灯台のようなものであり，何か問題が生じたときの参照するポイントとして用いるべきものである。そして，組織形態を考える際の指針となるものである。

III. 組織の基本形態

このように組織の定義と基本的な原則を理解した上で，では，目的を達成するためにどのような組織形態をとるのがよいかについて考えていこう。組織の基本形態として，1. ライン組織，2. ファンクショナル組織，そして3. ライン・アンド・スタッフ組織の3つが存在する（なお，これら3つの形態が生じる前提には，組織目的を達成するために必要な職務の専門化の原則と，同時に管理できる部下の数には限界があるため部下の数を限定するという統制の範囲の原則と階層の原則がある）。

1. ライン組織

ライン組織は、トップからロアーまで単一の命令系統によって結び付けられており、命令の一元性の原則によって貫かれている。

ライン組織の長所としては、① 指揮・命令系統が一元化しているので、権限と責任の所在が明確である、② 組織の秩序を維持しやすいことが挙げられる。一方で短所としては、① 上司は部下の面倒全般を見なければならず、管理に関するオールマイティの能力が必要になってくるが、それは管理者に対する過重な負担となる、② 階層が積み重なってくるにつれ、上下のコミュニケーションに時間がかかるようになる、③ そもそも上司－部下との指揮・命令に基づき構築されているため、部門間の横の連絡がとりにくいことが挙げられよう。

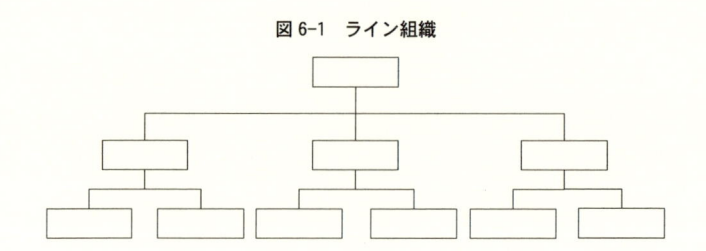

図6-1 ライン組織

2. ファンクショナル組織

ファンクショナル組織は、テイラーの職能別職長制に起源をもち、専門化の原則に基づき構築されている。テイラーは職能別に分業化することにより、すべての業務を担当する万能型の職長制度に比べ、熟練化が早期に達成できると考えた。

このファンクショナル組織の長所としては、① 上司が管理を担当する分野が専門化されているので、上司の負担が少なく、専門分野での管理の熟練をはかりやすい、② 仕事の標準化が可能であるということが存在する。一方で短所としては、① 部下は複数の上司からの指示・命令を受けることになるので、指示・命令の混乱が生じやすく、責任関係が不明確になりやす

い，②上司が専門に特化しているため，意見のかみ合わないことも多く，調整が難しいことが挙げられる。

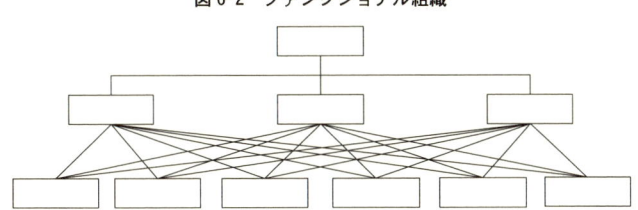

図6-2　ファンクショナル組織

3．ライン・アンド・スタッフ組織

　命令の一元性と専門化の原則を同時に生かし，相互に補強し合うことを目指した組織形態のことである。すなわち，ライン組織とファンクショナル組織，それぞれの長所を組み合わせて構築されたものである。この組織では，執行機能や管理機能など直接的に関係する部門はラインが担当し，組織全体の視点からサポートが必要な機能はスタッフによって担当される。

　この組織の長所としては，①指示・命令の統一性を確保しやすい，②専門化による仕事の質と能率の向上を図れるが挙げられる。短所としては，①スタッフ部門が助言・サービスの提供にとどまらず，権限を逸脱してラインの仕事にまで介入しコンフリクトが生ずるということがある。そのため，ラインとスタッフとの関係や責任の所在と権限の範囲を明確にする必要がある。

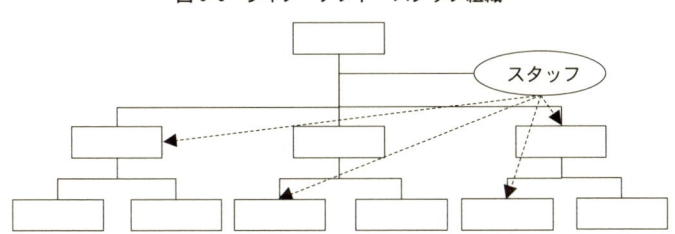

図6-3　ライン・アンド・スタッフ組織

4. 実際の企業組織

　前節で組織の基本的な形態について説明を行ったが，実際の企業組織は，基本的にライン・アンド・スタッフ組織の知見に基づいて構築されている。その理由としては，現在の企業のラインは専門分化（職能分化や部門での分化）されており，また専門知識を持つスタッフ（例えば広告宣伝や人事など）が必要不可欠であるためである。

　本節では，実際の企業ではどのような組織形態が採用されているのかについて，職能部門制組織，事業部制組織，マトリックス組織をとりあげて説明するとともに，事業部制組織を補完する組織形態としてプロジェクトチーム（タスクフォース）についても考察していく。

(1) 職能部門制組織

　職能部門制組織は，経営活動の流れに沿って職能別に専門化させた部門を設け，組織全体で事業の完結化を図ろうとするものである。この組織形態では，研究開発部と製造部間，製造部と販売部間といった職能間の調整が基本的にトップ・マネジメントによって行われるため，調整に必要な命令権限がトップ・マネジメントに集中して置かれる。このため職能部門制組織は，一般的に集権的組織となる。

　この組織形態の長所としては，① 専門化によって，当該職能における知識・経験の蓄積が容易になる，② 資源の共有化により規模の経済を得やすいということがいえる。一方，短所としては，① 過度の専門化，職務志向により部門ごとに独自の考え方や物の見方が育ちやすく，部門間コンフリクトが生じやすい，② 権限がトップに集中し，意思決定に時間がかかるだけでなく，部門間の調整作用もトップに委ねられトップの負担が大きい，③ 企業全体で事業が完結しているので，部門ごとの業績評価が困難で責任が不明確である，④ 全社的な視野をもった管理者の育成が難しいことが挙げられよう。

　なお，職能部門制組織は事業内容がシンプルで比較的小規模の企業組織において見られることが多い。また，現在，事業部制組織を採用している企業でも以前は職能部門制組織であったことが多い。

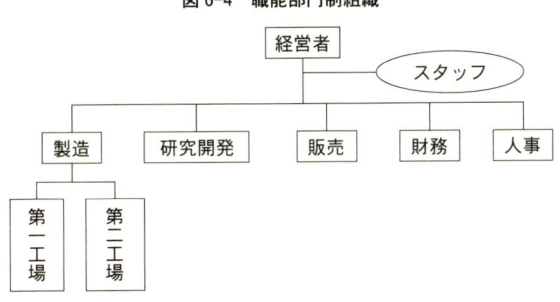

図 6-4　職能部門制組織

(2) 事業部制組織

今日，大企業においては最も一般的な組織形態である。事業部制組織は，製品別・地域別・顧客別などで事業部を構築し，それぞれの事業部の内部を職能別に部門化して自己充足的な活動単位とした組織である。各事業部は，トップ・マネジメントに対して利益責任を負うプロフィット・センター（利益責任単位）となっている。利益責任を果たすためには，各事業部長に対して担当事業に関する大幅な権限の委譲がなされることが必要となるため，通常，事業部制組織は分権的となる。

米国において事業部制組織が発展を見せたのは 1920 年代であり，主に化学会社，エレクトロニクス企業などであるが，この時代に事業部制組織が登場した背景として，① 合併による企業の大規模化・多角化，② 顧客となる都市人口の増大，③ 高度な技術を持つ新規産業の誕生があるとしている (Chandler, 1962)。例えば，GE は発電や電力利用に関連した生産財の提供からスタートしたが，都市人口の増大に伴い 1920 年代には洗濯機，冷蔵庫，掃除機，コンロなどの家電製品の製造・販売を通じて消費者市場にも参入した。その結果として GE の幹部は，エンジニアリング，研究，製造，流通，輸送，購入，財務といった多様な職能の成果に対し絶えず注意するのみではなく，様々で多様なビジネスを評価する必要に迫られていった。そのため，GE は集権的な職能部門別組織から事業部制組織へと変化をみせていったのである。

この組織形態が大企業において採用された理由としては，① 決定権限をもつ者と現場情報との距離が短くなるため現場の情況に即した意思決定が可能となり，市場対応的に機動性を発揮しやすい，② 事業部ごとの業績評価が明確である，③ トップ・マネジメントが全社的意思決定に専念できる，④ 後継者の育成が容易である，⑤ 事業部間の競争を通じて組織の活性化を図ることができるためであるといえる。

　しかしながら，事業部制組織にも短所が存在する。それは，① 全社的には資源の重複が起こりやすい，② 事業部間の競争が激しくなり，セクショナリズムが拡大しやすい，③ 各事業部の独立性が強いため，事業部をまたがるような総合的な製品や新しい技術への対応が難しくなることなどが挙げられる。

　さらに，事業部制組織の各事業部に独立会社に近い権限を与えたものとして，カンパニー制組織が存在する。カンパニー制組織において各カンパニーはそれぞれに資本を持ち，本社に利益配当するとともに，経理，人事，企画を独立で行う。すなわち，事業部制組織をさらに分権化させた形態であるといえる。我が国では1994年のソニーを皮切りに，三菱商事，住友商事，松下電器などで採用された。また，1997年の独占禁止法の改正により，純粋持株会社および金融持株会社が解禁されたが，これもまた事業部制組織の発展形態といえる。

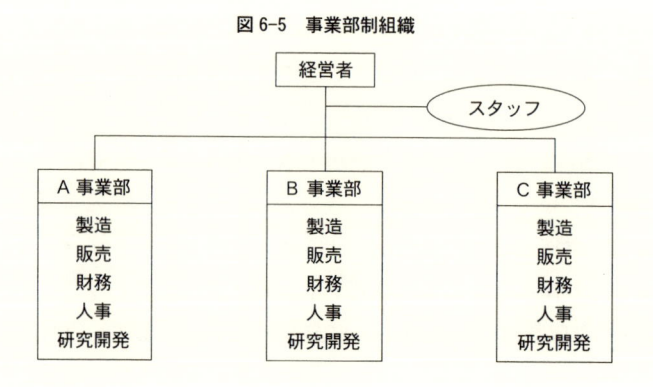

図6-5　事業部制組織

(3) 事業部制を補完する組織形態

　上述までのように今日の大企業において事業部制組織が最も一般的な形態となっているが，一方で事業部制組織はセクショナリズムが生じやすいという問題点も存在している。この問題点を解決するために構築された組織形態として，プロジェクトチーム（タスクフォース）がある。

　プロジェクトチームとは，事業部で行われる業務とは異なり，新製品開発や新事業の構築など新しい業務を担うために構築される臨時的なチームのことを指す。人材などの資源を部門を超えて集めるため，部問題では解決できないような課題を解決することが可能となる。通常は課題の達成後，プロジェクトチームは解散となり，そこに参加した人々は所属部門へと戻ることとなる。なお，1970年代にGEで導入された戦略的事業単位（Strategic Business Unit: SBU）もプロジェクトチームの一形態として捉える事が出来る。

(4) マトリックス組織

　職能部門制組織は，全社的に資源が共有化され，知識・技術が全般的に伝達されることによって，効率性という点において優れている。一方，事業部制組織は，事業部ごとに機動性が発揮され，市場対応性という点において優位性が存在する。これら2つの長所を生かしていこうとして考えられた組織形態が，マトリックス組織である。

　マトリックス組織は，1960年代にNASAの宇宙計画に参加する企業に対し，プロジェクトを円滑に進めるために導入させた組織形態であり，職能部門制組織と事業部制組織とを格子状に組み合わせたものである。そのため，職能別の上司からと事業部の上司からとの2つの指示・命令系統を備えたツー・ボス・システム（two-boss system）となる。職能別の上司は主にその専門知識についてアドバイスを行い，一方で事業部の上司は製品や地域別といった事業に基づき管理を行う。

　この組織形態の長所としては，① 効率と市場対応の同時達成が可能となる，② 人材の流動的活用が容易となる，③ 専門的な知識・経験の蓄積，全社的活用が容易となる，といった事業部制組織が持つ問題点に対し一定の解

決を提示している。

　一方で短所としては，① 命令系統間の権力争いが生じやすい，② コンフリクトや調整のために，意思決定に時間がかかりやすい，③ 責任・権限関係があいまいであるということが挙げられる。とりわけ，古典的組織論において重要視されていた命令の一元性の原則に反して，マトリックス組織において組織メンバーは2人以上のマネジャーを持つこととなり，指示・命令の整合性が問われることとなる。

　なお，Davis & Lawrence (1977) によるとマトリックス組織が有効となるためには3つの条件が必要であるとされ，それは，① 職能別や目的別など2つの編成基準が組織に必要とされるような外部からの圧力の存在，② 高度の情報処理能力が必要な状況，③ 資源の共有が必要，である。

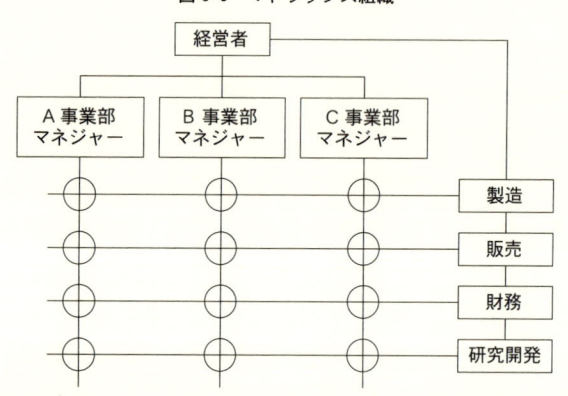

図6-6　マトリックス組織

IV. 組織と環境

　これまで基本的な組織形態や実際の企業組織について論じてきたが，これらの議論は主に適切に管理するためによりよい組織を構築するという視点であった。この際，何らかの組織の目的は既に存在しており，そしてその目的を達成するための組織であったのだ。このことについて，Thompson (1967)

は，旧来の研究は，環境などの諸変数および諸関係を少数に限定し，すべてコントロールできるというシステム観，すなわち確定的なシステム（determinate system）であると述べている。

しかしながら，組織はオープン・システムであり，常に環境に接しながらインプット活動とアウトプット活動を行っている。そして組織は環境との間で相互依存関係にある。そのため，目的達成にかなった組織形態を考える際にも環境との関係について考える必要がある。そのため本節では組織と環境との関係について，コンティンジェンシー理論と組織デザイン論をとりあげて説明していくこととしよう。

1. コンティンジェンシー理論

組織と環境との関係に関する代表的な研究として，コンティンジェンシー理論（環境適応理論）が挙げられる。コンティンジェンシー理論は「変化する環境にいかに組織は適応するか」についてなされた研究群のことを指す。コンティンジェンシー理論の研究成果は数多く存在しており，またその内容も幅広いものであるが，ここでは代表的な3つの研究をとりあげ，それらの特徴について示していくこととしよう。

コンティンジェンシー理論の代表的な研究であり，その後の研究に多大な影響を与えた Burns & Stalker（1961）の研究は，安定している環境，または不安定な環境において有効な組織はどのように異なるのかということについて探究している。彼らは，英国の20の企業を対象に調査を行い，その結果，環境が比較的安定している場合には規則や手続き，明確な権限体系を持つ機械的な組織が有効であるとし，このような管理システムを，機械的管理システム（mechanistic management system）とした。一方で，環境が不安定な場合には規則や手続きがあらかじめ定められてなく（または定められてはいるがしばしば無視されている），権限体系も明確ではないため比較的自由に意思決定を行うことが有効であった。そして彼らは，この際の管理システムを有機的管理システム（organic management system）と名付けた。

またWoodward (1965) は，製造技術の差によって業績の高い組織構造は異なるとしている。彼女は，英国企業100社を調査し，製造技術の違い（単品・小バッチ生産，大バッチ・大量生産，装置生産）という製造技術の差によって業績の高い組織構造は異なることを明らかにした。単品・小バッチ生産から装置生産へと技術が複雑になっていくと，必然的に権限の集中化や手続きの標準化が必要となるので，結果として組織構造も複雑になる。そしてそれをコントロールするために官僚制システムを強化せざるを得なくなる。一方で，単品・小バッチ生産では作業者個々の技術に依存せざるを得ないため，分散的な意思決定となり，官僚制システムが抑制されることとなると論じた。

さらにLawrence & Lorsch (1967) の研究は，環境の不確実性の度合いに応じて有効な組織構造は異なることを検証した。彼らはプラスチック産業，容器産業，食品産業の3つの業種に所属する10社（プラスチック産業6社，容器産業2社，食品産業2社）を対象にして研究を行った。その結果，それら産業での環境の要求条件の違いにより，分化の程度は異なっており，例えば，プラスチック産業で高い業績をあげている企業は，食品産業で高い業績をあげている企業に比べ分化の程度が高かった。また食品産業の高業績企業は，容器産業のそれよりも分化の程度が高いことが判明した。これは意思決定者が環境をダイナミックで不確実であると認識する場合に分化の程度が高くなり，一方で確実であるとした場合に分化の程度が低くなるためである。すなわち，不確実性の程度は以下のように示すことができる。

（不確実性　高）　プラスチック産業＞食品産業＞容器産業　（不確実性　低）

先述したようにコンティンジェンシー理論は様々な視点から研究が進展してきたが，それらに共通するものとしては，唯一最善の法則は存在せず，そのため唯一最善の組織形態も存在しないということである。それは技術やタスクなどの外部環境に依存しており，その結果としてその環境に適した組織形態が構築されるのである。

2. 組織デザイン論

　このようなコンティンジェンシー理論は，どのように組織を構築すればよいかという組織デザインの議論にも影響をおよぼした。Galbraith（1977）は情報処理の視点から，つまり不確実性への対処ということから組織デザインを展開している。不確実性とは「タスクを遂行するために必要な情報量と，組織がすでにもっている情報の差」（Galbraith, 1977: pp.36-37）であり，組織が意思決定するために必要であるが，入手することができない情報量ということになる。ガルブレイス（J. K. Galbraith）によると組織デザインとは，「組織が志向する目標，分業および組織内単位間の調整の形態，そして仕事を行う人間という3要素の間に一貫性をもたらす決定プロセス」（Galbraith, 1977: p.5）であるとしている。そして，構造，組織プロセス，人材，報酬などの組織デザインの変数と環境を組み合わせるために様々な戦略的選択が可能であると主張している。

　その際，不確実性が多くなると組織の意思決定者が処理しなければならない情報量も増大するため，意思決定者はそれらに対処しなければならないとした。組織は不確実性を処理するため，組織は2つの方法で不確実性を削減することが求められる。第1は，処理されるべき必要情報量を減少させることであり，第2は組織の情報収集能力と情報処理能力を増大させることである。Galbraith（1977）はこのような観点から，組織デザインの戦略を展開した。組織は不確実性に対して，まず伝統的組織論に基づき機械モデルによって対処し，さらに不確実性が増大すると「情報量の必要性の削減（たとえば，環境マネジメントやスラック資源の創設など）」と「情報処理能力の増大（水平関係の創設や垂直情報システムへの投資）」によって対処しようとする。

　このようにGalbraithの組織デザインの議論は，不確実性の増大に伴い必要となる情報量の増大の観点から，組織はいかにそのデザインを決定していくのかについて説明するものだといえよう。

3. オープン・システムとしての組織の限界

　組織をオープン・システムとしてとらえ，現実にデザインされる組織につ

いて説明してきたが，次に議論されている組織とはどのようなレベルや内容をもっていると理解すればよいのであろうか。このことについては，Boulding (1956, 1968) のシステムの複雑性に基づく階層モデルを用いることで，組織のモデルを考察する手がかりを得ることができる。ボールディング (K. E. Boulding) によれば，システムはその複雑性により9つの階層に分けられる（図6-7）[1]。

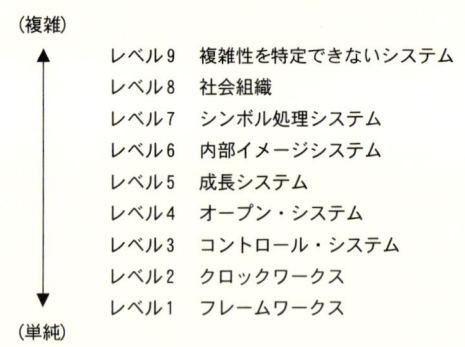

図6-7 システムの階層

（複雑）

レベル9　複雑性を特定できないシステム
レベル8　社会組織
レベル7　シンボル処理システム
レベル6　内部イメージシステム
レベル5　成長システム
レベル4　オープン・システム
レベル3　コントロール・システム
レベル2　クロックワークス
レベル1　フレームワークス

（単純）

　第1のフレームワークスはシステムの静態的，構造的特性，つまり物的側面を示し，基本的な仮説はクローズド・システムであり，インプット，目標，人的特性，外部情報，決定プロセスは含んでいない。組織チャートの研究は，このレベルの研究であるといえる。

　第2のクロックワークスは，第1のフレームワークスと基本的には同じであるが，ダイナミックな特性をもつ点で異なり，時間とともにシステムの状態は変化する。ある時点を見ると，レベル2の現象はレベル1のモデルを使って記述することができる。

　第3のコントロール・システムは，本質的にはクローズド・システムであるが外的に与えられる目標に反応する。コントローラーとオペレーター間の相互作用によって下位レベルからは区別される。所与のコントロール・クライテリオンからみると，レベル3はレベル2システムと同じように行動す

る。
　レベル4のオープン・システムはスループット（input-transformation-output）によって特徴づけられ，自己維持の特性，生存目標の保持，そしてシステムの維持のために環境適応が可能である。具体的にはアウトプットとパフォーマンスの関係，生産関数，能率と有効性の検証があげられる。
　レベル5の成長システムは，にわとりと卵の関係システム（egg-chicken system）におけるように，発展のためにあらかじめプログラム化されたインストラクションをもっており，生成メカニズムがレベル5のモデルを特徴づけている。システムの目標を成就するために相互に依存した機能を果たすサブパートにより分化がみられ，システムの形態は時間とともに変化，成長し，進化し，そして環境に適応するこのシステムは目標と方向をもっている。レベル5モデルはレベル4，3，2そしてレベル1の特性を有している。レベル4までのシステムはいわゆるアダルト・システムであり，組織の誕生と成長，そして目標が形成され時間とともに変化が組織に生ずるという点でレベル5システムと区別され，最近の組織進化モデル，組織ライフ・サイクル論，組織イノベーションはこのレベルのシステム・モデルであると考えられる。
　第6の内部イメージ・システムは，分化システムであり，その本質的特徴は環境の詳細な認識であり，それは洗練された情報の受け手を通して行われ，知識構造やイメージの中に組織化される。そして整理されてはいないが神経システムが存在し，複数の目的が追求され，組織は反応を選択する。ただし，レベル6モデルは自己認識の特性はもっていない。
　レベル7のシンボル処理システムは，自己認識の能力をもっており個人としての人間とアナロジーであると考えられる。Berger & Luckmann（1967）の現実の共有モデルの社会的構築プロセスは，環境イメージをもつという点でよい例であるといえる。レベル7モデルは言語やコーディング・スキームを必要とし，抽象的な概念を扱い，このシステムは独自の人間的特徴をもっている。
　レベル8の社会組織であり，価値システム，宗教，道徳，芸術，音楽，共

有されたシンボル,共有された文化を創造し,歴史,未来をも創造すると考えられる。レベル7とレベル8のシステムの違いは,完全な文化をもつと思われる洗練された,かつ共有された意味のシステムであるかという点である。

レベル9のシステムは,複雑性を特定できないシステムとされる。

組織の概念モデルはレベル4で固定されており,また公式モデルやデータの収集努力はレベル1,2に基づいている。しかし,あらゆる人間組織はレベル8の現象である。たとえばトンプソン・モデル (Thompson, 1967) は,マクロ・レベルの組織の逆機能,組織を理解するのに適した人間行動のより高い精神機能に十分注意を払っていないことをかんがえると,オープン・システム・モデルは,オープン・システムの条件を満たしていない。ここに,言語の使用と共有される意味の創造を強調するレベル6以上の組織モデルが必要となる。

Pondy & Mitroff (1979) は,このようなオープン・システム理論の限界を,以下のように述べている。
① 組織の内部構造の維持に焦点をおき,組織行動の生態学的影響に十分な注意を払っていないこと。
② マクロ・レベルの逆機能の理解に十分努力を払わなければならないこと。
③ 他の分野の人間モデルを考える必要性があること。
④ 組織の自己再生の問題を十分扱っていないこと。
⑤ 探求的システムとしての組織論の適合性についての我々の既知への疑いがあること。
⑥ 人間組織をあつかうことの不十分さがあること。

組織での言語やコミュニケーションのほとんど無意識な側面を注目することにより,Boulding (1956, 1968) のレベル8の組織モデルへと道をひらき,また,公式組織に言語の概念を統合することにより,知覚,意味の創造,コミュニケーション,そして社会的影響についてのより深い理解がなさ

れる。組織シンボリズムにみられるように，伝統の創造と伝播における言語の使用によって，組織は社会的ディバイス以上のものとなる。組織についてのこのようなイメージは，言語のもつシンボリックな側面の考察なしでは不可能であり，人間が操る言語は，組織の複雑なシステム・メタファーの重要な要素である。言語といったシンボリック・モードは，共有した現実を容易なものとし，シンボリックな側面に注目することによって，従来の組織論では十分に扱われてこなかった精神的な次元を研究することが，人間からなる組織を理解するために不可欠となっているのである。

今後の組織論の展開を考えるとき，いかにオープン・システム・モデルを乗り越えて研究を進めていくかが焦点となり，さまざまな組織モデル構築のための模索が行われることになる。ここで検討された Boulding (1956, 1968) のシステム階層モデルにしたがって組織を考え，組織現象を理解するためには，社会構成主義（social constructionism）も一つの方向であるが，いろいろな視角や組織の理論モデルが試みられなければならない。そこで，次に代表的な組織のパラダイムと組織の理論モデルを検討する。

V．組織のパラダイムと組織モデル[2]

1. 組織のパラダイムと理論モデル

組織現象を研究し，組織分析を行う際には，ある一定のパースペクティブをもとにしてアプローチすることが有効な場合が多い[3]。組織論の分野では，これまでの研究を整理してみると，情報処理パラダイムと資源依存パラダイムといわれる組織の研究分析の視座をみることができる。

(1) 組織の情報処理パラダイム

組織を情報処理パラダイムから組織現象を研究するいわゆる「組織の情報処理モデル」は，Barnard (1938) 以降，特にサイモン（H. A. Simon）が組織分析に意思決定論を用いたことから始まるといえる。そして，1960年代の後半から議論された組織のコンティンジェンシー理論によって，この組織の情報処理による組織分析が中心的理論フレームワークとして構築される

ことになった。

　コンティンジェンシー理論は，環境や技術などの組織環境と組織構造と組織プロセスとの適合関係を模索し，理論化しようとした。たとえば，Thompson（1967）は組織の合理性の観点から，不確実性について議論を展開している。彼によれば，組織はクローズド・システムとして合理性を確保しようとするが，実際はオープン・システムであることによって完全な合理性を確保することができない。つまり，組織は制約された合理性によって，因果関係に関する完全な知識をもつことができないので，常に組織行動は不確実性の脅威にさらされることになる。それ故に，組織は「いかに不確実性を削減し，組織の合理性を確保できるか」を組織の基本問題として，組織現象をとらえることが必要となるのである。したがって，複合組織はオープン・システムとして，すなわち不確定的でありかつ不確実性に直面するものとしてとらえる。しかしながら同時に，合理性の基準の対象として，すなわち確実性と確定性を要求するものとして考えるのである（Thompson, 1967）。

　このように，組織環境からの情報の不確実性を処理するという観点から組織の理論モデルを考えることを，組織の情報処理パラダイムと呼んでいるのである。ここでは，組織を組織内外の情報の収集，伝達，処理，および保存を行う情報処理のシステムとしてみなしている。したがって，組織の有効性は，適切な意思決定を行うための情報処理の程度に依存しているのである。先に述べたように，情報処理のパラダイムでは「組織が，いかにして組織は不確実性を削減して，適切な意思決定を行うことができるか」を中心として分析され，理論化されることになる。

　このように，情報処理のパラダイムでは，組織は情報処理の観点から考察され，理論化されることになるのである。

(2) 組織の資源依存パラダイム

　資源依存モデルは，基本的に組織を「内的に自己充足的ではなく，環境からの資源を必要としており，交換関係にある環境要因と相互依存関係にあるという，つまり外部から制約を受ける」と前提している。つまり，組織間関

係の視座を入れた，組織の資源依存関係に，このパラダイムの特徴をみることができる。

Aldrich & Pfeffer (1976) によれば，組織は外部から制約される一方で，組織内部の政治的意思決定に注意を払い，また組織は環境を管理し，そして戦略的に環境適応しようとする。当該の組織は生存するために必要でかつ重要な資源を提供してくれる他の組織の要求に注意を払わなければならないが故に，組織行動は外部から影響される。しかし，同時に組織は交換関係にある環境要因と相互依存しており，この相互依存関係によって組織の影響力を行使することができるのである。

資源依存パラダイムの基本的な議論や前提は，以下のように要約される。(Pfeffer, 1987: pp.26-27)。

① 相互に結合した関係や社会を理解するための基本的な単位が組織であること。つまり，我々の社会は組織社会であること (Presthus, 1978)。
② これらの組織は自律的ではなく，どちらかというと他の組織との相互依存関係のネットワークによって制約されていること。
③ 組織の活動が，相互依存している活動とどのような関係にあるかについて不確実であるとき，相互依存性によって生存や引き続き成功するかが不確実な状況となってしまうこと。
④ それ故に，組織は外部の相互依存性を管理しようとする。しかしながら，そのような行動は決して完全には成功することはないし，依存や相互依存の新しいパターンを生むことになる。
⑤ さらに，これらの新しい依存パターンは組織内パワーと同様に組織間パワーを生むことになる。そこでは，そのようなパワーが組織行動に何らかの影響を及ぼすのである。組織は自らの環境下で相対的によりパワーを持つことのできる利害関係の要求に従う傾向がある。

このような議論を踏まえてみると，組織の資源依存モデルには，2つの要点が議論されているようである (Pfeffer, 1982: p.193)。第1は，外部からの制約の問題を考慮し，組織はその環境下で重要な資源をコントロールしている他の組織や集団の要求にさらに対応し，あるいはしなければならないと

いうことを議論していることである。言い換えると，組織の資源依存理論は，組織間パワーの展開を描き出し，このパワーが組織活動に与える影響を議論しているのである。

第2の要点は，管理者は外部への依存を管理しようとすることである。つまり，組織の生存を確保し，できることならば自立性と外部からの制約から自由を確保するために外部への依存関係を管理しようと試みるのである。このように，組織の資源依存パラダイムは，資源の相互依存によって起こる外部の制約を扱う組織のさまざまな戦略と管理者について明らかにしているのである。

こうして，組織の資源依存パラダイムは，組織のポリティカル・プロセスと環境要因を結びつけている。ポリティックスは環境要因と多少とも独立して起こるプロセスではあるが，このパラダイムからすると，組織と環境は経済学や組織のポピュレーション・エコロジーの理論によるよりも，緩やかに結びつけられている（Pfeffer, 1982: 203）と考えられている。組織は環境と連結され，束縛を受ける一方で，内部のポリティックスのようなプロセスがこの組織のパースペクティブのハイライトとなるのである（Pfeffer, 1982: 204）。

したがって，この資源依存パラダイムは，Evan (1966) による組織間関係論の組織セットの議論をもその視野に入れた，組織行動の外部コントロールの問題として組織をとらえているところに，その特徴をみることができるのである。

2. メタファーとしての組織モデル

組織現象を理解するためには，その手がかりとなる組織モデルを考える必要がある。そこで，組織のメタファーを考えることによって，以下のように組織の理論モデルを整理することができる。

(1) 合理性モデル

組織の合理性モデルは，組織の中心的理論によるものであり，この考え方は，公式の役割や公式関係を重要視している。通常，組織図に描かれる組織

の構造は，組織の合理性を追求するために，組織内外環境に適合するようにつくられる。組織には専門化に従って責任が割り当てられ，多様な活動を調整するための規則や政策，そして管理階層が必要となる。この合理性モデルは，機能主義に基づくモデルであり，組織を目標達成のための合理的手段としてとらえているところに特徴がみられる。伝統的組織論をはじめとする公式組織の理論の考え方を反映している。

組織の合理性モデルには，学史的に2つの研究の流れをみることができる。1つは，Taylor (1911), Fayol (1916), Sheldon (1924), Gulick & Urwick (1937), Mooney & Reiley (1939), Brown (1947), および Davis (1951) に代表される研究であり，専門化，統制の範囲，階層，責任や権限の委譲についての原則に注目する研究で，伝統的組織論あるいは伝統的管理論といわれている。

他方では，Weber (1947) の官僚制として知られる公式組織の構造－機能主義的組織論の研究である。官僚制は最も能率的な組織形態であり，近代社会の要求によって生じた複合組織に必然的な組織であるとされる[4]。

いずれにしてもこれらの研究においては，組織はあくまで完全合理性を前提としたクローズド・システムであり，組織内部の責任・権限および職能の配分にその焦点を当てたものであった。それ故に，これらの理論の有効性は限られたものでしかなかった。

その限界を克服し，オープン・システムとしての組織の合理性モデルが展開された。制約された合理性下にある組織は，不確実性に直面する。したがって，「組織は合理的意思決定を行うため，いかにこの複雑性を回避し，削減するか，そして組織の合理性を達成するため，いかに制約要因，コンティンジェンシー要因を扱えばよいか」などが重要な問題となる。つまり，組織は環境，技術，組織構造を適合させることにより，合理性を達成することができるのである。

このように，組織の合理性モデルでは，システムズ・アプローチに基づき組織の合理性を確保するために，不確実性を回避して組織の外部環境と組織の内部環境の整合性をはかることが強調されるのである。そして，機能主義

のもとで展開されてきたこの組織の合理性モデルにおいては，組織構造が環境や状況に合わなくなったときに問題が生ずることになる。

(2) ヒューマン・リソース・モデル

　人間関係論において人間は「経済人」ではなく，「社会人」であるという人間仮説が提示された。しかし，人間関係論における「社会人」という前提は，人間行動を過度に単純化したものであり，また伝統的モデルと同じように人間行動を操作的に扱うものである，と批判された。このような批判に対し，McGregor (1960) の「Y理論」，Likert (1967) の「システム4」，Schein (1972) の「複雑人」，そして Miles (1965) の「ヒューマン・リソース・モデル」を代表とする新人間関係論は，それまでの人間仮説とは異なる人間像を示した（人間仮説については，第2章を参照）。そして，これらの理論は，ヒューマン・リソース・モデルの名で総称される。

　ヒューマン・リソース・モデルでは，人間は相互関連的要素の複雑な集合により動機づけられるものとみなされる。相互関連的要素の集合とは，たとえば，金銭，親和的欲求，達成欲求，意味のある仕事に対する願望，などである。また，このモデルでは，労働者が仕事の中に求める目標はそれぞれ異なるし，発揮する才能もそれぞれ異なるということが前提とされている。すなわち，労働者はさまざまな才能をもった貯水池とみなされ，このような資源をもっともうまく引き出す方法を学ぶことが管理者の最大の責任と考える。

　このモデルでは，管理者に対してつぎのことが求められる。管理者にとって，①動機づけの性質の複雑なパターンをまず理解することが大切であり，②その知識に基づいて，管理者は，自己のもつ労働力の中で現有資源の能力を最高度に引き出す方法を決定しなければならないし，③組織状況の中で労働者の個人的な目標達成を援助すべきである。また，④それらを行う上では，組織状況における意思決定への労働者の大規模な参画，職務遂行における自律性の増大が特に重要である，ということである。

　最終的にこのアプローチで主張されるのは，経営者の職務は労働者を操作することではなく，むしろ労働者が組織目標を達成するのと同時に個人目標

(3) ソシオ・テクニカル・モデル

ロンドンの「タビストック人間関係研究所（Tavistock Institute of Human Relations）」の研究者たちが，1950年代の石炭産業やインドの織物会社において行った実証研究を通じて定式化したモデルを，ソシオ・テクニカル・モデルという。ソシオ・テクニカル・モデルは，1960年代以降におけるアメリカ経営学の新しい展開であるコンティンジェンシー理論に多大な影響を及ぼしたモデルであるが，その基礎には，組織をインプット－変換－アウトプットの形で環境との交換関係をもち環境に適応するシステムとしてとらえるオープン・システム観があり，さらに組織を，社会システム（social system: 課業を遂行する人間間の関係）と技術システム（technological system: 課業を遂行するのに用いる道具や知識などの非人間的部分）から構成されるソシオ・テクニカル・システム（socio-technical system）としてとらえている。そしてこのような組織の成果は，この相互作用しあう社会・技術両システムの同時最適化によって決定されるととらえている（Trist, et al., 1963）。

タビストックの研究に影響され，それ以降多くの実証研究がなされている。イギリスにおけるこれらの一連の研究は，アメリカ経営学にも多大な影響を及ぼし，後に組織論の主要な潮流の1つとなるコンティンジェンシー理論へと展開されるのである。

(4) ポリティカル・モデル

この組織のモデルは，組織の中でのパワー，コンフリクト，希少資源の配分を中心的問題として組織を扱う。ここでの組織は，個人や集団への資源配分に影響をもつパワーに関係する希少資源獲得の場としてみられる。コンフリクトは個人や集団の欲求，パースペクティブ，ライフ・スタイルの相違により生じ，交渉，妥協，そして強制が組織の中で日常茶飯事となる。また連合体（coalition）が特定の利害関係に合わせて形成され，問題の推移につれて変化する。これらのことによって，組織の目標が形成されて，組織は活動することになる。

このポリティカル・モデルは，つぎの5つの命題を含んでいる（Bolman & Deal, 1984: 109）。

① 組織における大部分の重要な意思決定は，希少資源の配分に関係している。
② 組織は個人や利害集団から構成される連合体である（たとえば，階層レベル，部門，専門家集団，人種集団など）。
③ 個人や利害集団は，彼らのもつ価値，選好，信念，情報，そして現実の認識において異なっている。このような相違は，通常持続しており，あったとしても緩やかにしか変化しない。
④ 組織の目的や意思決定は，個人の集団間のポジションをめぐって絶え間ない取引，交渉，駆け引きのプロセスから生じる。
⑤ 希少資源や相違の存続によって，パワーやコンフリクトが組織生活の中心的特徴となる。

組織の合理性モデルでは，目標を定め，構造をデザインし，従業員を雇用して管理し，目的に対して一貫して組織が機能することを可能にしている合法的な権限によって組織を創り出し，コントロールするとみなされるが，ポリティカル・モデルでは，明らかに権限はパワーを獲得するポジションへの手段のことであって，全ての競争相手は何らかの形でパワーを獲得しようとする。そして，組織メンバーは組織の限られたパイをめぐってその希少資源のシェア争いを繰り広げるのである。この組織モデルにあっては，コンフリクトの解決が焦点ではなく，コンフリクトの戦略や戦術が重要視されるのである。コンフリクトは組織目的を成し遂げることにかかわる問題なのである。

したがって，この組織モデルにおける問題は，パワーがどこに配分されるか，あるいはあまりにも広く分散しているので，何か行うことが困難であるときに生ずるのである。

(5) シンボリック・モデル

このアプローチは，他のアプローチが前提としている合理性の仮説を捨て，シアターもしくはカーニバルとしての組織を考える。組織は目標，政策

という側面より，共有された価値や文化として把握され，規則，政策，管理階層よりは儀式，セレモニー，物語，英雄，そして神話によって推進される。組織はドラマであり，人々は演技者として従事している。組織メンバーである聴衆は，ステージで起こっていることをもとに印象を形成するのである。問題は，演技者が自分の役をうまくこなせなかったり，シンボルが意味を失ったり，また儀式，セレモニーが力をなくしたときに生ずる。

　このシンボリック・アプローチは，伝統的な合理性の概念とは明らかに異なる世界をイメージすることを求めている。基本的に組織を合理性の観点から理解する人にとって，シンボリックな枠組みは無理にこじつけられた奇想天外に思えるかもしれない。そのような人には，組織や人間行動の本質について，以下のような一連の基本的仮説を受け入れることが必要となる。

① ある出来事についてもっとも重要なことは，何が起こったかではなく，起こったことの意味である。

② 出来事の本質は，起こったことによって単純に決まるのではなく，起こったことを人間がいかに解釈するかの方法によって決まる。

③ 組織に起こる多くのもっとも重要な出来事やそのプロセスは，本質的には曖昧であり，不確実である。つまり，起こったこと，そしてなぜそれが起こったか，さらにつぎに何が起きるかを知ることは困難であり，不可能である。

④ 曖昧さや不確実性は分析，問題解決，そして意思決定といった合理的アプローチを知らず知らずのうちに蝕んでいる。

⑤ 不確実性や曖昧性に直面すると，人間は曖昧性を取り除くために，また混乱を解決して予測可能性を高め，方向性を示すためにシンボルを生み出す。出来事それ自体が不合理で，デタラメであり，とらえどころのない，そして意味の無いものであっても，人間のもつシンボルはそれらを別のものとしてみることができるのである。

シンボリックな枠組みは，組織の目標がはっきりしていなかったり，組織の技術が不明瞭な場合にもっとも適応可能なアプローチである。組織のシンボリック・モデルは，(1)から(4)までのモデルとは基本的に組織観が異なっ

ている。組織のシンボリズムの考え方を反映した組織モデルであり，1980年代に議論されてきた組織文化に代表される。このように，組織をシンボリック・モデルとして位置づけ，これまでのアプローチとは異なった基盤，すなわち伝統的な組織の合理性を必ずしも前提としないで，意味のシステムとして組織を研究対象とすることにこの組織モデルの特徴を見いだすことができる。

(6) エコロジー・モデル

エコロジー・モデルは，1970年代の後半に，Hannan & Freeman (1977) をはじめとして組織のポピュレーション・エコロジーに関する論文が発表されたことに始まる。組織エコロジー論は，組織それ自体を単一に扱うのではなく，対象としての組織個体群 (organizational population) のユニットとして個々の組織をとらえることに，その研究の特徴をみることができる。組織の適応はこの組織個体群の変化であり，組織の誕生と消滅のプロセスを通して生起すると考えられる。したがって，個々の組織の適応とは区別されている。つまり，組織エコロジー論は淘汰プロセスの役割を研究する (Singh & Lumsden, 1990: p.162) のであって，コンティンジェンシー理論の適応の視座とは異なっている。

組織エコロジー論における組織の支配的特徴は，その慣性力 (inertia) にあるとみることができるが，その組織慣性力によって，個々の組織が環境に適応すべく組織構造を変革することは非常に困難であるとされる。そこに，組織の活動域としてのニッチ（生息域）の概念を導入し，組織が生き残るための資源と制約要因を環境ニッチとして，組織のポピュレーション・エコロジーが展開される。この組織エコロジー論によれば，組織の環境適応は，個々の組織の構造変化によるのではなく，新しい組織の誕生と既存組織の消滅によって組織個体群内で組織が入れ替わることにより行われるとされる。つまり，生態学的および生物学的な進化の概念を組織の理論に組み入れ，組織進化の視点を試みるのである。

組織エコロジー論は，組織パラダイムの組織の資源依存パラダイムの議論と分析のマクロ社会学レベルから類似性をみることができる。これらの理論

はともに，組織の形態および組織間行動を理解する際の環境特徴と制約要因を議論する重要性を強調している（Pfeffer, 1982）。しかしながら，資源依存の理論は，基本的に組織を「内的に自己充足的ではなく，環境からの資源を必要としており，交換関係にある環境要因と相互依存関係にあるという，つまり外部から束縛を受ける」と前提している。それゆえに，組織エコロジー・モデルと資源依存のパースペクティブは，いくつかの視座において異なっている（Pfeffer, 1982: pp.204-205）。

① 分析レベルの相違

第1は，組織の分析のレベルである。資源依存モデルが単一の組織の適応や活動，および当該組織とその組織セットに関心をもっているのに対し，エコロジー・モデルは組織群に関心を払っている。

② タイム・スパンの相違

組織ポピュレーション・エコロジーは資源依存よりも長いパースペクティブをもっている。つまり，理論が前提とする時間の長さの概念が異なっているのである。

③ 環境の概念の相違

環境の希少性の次元や変化および不確実性を強調する点は共通している。しかし，組織エコロジーでは，環境は時間とともに変化すると扱うけれども環境を完全に外的要因とみなすのに対して，資源依存モデルでは，環境は変化するだけではなく，環境そのものが自ら変化し，さらに組織が相互依存の問題を管理するという行為を環境は反映するという仮説をもっている。

④ 環境の概念化の相違

エコロジー論は個体群的方向性によって誕生と死滅のプロセスとむすびついているが，それは理論的にも実証的にも資源依存理論では視野外である。

⑤ 合理性の仮説

もっとも基本的なことであるが，合理性の仮説において相違がみられる。エコロジー論は資源依存に比べその位置づけは規範的ではなく，意図的な行為と対立する偶発性（randomness）を強調するという関係から資源依存のアプローチと対照をなしている。資源依存パラダイムは組織の外部統制を受

けるというパースペクティブから議論され，Cyert & March（1963）の組織の連合体モデルを取り込んでいるが，このモデルはエコロジー論よりも合理的行為や合理的選択の要素を含んでいる。環境の要求や制約に反応すると同時にそれらの制約を軽減する者として管理者をイメージする資源依存モデルは，エコロジー・モデルよりは合理性を示している。ポピュレーション・エコロジーは組織内部に目を向けることはなく，組織のポピュレーション全体のレベルに関心を払っているのである。

組織エコロジー論の方向として，Hannan & Freeman（1989: p.331）は4つをあげている。
① 組織個体群レベルに研究の中心を移すこと。
② 静態的アプローチから動態的アプローチに移すこと。
③ 既存の組織が急激に変化する環境に適応できるスピードについてその限界を認識すること。
④ 組織個体群の内部的同質性ではなく，その全歴史を超えた複雑な変化を検討すること。

以上の議論から明白なように，この組織エコロジー論は地球の自然環境との関係をとらえるエコロジー論とは区別される。組織エコロジー論は，組織個体群や組織コミュニティにおける一般生態学的モデルおよび進化モデルを確立しようとする組織のマクロ社会学へのアプローチである（Hannan & Freeman, 1989）。組織論的には，組織エコロジー・モデルは組織間関係論の議論と非常に近い範疇に属し，生態学的なそして生物学的な進化論の概念を利用しながら，組織のマクロ的視点から組織の淘汰を論じることによって，長期間にわたる組織の変革を扱う理論であるといえる。

しかし，結論的にいうと，組織エコロジー論は，魅力的な概念や実証的研究の支持はみられるが，組織エコロジー論はその特性において主体的な議論を欠いており，理論の応用だけでなく組織の多元的パラダイム理論分野においても，その魅力は限られたものとなっているといえる。

VI. おわりに

　このように本章では管理に必要な組織に関する考え方について説明してきた。組織とは何かという定義から始め，組織を構築するための諸原則や，それに基づく基本的な組織形態について紹介してきた。また実際の企業組織について，職能部門制組織，事業部制組織，マトリックス組織についても説明した。また，不確実な外部環境にいかに適応するのかについて，コンティンジェンシー理論や組織デザインの知見についても示し，最後に，システム・アプローチがとるオープン・システムの限界とともに，組織の基本的な考え方である組織のパラダイムおよび組織の様々なモデルについて紹介してきた。

　しかしながら，組織の中でメンバーがどのように動機づけられ，そして目的達成のために行為するのか，組織内でパワーがいかに発生するのか，といった組織のミクロ的視点については論じてはいない。これらに関する理論については，第7章で説明している。

【注】
1) ここでの説明は，高橋・山口・磯山・文（1998）の第3章のIに依拠している。
2) ここでの説明は，高橋・山口・磯山・文（1998）の第3章のIIに依拠している。
3) 一般的に組織研究の分野では，このような研究のフレームワークをパラダイムと呼ぶこともある。パラダイムとは，一群の専門研究者によって共有される概念，基本命題，研究方法を意味している。
4) 官僚制については，第2章を参照のこと。

【さらに学習するための文献】
高橋正泰・山口義昭・磯山優・文智彦『経営組織論の基礎』中央経済社，1998年。
沼上幹『組織デザイン』（日経文庫）日本経済新聞社，2004年。
大月博司・高橋正泰編著『経営組織』学文社，2006年。

第 7 章
組織行動

　組織は，それを構成する多数の人々によって成り立っている。そのため，組織が全体として有効的に機能するためには，その組織を構成する個々人が有効的に活動してくれることが必要となる。

　本章で展開する組織行動論は，このような組織内の人間行動を研究対象とするものである。第6章で取り上げたような，組織全体レベルでの議論を展開する研究が「マクロ組織論」と呼ばれるのに対し，本章で取り上げるような，組織内の個人・集団レベルに焦点を当てた議論を展開する研究は「ミクロ組織論」とも呼ばれる。

　そもそも，この組織行動論の起源は，1950年代にアメリカで発達した「行動科学 (behavioral science)」であると言われている。塩次 他 (1999) によれば，第一次世界大戦の頃から，アメリカでは，自然科学を学問のモデルとみて，数量化・記号化といった方法を社会科学に導入しようとする動きがあったが，学際的研究の進展のなかで，それがさらに促進された。そしてその結果，客観的に観察・測定・分析することができる行動のレベルで人間を科学的に研究する学問として，行動科学が生まれたのである。すなわち，心理学，社会学，人類学から生物科学にまでまたがって，行動の観点からこれらを統一する一般理論を追究する新しいタイプの科学が登場したのである。1950年代に入って，フォード財団が行動科学研究に大規模な経済的援助を始めたことにより，行動科学が急速に広がることとなった。そして1960年代に入ると，アメリカの経営大学院に行動科学者，特に心理学者が大量に採用されていった。このようなことを通じて，行動科学的経営学と言える組織行動論が新たな研究領域として確立されたのである。

本章では，このような組織内の個人・集団レベルで生じる現象について，モチベーション（動機づけ），リーダーシップ，コンフリクトという観点から，その理論的側面について探究する。

1. モチベーション

組織を全体として有効的に機能させるには，その組織を構成している人々をいかに動機づけるかをまず考えなければならない。この点について深く探究するのが，モチベーション（動機づけ）に関する研究である。

そもそも，モチベーションとは，人々の目標を指向する自発的行動が，どのように生起し，方向づけられ，持続するかを説明する概念である（大月他，1999）。また，山口・金井（2007）によれば，モチベーションには，次のような3つの要素がある。1つは，「行動を引き起こすエネルギーの方向性」であり，どのような行動をとるかを決める働きを持つものである。2つ目は，「エネルギーの強さ」であり，どの程度熱心に行動するかを決める働きを持つものである。3つ目は，「エネルギーの持続性」であり，どの程度継続して行動するかを決める働きを持つものである。

このようなモチベーションに関する研究は，大きく2つに分類される。1つは，人々の行動の根底にある欲求に注目するものであり，つまり人々を行動に向かわせるモチベーション内容を解明しようとするものである。これは，「内容理論（content theory）」と呼ばれるものであり，人々の基本的な欲求は何か，人々の行動を動機づけるのはどのような誘因が影響しているのか，などが探究される。もう1つは，人々はどのように動機づけられるのかという過程に注目するものであり，つまりモチベーションがどのようなプロセス，あるいはメカニズムで生じるのかを解明しようとするものである。これは，「プロセス理論（process theory）」と呼ばれるものであり，人々の動機づけられた行動が引き起こされ，方向づけられ，持続するプロセスが探究される。

1. 内容理論

モチベーションの内容理論を代表する研究として，以下では，(1)マレー (H. A. Murray) の欲求リスト，(2)マクレランド (D. McClelland)」の達成動機，(3)マズロー (A. H. Maslow) の欲求 5 段階説，(4)ハーズバーグ (F. Herzberg) の動機づけ－衛生理論，(5)マグレガー (D. McGregor) の X 理論－Y 理論，(6)アージリス (C. Argyris) の未成熟－成熟モデル，を取り上げる。

(1) Murray の欲求リスト

Murray (1938) は，人間にはどんな欲求が存在するのかについて明らかにしようとした研究者である。Murray は，人間の持つ欲求を「欲求リスト」として提示している（表 7-1）。彼の貢献は，TAT (Thematic Apperception Test: 課題統覚検査) という人間の欲求の測定方法を開発したことにある。これを用いて，人間の人格特性，隠された欲求，コンプレックスなどを診断するのである（大月 他，1999）。具体的には，この TAT は，いろいろな状況に置かれている人たちを描いた絵のシリーズで構成されている。そして被験者は，自分の創造力を働かせて，各々の絵について物語を書くように求め

表 7-1 Murray の欲求リスト

(1) 謙虚 (abasement) 欲求	(16) 遊戯 (play) 欲求
(2) 達成 (achievement) 欲求	(17) 排斥 (rejection) 欲求
(3) 親和 (affiliation) 欲求	(18) 隠遁 (seclusion) 欲求
(4) 攻撃 (aggression) 欲求	(19) 感性 (sentience) 欲求
(5) 自律 (autonomy) 欲求	(20) 性 (sex) 欲求
(6) 反作用 (counteraction) 欲求	(21) 求護 (succorance) 欲求
(7) 恭順 (deference) 欲求	(22) 優越 (superiority) 欲求
(8) 防衛 (defendance) 欲求	(23) 理解 (understanding) 欲求
(9) 支配 (dominance) 欲求	(24) 獲得 (acquisition) 欲求
(10) 顕示 (exhibition) 欲求	(25) 非難回避 (blamavoidance) 欲求
(11) 傷害回避 (harmavoidance) 欲求	(26) 認識 (cognizance) 欲求
(12) 屈辱回避 (infavoidance) 欲求	(27) 構成 (construction) 欲求
(13) 不可侵 (inviolacy) 欲求	(28) 説明 (exposition) 欲求
(14) 養護 (nurturance) 欲求	(29) 承認 (recognition) 欲求
(15) 秩序 (order) 欲求	(30) 保持 (retention) 欲求

(出所) 坂下 (1985), p.12。

られる。次に，その被験者に語ってもらった物語を研究者が分析し，欲求を測定するというものである（高橋 他，1998）。しかしながら，このような方法を用いて Murray が提示した欲求リストは，人間の持つ欲求を単に並べただけであり，それらがどんな関係になっているのかについては示していない。また，TAT という方法は，その分析・解釈については研究者に大いに依存しているということにも留意する必要があるだろう。

(2) McClelland の達成動機

McClelland (1951, 1961) は，仕事上のモチベーションは 3 つの欲求によって成り立っているという達成動機理論を展開した。McClelland の提示した 3 つの欲求とは，① 親和欲求（仕事場の仲間たちとの充実した人間関係を求める），② パワー欲求（仕事場で上位の職位や指導的立場に就くことや他者に対する影響力を持つことを求める），③ 達成欲求（仕事に取り組む際に，優れた目標を立て，それを高いレベルで達成することを求める），というものである。そして彼はこの 3 つの中から達成欲求に注目し，その達成欲求と組織行動の関係について実証分析を行った。彼は多くの調査研究から，この達成欲求とより高いレベルでの仕事の遂行や成功には強い正順関係があることを発見した。このことが示しているのは，達成欲求が強い人間は，仕事の遂行から直接得ることのできる充実感や達成感といった内的報酬によって動機づけられるということである。すなわち，そのような人間には，能力が発揮でき，達成しがいのある挑戦的な仕事を割り当て，その成果についての情報をフィードバックすることにより，その人間は仕事についての適切で高いレベルの目標を自主的に設定するので，結果としてより高い成果が期待できるし，またその人自身も高い達成感を得ることができるのである（二村編，1982）。この McClelland の研究を基に，その後には，パワー欲求が仕事に強い影響力を持っていることを発見した Cummin (1967) の研究や，上記の 3 つの欲求が企業のトップ・マネジメントの成功にどのように関係しているかを調査した Litwin & Stringer (1968) の研究などが展開されている。

(3) Maslow の欲求 5 段階説

図 7-1 Maslow の欲求 5 段階説

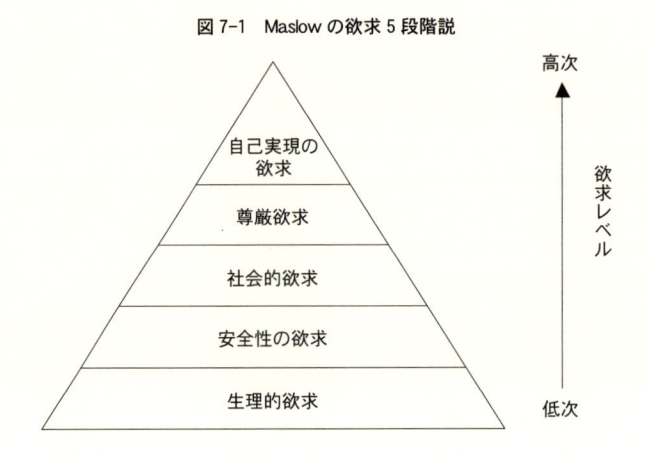

```
         自己実現の
           欲求
          尊厳欲求
         社会的欲求
        安全性の欲求
         生理的欲求
```

高次 ← 欲求レベル → 低次

　Maslow（1943, 1954）は，人間はいくつかの異なる欲求を持っており，それらが階層を成しているとの理論を展開した。Maslow は，以下のような 5 つの欲求を提示し，それが低次の欲求から高次の欲求へと段階的に発生すると仮定している（図 7-1）。すなわち，5 つの欲求とは，① 生理的欲求，② 安全性の欲求，③ 社会的欲求，④ 尊厳欲求，⑤ 自己実現の欲求，といったものである。まず，生理的欲求とは，人間が生存し，自己を維持するための基本的欲求であり，例えば，食物，水，睡眠，休養などに対する欲求である。安全性の欲求とは，安全な状況を望み，不確実な事態を回避しようとする欲求である。社会的欲求とは，所属と愛情の欲求とも言われ，集団への所属や友情・愛情を得ようとするような欲求である。尊厳欲求とは，他人からの尊敬や地位を求めたり，責任や権限を持ちたいと望むような欲求である。最後に，自己実現の欲求とは，自己の成長や発展の機会を求めたり，自己の能力を十分に発揮したり，自己の潜在能力の実現を求めるような欲求である。この 5 つの欲求は，低次の欲求，すなわち生理的欲求から発生し，それが満足されるとその強さが減少し，欲求階層の 1 つ上の段階の欲求の強さが増加するものとし，欲求の満足化が低次から高次へと順次的・段階的に 1 つずつ移行していくとの主張を展開したのである。

(4) Herzberg の動機づけ－衛生理論

Herzberg (1966) は，仕事を通じてどんな欲求が充足されるのかについての論を展開した。Herzberg は，アメリカのピッツバーグにある企業の会計士と技師を対象に面接調査を行い，その結果を基に，職務満足をもたらす要因と職務不満足をもたらす要因はそれぞれ別のものであると結論づけた。つまり，人間の満足と不満は表裏一体ではないというのである。彼は，この満足をもたらす要因を「動機づけ要因」（成長したいという欲求を満たす要因），不満をもたらす要因を「衛生要因」（特に満足感を高めるわけではないが，無いと不満を感じる要因）として区別した。前者の動機づけ要因は，組織メンバーが従事している仕事に関連したものであり，例えば，仕事それ自体，達成，責任，承認，昇進などがあるとしている。そして後者の衛生要因は，組織メンバーが従事している仕事の環境に関連したものであり，例えば，会社の政策と管理，監督技術，給与，対人関係，作業条件などがあると

図7-2 Maslow の欲求5段階説と Herzberg の動機づけ－衛生理論の比較

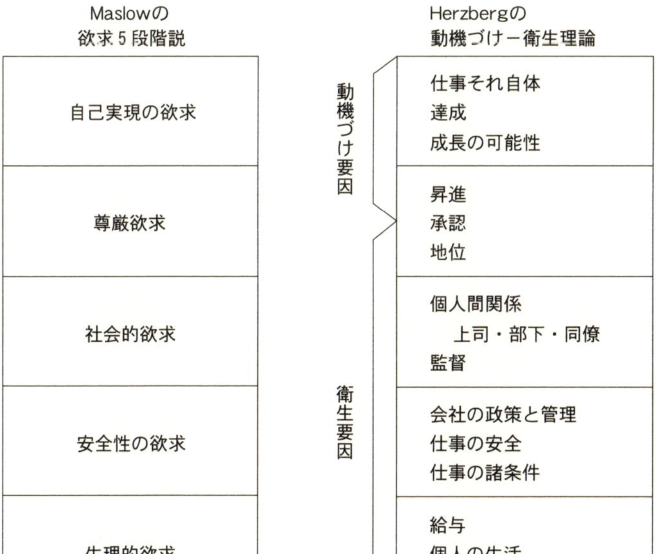

Maslowの欲求5段階説		Herzbergの動機づけ－衛生理論
自己実現の欲求	動機づけ要因	仕事それ自体 達成 成長の可能性
尊厳欲求		昇進 承認 地位
社会的欲求	衛生要因	個人間関係 　上司・部下・同僚 監督
安全性の欲求		会社の政策と管理 仕事の安全 仕事の諸条件
生理的欲求		給与 個人の生活

（出所）　Rue & Byars (1977), p.206。

している（図7-2）。Herzbergが提示した満足と不満は別次元であるとの考え方によれば，満足を減らしたとしても不満にはつながらず，反対に不満を減らしたからといって満足・動機づけにつながることもないのである。つまり，Herzbergの主張によれば，人間を動機づけるためには，満足をもたらす要因（動機づけ要因）を刺激する必要があるのだが，そのために彼が具体的な方法として提案しているのが，「職務充実（job enrichment）」という方法である。

(5) McGregorのX理論－Y理論

McGregor（1960）も，Maslowの研究に強い影響を受けた研究者である。McGregorは，伝統的な組織管理に関する研究が，暗黙的に，人間は生来仕事がきらいで，強制・統制・命令・処罰なしには十分な努力をせず，命令されるのが好きで，責任を回避することを望み，あまり野心を持たず，安全を望んでいるということを前提としているとし，こうした人間観をX理論と名づけた（表7-2参照）。これは，Maslowの低次の欲求に対応したものである。しかしながら，当時の最新の研究によって蓄積された人間行動に

表7-2　McGregorのX理論とY理論

X理論 1．ふつうの人間は生来仕事がきらいで，なろうことなら仕事をしたくないと思っている。 2．この仕事はきらいだという人間の特性があるために，たいていの人間は，強制されたり，統制されたり，命令されたり，処罰するぞとおどされたりしなければ，企業目標を達成するために十分な力を出さないものである。 3．ふつうの人間は命令されるほうが好きで，責任を回避したがり，あまり野心をもたず，なによりもまず安全を望んでいるものである。
Y理論 1．仕事で心身を使うのはごくあたりまえのことであり，遊びや休憩の場合と変わりない。 2．外から統制されたりおどかしたりすることだけが企業目標達成に努力させる手段ではない。人は自分が進んで身を委ねた目標のためには自ら自分にムチ打って働くものである。 3．献身的に目標達成につくすかどうかは，それを達成して得る報酬次第である。 4．普通の人間は，条件次第では責任を引き受けるばかりか，自らすすんで責任をとろうとする。 5．企業内の問題を解決しようと比較的高度の想像力を駆使し，手練をつくし，創意工夫をこらす能力は，たいていの人に備わっているものであり，一部の人だけのものではない。 6．現代の企業においては，日常，従業員の知的能力はほんの一部しか生かされていない。

（出所）　McGregor（1960），pp.33-34., pp.47-48.（訳書 pp.38-39, pp.54-55）。

関する研究成果に基づき，人間は生来仕事がきらいというわけではなく，仕事で心身を使うのはあたりまえのことであると考えているし，自分が立てた目標達成のためには自分自身をムチ打って働くものであり，条件次第では自らすすんで責任を引き受けるとの前提を提示し，こうした人間観をY理論と名づけた。これは，Maslowの高次の欲求に対応したものである。そして彼は，伝統的なX理論に基づく管理では人間を動機づけることはできず，Y理論に基づく管理の必要性を説いた。すなわち，X理論に基づく命令・統制による階層原則に代えて，メンバーの企業目標達成努力が各自の目標達成につながるような状況を作り出すというY理論に基づいた統合の原則による経営を主張したのである（塩次 他，1999）。

(6) Argyrisの未成熟−成熟モデル

Argyris（1957）は，Maslowの欲求5段階説に影響を受けながら，独自の人間行動のモデルを展開した。Argyrisによれば，人間は発達の段階，すなわち幼児の段階から成人へと発展する過程において，表7-3のような7つの次元に沿って成長すると考えた。そして彼は，人間は成長・成熟すると，Maslowの提示した自己実現を目指すようになると仮定したのである。この考え方によれば，伝統的な組織管理で考えられていたような，組織内のメンバーに対するコントロールは，あたかも未成熟の個人を前提にしているかのようであり，すでに成長し，自我を確立させているメンバーに対しては，成熟段階の個人を前提とした組織展開が実施されなければならないのである。

表7-3 Argyrisの未成熟−成熟モデル

未成熟段階 ―――――――――→	成熟段階
(1) 受動的行動から	能動的行動へ
(2) 他人依存の状態から	相対的自立状態へ
(3) 少数の行動様式から	多様な行動様式へ
(4) 移り気でその場限りの浅い興味から	複雑で深い興味へ
(5) 行動の短期的展望から	行動の長期的展望へ
(6) 従属的地位の甘受から	同等または優越的地位へ
(7) 自己意識の欠如から	自己意識の発達と自己統制へ

（出所） Argyris（1957），訳書 pp.88-89。

このため，Argyrisは，職務拡大，参加的リーダーシップを取り入れた組織活動を実施すべきであると提言したのであった（大月 他，1999）。

2. プロセス理論

モチベーションのプロセス理論を代表する研究として，以下では，(1) ハル (C. L. Hull) の動因理論，(2) ポーターとローラー (L. W. Porter & E. E. Lawler) の期待理論，(3) アダムス (J. S. Adams) の公平理論，を取り上げる。

(1) Hull の動因理論

Hull (1943) は，Cannon (1939) の研究によって進展した動因理論を包括的に展開した研究者であると言われている。動因理論では，人間の行動を，その個人が過去に経験した選択の結果から説明しようとする。つまり，過去にどれくらいその行動をとったか，その度合により個人がその行動をとるかどうかが決まるという考え方である（高橋 他，1998）。Hull は，有機体の刺激－反応を説明するために，「sEr＝sHr×D」という公式を提示している。この sEr とは，反応への刺激の大きさ，つまり人間の努力の大きさのことであり，これは習慣の強さ（sHr: その行動を過去にどれくらい選択したか）と，動因（D: そのような行動を誘発させるものの強さ）との積の形で表すことができるとしている。そして彼によれば，この習慣の強さは，以下のような4つの要因によって決定されるという。すなわち，① 訓練期間中の刺激－反応の間隔，② 刺激－反応事象と正の強化が与えられる状況との間隔，③ 正の強化の数，④ 訓練期間中の正の強化の大きさ，というものである。また，動因は基本的に，人間の行動に2つの影響を及ぼすとされる。すなわち，① 行動にエネルギーを与えること，② 行動に方向性を与えること，というものである。この Hull の理論によれば，人間が行動を起こすのは，過去の習慣づけられた行動と，何らかの動因が同時に存在するときということになるのである。

(2) Porter & Lawler の期待理論

Porter & Lawler (1968) は，仕事の状況におけるモチベーションを説明するための理論展開を行なった Vroom (1964) の期待理論の研究を，より

精緻化して発展させた研究者であると言われている。そもそも，期待理論とは，Tolman（1932）やLewin（1935）の研究によって主張され，その後多くの研究者によって進展されたものである。このように様々に展開されている期待理論の基本的特徴は，モチベーションの強さを，「期待×誘意性」という枠組みで捉えるところにある。また，期待理論の人間仮定としては，基本的に合理的な人間観が用いられている。すなわち，自身の損益を計算でき，それに基づき種々の選択肢から合理的な選択ができるという人間像が仮定されているのである。

その上で，Porter & Lawlerは，この期待理論を精緻化し，職務態度と職務成果の複雑な関係を実証分析する理論的枠組みを提示している。彼らによれば，人間の努力の大きさ，つまりモチベーションの大きさは，報酬の価値と，努力によって報酬が得られる期待との積の形で表されるという。ただし，努力が報酬を導く期待は，2つに分かれる。つまり，①努力が業績を導く期待と，②業績が報酬を導く期待，といったものである。以上のことから考えると，個人は，努力すれば獲得可能であり，そしてそれが価値があっ

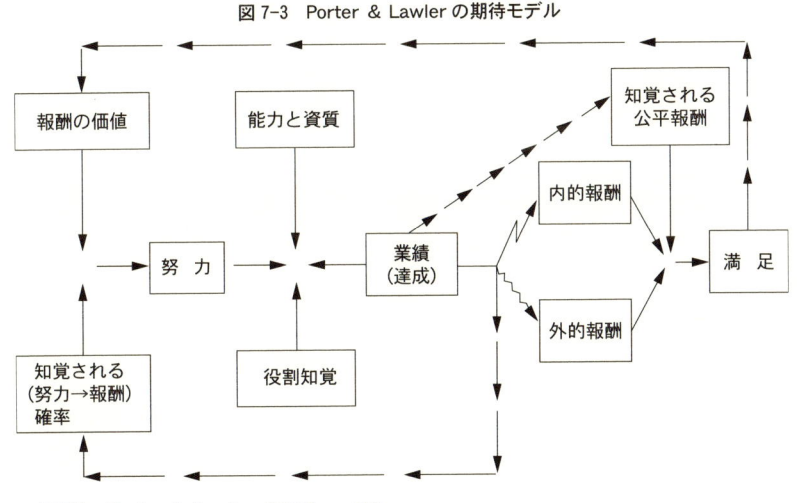

図7-3 Porter & Lawlerの期待モデル

（出所） Porter & Lawler（1968），p.165。

て必要なものであるほど，それを得るために動機づけられ，行動が喚起されることとなるのである。このことをまとめ，Porter & Lawler は，図 7-3 で表されるモデルを提示している。

このような期待理論は，様々な研究者によって展開されたことで，モチベーションに関する代表的かつ最も精緻な理論であると位置づけられている。

(3) Adams の公平理論

Adams (1963) は，周囲の人々と比較して，自分がどのように扱われていると感じているかといった感覚によって個人のモチベーションは影響を受けるとする公平理論を展開した。この理論は，Festinger (1957) の認知的不協和理論に大きな影響を受けている。Adams によれば，個人は自己と他者を比較して不公平を感じると，その不公平を解消する行動を起こすと考えられている。またその前提として，2 つの仮定が前提とされている。すなわち，① 個人が不協和（ギャップ，不公平）を認知すると，それを解消しようとするモチベーションが生じる，② このモチベーションの強度は，不協和の認知が大きいほど強い，というものである（坂下，1985）。そして，不公平は，自己の成果（outcome）とインプット（input）の比率と，他者の成果とインプットの比率が等しくない場合に発生するとしている。この関係については，表 7-4 のような式で表される。つまり，不公平は，表 7-4 の (1)，(2)

表 7-4 Adams の仮定する不公平状況

(1) $\dfrac{O_p}{I_p} < \dfrac{O_a}{I_a}$

(2) $\dfrac{O_p}{I_p} > \dfrac{O_a}{I_a}$

(3) $\dfrac{O_p}{I_p} = \dfrac{O_a}{I_a}$

I_p＝ある個人が認知したインプット，O_p＝ある個人が認知した成果，I_a＝ある個人が認知した比較相手のインプット，O_a＝ある個人が認知した比較相手の成果

（出所）　大月他（2008），p.141。

の状況において発生し，人間は動機づけられるということになる。また，ここで提示されている成果には，給与，内的報酬，満足な監督，年功上の利点，職位，ステータス・シンボルなどが含まれる。そしてインプットには，仕事努力，知能，経験，訓練，熟練，年功，社会的身分などが含まれる（高橋，1998）。つまり，自己と他者との比較対照となる成果とインプットは，これらの要因の総和となる。また，このような不公平が生じた場合，個人がその不公平を解消するための行動として，以下のようなものが提示されている。すなわち，①自己のインプットの変更，②自己の成果の変更，③自己の成果およびインプットの認知の変更，④交換関係の場からの離脱，⑤他者への働きかけ，⑥比較対象の変更，といったものである。ただ，図表の(2)式のような他者と比べて自身が有利な状況において，モチベーションが発生するかどうかについては疑問が残るところである。

II．リーダーシップ

　組織は多様な個人的利害を持った人々で成り立っているため，彼ら・彼女らが利己的な行動を追求すると，組織全体としてまとまりのない行動となってしまう恐れがある。そうならないためにも，組織メンバーたちの行動を調整し，組織全体として一定の方向性に向かわせることのできる影響力を持った人物が必要となる。このような対人的な影響関係を捉えるための重要な概念として，リーダーシップがある。

　リーダーシップに関する研究は，現在までに多様に展開され，多様な定義がなされてきた。そのような中で，Stogdill（1974）は，リーダーシップの定義を，「集団目標の達成に向けてなされる集団の諸活動に影響を与える過程」としている。また，山口・金井（2007）によれば，このリーダーシップの概念を理解するためには，2つの点に留意する必要があるとしている。1つは，リーダーシップとは，ある地位に就いているリーダーだけではなく，メンバーも発揮するということである。例えば，リーダーとして任命されていないメンバーでも，集団を導いたり，他のメンバーを励ますことがで

きるだろう。2つ目に，リーダーシップとは，社会的影響過程を意味するということである。一般的にリーダーシップと聞くと，リーダー（影響を与える側）による一方的な働きかけがイメージされることが多い。しかし，リーダーの働きかけというものは，それに対するメンバー（影響を受ける側）の受容を前提としている。つまり，リーダーがいくら優れた言動を発しても，その受け手が動かされなければまったく意味がなく，つまりリーダーとメンバーの社会的相互作用によって，リーダーシップは成り立っているのである。

歴史的に見ると，このようなリーダーシップに関する研究が始まった当初は，ある特定の個人がリーダーとして備えるべき能力や資質・特性を探ることが中心であった。そこではリーダーシップは，あくまでも個人的な問題であるとの考え方が展開されていた。その後，リーダーシップは，個人の能力や資質といった問題ではなく，対人的な影響関係の中で捉えようとする研究が進展することとなる。そこではリーダーシップは，集団的な問題として位置づけられていて，場合によっては，集団の機能そのものであるとの考え方も展開されている（桑田・田尾，1998）。

このように，リーダーシップに関する研究は，様々な観点から探究され発展してきている。これまでのリーダーシップ論をグループ・ダイナミックスで有名なレヴィン（K. Lewin）の人間行動の公式をもとに変遷をたどることができる。彼は，人間行動を $B=f(P,E)$ として定式化した。Bは人間行動であり，人間行動は，Pである人と環境であるEとの関数であるとして表される。したがって，人間行動は $B=f(S)$ として，状況変数に依存するとされた。これをリーダーシップに適用すると，$L=f(l,f,s)$ として表すことができよう。Lはリーダーシップ，lはリーダー，fはフォロワー，sは状況変数である。初期のリーダーシップ研究である特性研究では，$L=f(l)$ であり，行動理論であるリーダーシップ行動研究では $L=f(l,f)$ として，また状況理論では $L=f(l,f,s)$ と表すことができる。このようにリーダーシップ理論は，リーダーシップの変数を加えることにより展開してきたといえる。

以下では，このようなリーダーシップ研究の歴史的発展過程に従って，1.

リーダーシップ特性理論，2. リーダーシップ行動理論，3. リーダーシップ状況理論，といった3つの理論を取り上げる。

1. リーダーシップ特性理論

　初期のリーダーシップ研究は，リーダーの個人的な特性 (traits) に注目したものであり，すなわち優れたリーダーは，他の人たちと一線を画すふさわしい特性を備えているという考え方である。この立場によれば，リーダーシップを規定するのは，リーダーの特性ということになる。

　高橋 他 (1998) によれば，1920年から50年にかけて，心理学の技法が発展するとともにリーダーシップ特性に関する調査研究が活発に行われ，その特性の明確化が進められた。当時もっとも頻繁に調べられた特性には，身体特性，パーソナリティ，能力といったものがあった。そのためのアプローチ法には2種類あり，1つは，リーダーとそれ以外の人とを比較する方法であり，このような調査が大部分を占めていた。もう1つは，成功しているリーダーとそうでないリーダーとを比較するという方法であり，この場合リーダーの成功およびリーダーシップの有効性の尺度として，集団業績およびリーダーの昇進という尺度が用いられた。

表7-5　有能なリーダーの特徴として頻繁にあげられる特性および技能

特性	技能
状況適応性	賢い（知性）
社会環境に対する知見	概念化力
向上心があり達成志向	創造力
独断的	外交力および機転
協力的	弁舌さわやか
頼りがいがある	集団課業に対する知識
支配的（影響力願望）	組織化力（管理能力）
エネルギッシュ（高い活動水準）	説得力
一貫性がある	社交上手
自信がある	
ストレス耐性が高い	
責任を進んで引き受ける	

（出所）　Yukl (1981), p.70.

リーダーシップ特性理論は，その後の理論自体の変化や，研究方法の変化も相まって[1]，一貫性の高い結果を得るに至っているようである。リーダーの有効性に関係があるとされた特性および技能については，表7-5のようにまとめられる。

2. リーダーシップ行動理論

その後，リーダーシップ研究は，特性理論のようなリーダーの個人的な特性・資質に注目するのではなく，リーダーとフォロワーの影響過程をリーダーシップとして考え，そのリーダーシップのスタイルやパターンの類型化に焦点を当てたリーダーシップ行動理論が展開されることとなる。このリーダーシップ行動理論は，その研究数も多く，もっとも一般的なリーダーシップ研究として位置づけられ，そしてまたリーダーシップの複雑性を理解する上でも有益なものであると考えられている。

(1) アイオワ実験

リーダーシップ行動理論に関する初期の研究は，Lewin et al. (1939) による，3種類のリーダーシップ・スタイルが集団にどのような影響を与えるかについて探究したものである。その3つとは，① 専制型（フォロワーの意図・関心に関係なく，リーダーがすべての事柄を決め，フォロワーはそれに従うだけのスタイル），② 民主型（フォロワーが何を考えているか，さらには何を期待しているかを考えながら，集団を方向づけていくスタイル），放任型（リーダーシップを放棄することであり，集団の行動に対してリーダーは一切関与しないというスタイル），というものである。これを基に，White & Lippitt (1960) は，リーダーの行動スタイルの違いが，集団の生産性やメンバーの行動・態度にどんな影響を与えるかについて調査を行った。その結果，民主型の集団においては，メンバーの連帯感が強く，仕事への興味も高いことで作業に対する満足度やモチベーションが上昇し，それによってメンバーの集団作業への積極的な参加があり，作業成果は良い結果となった。対照的に，専制型の集団においては，作業成果については民主型とあまり差はなかったが，メンバーの連帯感の強さや協力度合については最低

な結果となった。また，放任型の集団においては，作業成果は低く，仕事の失敗や挫折が多くなるとの結果がでた。

　この実験から，リーダーシップのスタイルの違いが，集団に大きな影響を及ぼしていることが明白となった。この研究成果は，以後のリーダーシップ研究に大きなインパクトを持つこととなった。

(2) オハイオ研究とミシガン研究

　1950年代に入ると，リーダーの行動の詳細な記述が試みられることとなる。すなわち，リーダーのどんな行動がメンバーに対してどのように作用するのかということに関する詳細な研究が始まった。それが，オハイオ州立大学で展開されたリーダーシップ研究（Halpin & Winer, 1957）である。そこでは，リーダー行動記述質問表（LBDQ: Leader Behavior Description Questionnaire）が開発され，それを用いてリーダーの行動パターンが分析された。その結果，リーダーの行動として，「配慮（Consideration）」と「構造設定（Initiating Structure）」という2つのタイプがあることが明らかになった。前者の配慮とは，部下との良い関係を構築・維持したいと考えるタイプであり，人間関係志向的なものである。それに対して，後者の構造設定とは，集団目標の達成に向けて人材資源を効率的に活用したいと考えるタイプであり，課題志向的なものである。このようにリーダーの行動を2つに分類した上で，次の段階として，これら2つのリーダーの行動とその有効性との関係についての研究（Fleishman & Harris, 1962）が行われた。そこでは，リーダーの2つの行動とフォロワーの離職率の関係が明らかにされ，リーダーの配慮の度合いが高いほどフォロワーの離職率が低く，対照的にリーダーの構造設定の度合いが高いほどフォロワーの離職率が高いという結果となった[2]。

　同じ時期に，ミシガン大学で行われた研究（Katz et al., 1950）においても，オハイオ研究と類似したリーダーシップ行動が提示された。すなわち，①従業員志向的行動（働いているフォロワーに関心を向け，彼らを重視するスタイル）と，②生産志向的行動（働いている集団に対して，いかに効率を高め生産的であるようにするかに関心を向けるスタイル），といっ

た2つのものである。また，この研究を基に，Likert (1961) もリーダーの行動として，①仕事志向的行動，②従業員志向的行動という2つの行動パターンを提示し，そのリーダーの行動と集団の業績との関係を探究した。具体的には，リカート（R. Likert）はリーダーシップ・スタイルが組織システムの特性を決め，それがメンバーの行動に作用するという因果関係を明示化している。その結果，彼は特定組織に採用されるリーダーシップあるいはマネジメントのスタイルは，以下のように分類されるというシステム4理論を展開した。まずシステム1は，「独善的専制スタイル」であり，権限が上層に集中し，従業員は恐怖心や懲罰，金銭的報酬によって働かされるという組織システムである。システム2は，「恩情的専制スタイル」であり，管理者は部下にある種の信頼関係を持っているが，それはあくまでも恩情的なものにとどまり，また一定の範囲のみ決定権は下層に委譲されるという組織システムである。システム3は，「相談的スタイル」であり，管理者は部下に対して完全とはいえないまでも相当な信頼をよせていて，一般的方針や政策は上層部で決定されるが，個別的問題についての決定は部下に任されているという組織システムである。最後に，システム4は，「集団参画的スタイル」であり，管理者は部下を全面的に信頼し，意思決定は組織各部署で広く行われ，しかも全体としてうまく統合されているという組織システムである。Likert はシステム4を理想的なシステムとして提示し，この状態へいかに近づけていくかが重要な問題であるとしている。

(3) マネジリアル・グリッドとPM理論

Blake & Mouton (1978) は，リーダーの行動を「業績に対する関心 (concern for production)」と「人間に対する関心 (concern for people)」とに分類し，それを横軸・縦軸に二次元としてリーダーシップの類型化を行っている（図7-4)。この図表をマネジリアル・グリッドと名づけ，5つの典型的なスタイルを提示した。そしてこの中から，9・9型のリーダーシップ・スタイルを理想型として捉えている。

また日本においても，Blake & Mouton と類似した研究を三隅 (1966) が展開している。その中で三隅は，PM理論というものを提示している。ま

図7-4 Blake & Mouton (1978) のマネジリアル・グリッド

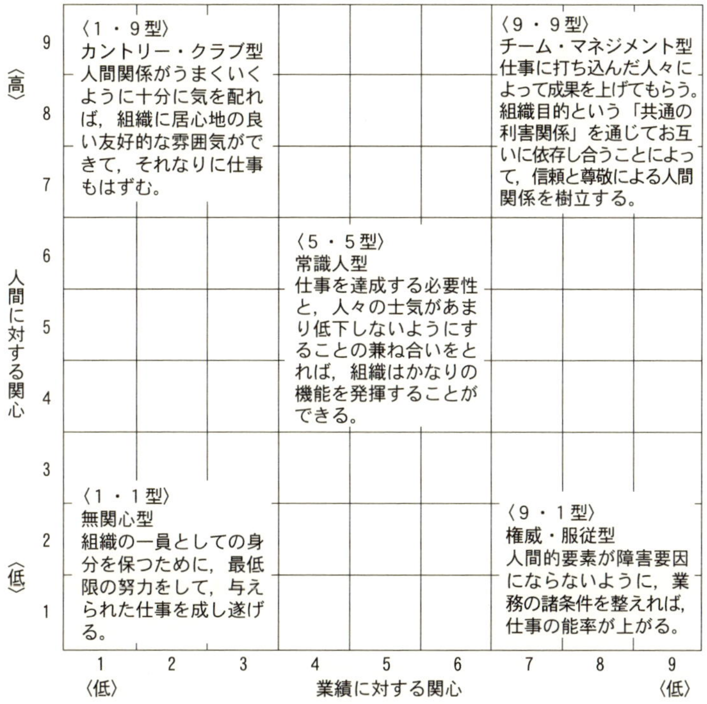

〈高〉9	〈1・9型〉カントリー・クラブ型 人間関係がうまくいくように十分に気を配れば，組織に居心地の良い友好的な雰囲気ができて，それなりに仕事もはずむ。							〈9・9型〉チーム・マネジメント型 仕事に打ち込んだ人々によって成果を上げてもらう。組織目的という「共通の利害関係」を通じてお互いに依存し合うことによって，信頼と尊敬による人間関係を樹立する。	
8									
7									
6				〈5・5型〉常識人型 仕事を達成する必要性と，人々の士気があまり低下しないようにすることの兼ね合いをとれば，組織はかなりの機能を発揮することができる。					
5									
4									
3									
2	〈1・1型〉無関心型 組織の一員としての身分を保つために，最低限の努力をして，与えられた仕事を成し遂げる。						〈9・1型〉権威・服従型 人間的要素が障害要因にならないように，業務の諸条件を整えれば，仕事の能率が上がる。		
1									
	1 〈低〉	2	3	4	5 業績に対する関心	6	7	8	9 〈低〉

人間に対する関心

(出所) Blake & Mouton (1978), 訳書 p.20。

ず彼は，リーダーの行動を目標達成機能（Performance: P）と，集団維持機能（Maintenance: M）に分類した。そして，この2つの機能を，それぞれの強度に応じてさらに分類し，図7-5のように提示した。このそれぞれのリーダーシップ・スタイルと集団の生産性についての実証研究を行なった結果，最も生産性が高かったのはPM型であり，ついでPm（P）型，pM（M）型と続き，そして最も生産性が低かったのがpm型であった。この結果を踏まえて，三隅は理論の精緻化を行いながら，管理者がPM型のリーダー行動をとるためのトレーニング・プログラムの開発も合わせて進めた。山口 他（2006）によれば，こうした取り組みは，産業界における優れたリーダーの育成に多大な貢献をもたらしたという。

図 7-5 三隅の PM 理論

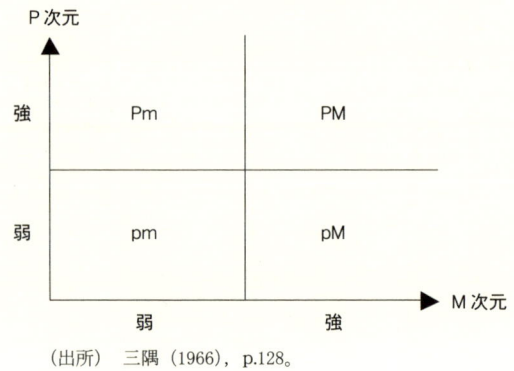

	弱	強	M 次元
強	Pm	PM	
弱	pm	pM	

P 次元（縦軸）

(出所) 三隅 (1966), p.128。

3. リーダーシップ状況理論

　リーダーシップに関する研究は，その特性や行動に焦点を当てて展開されてきたが，1970年代に近づくと，集団の置かれた状況要因の影響を重視する研究が進展することとなる。すなわち，リーダーの特性および行動の影響を強めたり無効にする状況局面を「媒介変数」として捉え，リーダーの効果はこの媒介変数に依存していると仮定するものである（高橋 他，1998）。リーダーシップの有効性は，リーダーを取り巻く環境状況によって決定されるとの考え方である。

(1) Fiedler の LPC モデル

　Fiedler (1967) は，リーダーシップ・スタイルの有効性が，リーダーを取り巻く状況好意性に依存するとの主張を展開した。まずフィードラー (F. E. Fiedler) は，LPC (Least Preferred Coworker) 尺度というものを用いて，リーダーの態度測定を行なった。この尺度は，被験者となったリーダーに過去および現在において最も一緒に仕事をしたくない人物をイメージしてもらい，その人物への好意さを各項目（16項目，各8点尺度）について評点させるという尺度法である。この得点結果によりリーダーは，得点の高いリーダーと得点の低いリーダーに分けられ[3]，それぞれのリーダーが有効である状況について考察された。まず，LPC 得点が高いリーダーは，第一

に人間関係を重視したスタイルをとることを示している。それに対して，LPC得点が低いリーダーは，タスク志向型のスタイルをとることを示している。次いで，状況変数（状況の好ましさ）として，3つの局面が測定された。すなわち，① リーダーの地位そのものが，他のメンバーに対して十分なパワーを持ったものであるか否か，② メンバーの仕事がルーティン化されているか否か，③ リーダーと他のメンバーの人間関係がうまくいっているか否か，という3つである。この3つの要因を基に，状況変数（状況の好ましさ）が考慮され，リーダーにとって有利，不利，中間という3つの状況が提示された[4]。そして調査の結果，状況がリーダーにとって有利な場合と不利な場合は，タスク志向型のリーダーが有能であり，状況が有利・不利の中間の場合は，人間関係志向型のリーダーが有能であると示された。Fiedler は以上の結果から，リーダーシップ・スタイルと仕事環境状況が適合していることが重要であるとの指摘をしている。

(2) Hersey & Blanchard の SL 理論

Hersey & Blanchard（1977）は，Fiedler とは違う状況要因に注目し，「SL 理論（Situational Leadership Theory）」を展開している[5]。この理論は，基本的に上述のブレイクとムートン（R. E. Blake & J. S. Mouton）のマネジリアル・グリッドを拡大させたものである。まず，ハーシーとブランチャード（P. Hersey & K. H. Blanchard）は，リーダーの行動を，「課業志向的行動（指示的行動）」と，「対人志向的行動（協労的行動）」に分類した。前者は，リーダーがフォロワーの役割を定義し，組織化するスタイルであり，それに対して後者は，リーダーが同僚やフォロワーとの個人的関係を維持するスタイルである。そして，彼らは，状況要因として，フォロワーの「成熟度（マチュリティ）」を提示した。この成熟度とは，フォロワーの，① 目標達成意欲，② 責任負担の意思と能力，③ 集団における経験，という3つの尺度によって示される。そして，SL 理論によれば，フォロワーの成熟度が低い状態から中程度に達するまでは，リーダーは課業志向的行動を徐々に減少させ，対人志向的行動を増加させていくことが望ましいとされた。また，フォロワーの成熟度が中程度を過ぎてからは，課業志向的行動をそのま

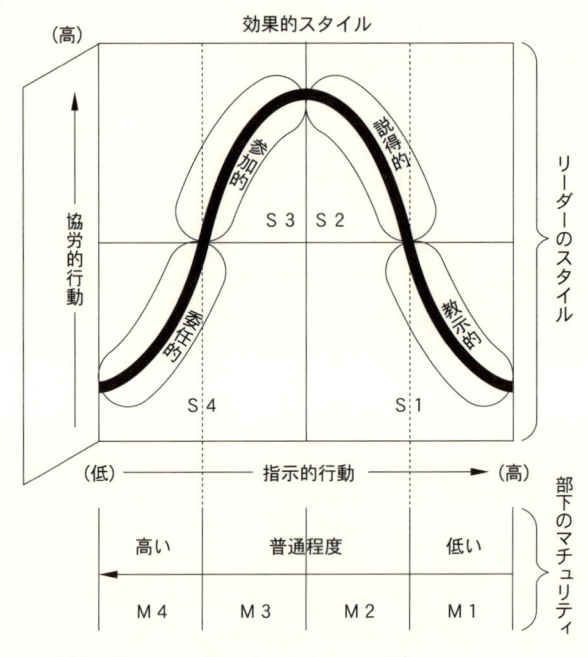

図 7-6 Hersey & Blanchard の SL 理論

（高）効果的スタイル

協労的行動

参加的　説得的

S3　S2

委任的　教示的

S4　S1

（低）　　指示的行動　　（高）

リーダーのスタイル

高い　普通程度　低い

M4　M3　M2　M1

部下のマチュリティ

（出所）　Hersey & Blanchard (1977)，訳書 p.232。

ま減少させていくとともに，対人志向的行動も減少させていくことが望ましいとされた。すなわち，最終的には，成熟度の高いフォロワーに，職務遂行に関する決定の責任を委譲するとともに，自律性を大幅に認めることが望ましいとしている（図 7-6）。以上のように，Hersey & Blanchard の SL 理論は，フォロワーの成熟度の程度を状況要因として考慮に入れながら，それに適合したリーダーシップのスタイルを導き出そうとするものである。

4. その後の展開

認知モデルとしては，House (1971) の目標－経路理論（House's Path-Goal Theory）があり，それは，置かれた状況にそれぞれ最適な状況は何か，を分析した理論で，リーダーシップのスタイルの定義を経路（Path）

の与え方として考えている。したがって，有効なリーダーシップとは，部下に課題達成のための経路を与え，サポートし，導くことであるとしている。

他には，1980年代に展開した組織文化論や企業文化論，また組織論の理論展開では，シンボリックアクションとしてのシンボリック・リーダーシップ，カリスマ・リーダーシップ，変革型リーダーシップ，開発型リーダーシップなどが展開されている。これらのリーダーシップ論はある意味ではパラダイム・シフト，すなわちモダン理論からポストモダン理論へという理論的な転換と関係しているといえる。Deal & Kennedy (1982) により展開されたシンボリック・マネジャーは，組織文化を担うことが管理者の役割であり，率先して文化を維持し，形成する者として位置づけられ，シンボリック・マネジャーは 文化の及ぼす影響を敏感に感じ取り，仲間の社員に高度な信頼をおき，自らを会社の日常常務というドラマにおける演技者・脚本家・監督・俳優として役割を果たすという，これまでの組織や管理の理論とは異なった文脈で語られることになる。このような組織の文化モデルやシンボリズム論というポストモダン的理論展開から新たなリーダーの役割が認識されてきた。

さらに，1990年代の後半からの理論的展開から社会構成主義に基づくとされるストーリーテラーとしてのリーダーシップが，2000年に入って組織変革のリーダーシップとして展開されている（高橋, 2010）。

シンボリック・リーダーシップからストーリーテリングによるリーダーシップへというシフトは，組織の文化モデルから組織の社会構成モデル，すなわち機能主義から社会構成主義へという新たな組織理論モデルに対応したリーダーシップ論が展開されてきている。

III. コンフリクト

組織が個人的利害を持った集団から成り立っている以上，個々人が各自の利害を追求することで，ある種の対立状況が生まれてしまうのも必然的なことである。このような組織における対立状況を捉えようとするのが，コンフ

リクト（葛藤）に関する研究である。

　コンフリクトを定義する場合，その対象によって異なる定義が用いられている。例えば，個人内もしくは集団内といった，ある対象の内部で発生するコンフリクトに関しては，「個人もしくは集団が，行為の代替的選択肢の中から1つを選ぶのに困難を経験する原因となるような意思決定の標準メカニズムの故障」（March & Simon, 1958）といった定義が当てはまる。また，個人間もしくは集団間といった，二者（二者以上）の間で発生するコンフリクトを対象とした場合には，「二者あるいはそれ以上の者の間の反対もしくは敵対的相互作用」（Robbins, 1978）といった定義が当てはまる。すなわち，組織におけるコンフリクト状況は，多様なレベルで発生するのである。ただ，このようなコンフリクト研究は主に，後者の二者以上の間で発生する社会的なコンフリクトに焦点が当てられる場合が多いようである。

　社会的に生じるコンフリクトは，多様な意見や価値観を持ち，異なる目的を追求し，組織内の情報や経営資源へのアクセスもそれぞれ異なる人々が近づき相互作用したときにもたらされる，自然的で避けることのできない結果であり，個人や集団は力や政治的活動を用いてコンフリクトを処理することになる（Daft, 2001）。このようなコンフリクト状況は，一見すると組織にとってマイナスの作用を及ぼすとの印象が強い一方で，それに対して適切に対処したり，建設的に解決することができれば，組織に新たな考え方を呼び起こしたり，組織革新につながったりするなどのプラスの効果をもたらす可能性もある。

　このような組織におけるコンフリクトについて，以下では，1. コンフリクトのレベルとその発生原因，2. コンフリクト発生のプロセス，3. コンフリクトの解決，といったことを取り上げる。

1. コンフリクトのレベルとその発生原因

　組織において発生するコンフリクトは，広い観点から言えば，まず組織内で発生するコンフリクトと，組織間で発生するコンフリクトがある。本章の組織行動というテーマからすれば，前者の組織内で発生するコンフリクトに

焦点が当てられる。後者の組織間で発生するコンフリクトは，組織間関係論で考察されるものである。組織行動論に関連する組織内で発生するコンフリクトは，主に，①個人内コンフリクト，②個人間コンフリクト，③集団間コンフリクト，という3つのレベルから議論される。

　1つ目の，個人レベルでのコンフリクトには，認知的コンフリクトと，感情的コンフリクトがある。前者の認知的コンフリクトは，相反する目的を達成しなければならないとき，その両立が不可能な場合の葛藤をいう。後者の感情的コンフリクトは，目的に対して相反する感情がもたらす葛藤である。大月 他（2001）によれば，これらのコンフリクトの要因の分析には，役割曖昧性，役割過重，役割対立といった役割概念が有用である。職場で働く人は通常，様々な役割を担っている。例えば，Mintzberg（1973）が提示したように，マネジャーは大まかに分けて，人間関係の役割，情報関係の役割，意思決定の役割といった多くの役割を担っている。こうした一連の役割には，その役割を保持する人物にどのような行動や思考が「期待されるか」が映りこむ。この期待には，内容が不明確だったり，状況に応じて変化するものもある。これらが，役割曖昧性につながる。また，自分の役割の遂行に過大な時間や知識が必要だとわかったとき，さらには自分の技術や能力を超える仕事を任されたときに，役割過重が発生する。そして，複数の役割の同時遂行が要求されながら，それが不可能なときに，役割対立が発生する。こういった要因が，個人的なコンフリクトをもたらすのである。

　2つ目の，個人間でのコンフリクトは，複数の人間の間でパーソナリティの相違や，価値観，態度，行動，課題，目標などについて意見が対立している状況である。対人間におけるコンフリクトは，地位，感覚，志向性の違いから生じることが多く，精神的なストレスや緊張感，不満，取り組み意欲の減退，生産性の低下などにつながることがある（大月 他，2001）。以下で取り上げる集団間のコンフリクトにも当てはまるが，一般的に二者以上の間でコンフリクトが発生する原因として，Pondy（1967）は次のような3つのものを挙げている。1つは，「資源の希少性」であり，組織の中で活用できる資源が不足している場合，その配分をめぐって関係者の間で合意がなけれ

ば，少ない資源をめぐって互いに競合することになる。2つ目は，「自律性の確保」であり，互いが自律を求めて，他者を統制したり自らの管轄下に置きたいと意図した場合，そこではパワーを獲得しようとの動機づけも働くことにより，つまり広い意味でのパワーの再配分に動機づけられた行動がコンフリクトを起こすこととなる。3つ目は，「意図関心の分岐」であり，組織内の個人・集団間で共通の目標を確立できなく，協力関係のコンセンサスが成り立たない場合，それぞれが自分の都合で行動し始めると軋轢が生じる。またコンセンサスに至る過程においても，コンフリクトは避けがたいものとなる。また，桑田・田尾（1998）によれば，対人間コンフリクトを生みやすい個人特性もあるという。例えば，権威主義的なパーソナリティの人は，少しの意見の相違にも耐えられなくて，人間関係を悪くすることがある。性格的にトラブルを起こしやすい人もいれば，生来内向的であったり，情緒が不安定であるために，対人関係に不都合を生じやすく，それを円滑に処理できない人もいる。さらに，個人は自らの自由を確保したいと考え，自由を拘束しようとする要因に抵抗する人もいる。このような自律志向の強い人は，コンフリクトを多く経験しがちであるかもしれない。

　3つ目の，集団間でのコンフリクトは，競合する目標をめぐるもの，限られた資源をめぐるもの，集団の志向性や態度の違いによるものなどがあり，典型的な例として部門間対立が挙げられる。この部門間対立に関連して，桑田・田尾（1998）は，組織の構造や制度に起因しているコンフリクト関係は不可避であるという。専門分化が進んで，かつ相互依存的な部門集団の間では，意図が十分に伝わらず，歪められたり，利害が競合したりなど，構造的にコンフリクトが発生するのである。また，Daft（2001）によれば，集団間のコンフリクトは，ある集団が他の集団に対して優位に立とうとするときに生じるという。すなわち，当事者がある集団への帰属意識を持ち，他の集団が自分たちの集団の目標達成や期待を阻むかもしれないと感じたときに，その集団間にコンフリクトが生じるのである。そして，このような集団間のコンフリクトを生む可能性のある要因として，① 目標の不一致，② 分化，③ 職務の相互依存性，④ 限られた資源，という4つを挙げている。1つ目

の「目標の不一致」については、ある部門の目標達成は、往々にして他部門の目標を妨げることがあるとし、集団間コンフリクトの最大の原因として位置づけている。2つ目の、「分化」については、職能の専門化には特定の教育、スキル、態度、時間的枠組みを有する人員が必要となり、それを通じて特定の価値観、行動基準を有することとなるため、他部門とは異なる文化的相違がコンフリクトをもたらすのである。3つ目の、「職務の相互依存性」については、部門間の相互依存性が高まると、各部門の業務は、他部門での業務の進行を待たなければならなくなり、迅速な対応を求めてプレッシャーをかけることが多くなり、コンフリクトが発生しやすいのである。4つ目の、「限られた資源」については、組織の有する資金、設備、人的資源には限りがあり、それを各部門間で分かち合うことになるが、各部門は目標達成を目指す中で自分たちの資源を増やしたがるために、コンフリクトが発生するのである。

このように、組織におけるコンフリクトは、様々なレベルで、また多様な要因によって引き起こされるのである。

2. コンフリクト発生のプロセス

それでは、組織におけるコンフリクトは、どのようなプロセスで発生してくるのだろうか。このコンフリクト発生に関するプロセスについて明らかにしたのが、Pondy（1967）の研究である。彼の研究によれば、コンフリクトは、初めから周りに認知されるとは限らない。つまり、対立的な関係が生じているとしても、表面的には現れない場合もある。コンフリクトが潜在しているという状態である。これが、当事者や周囲に知覚されると、緊張や反発などの感情的なコンフリクトを呼び起こすこととなる。それが実際に行動レベルで現れると、表出されたコンフリクトとなり、明確にコンフリクトが顕在化した状態となる。そして、それが当事者同士や周囲を巻き込んで解消されたとしても、その余波としてそれが次のコンフリクトを引き起こす可能性もあるかもしれない（図7-7）。このように、コンフリクトは一時の完結的なものではなく、連続的な事象として捉える必要がある。つまり、以前の

図7-7 Pondy によるコンフリクト（葛藤）発生の流れ

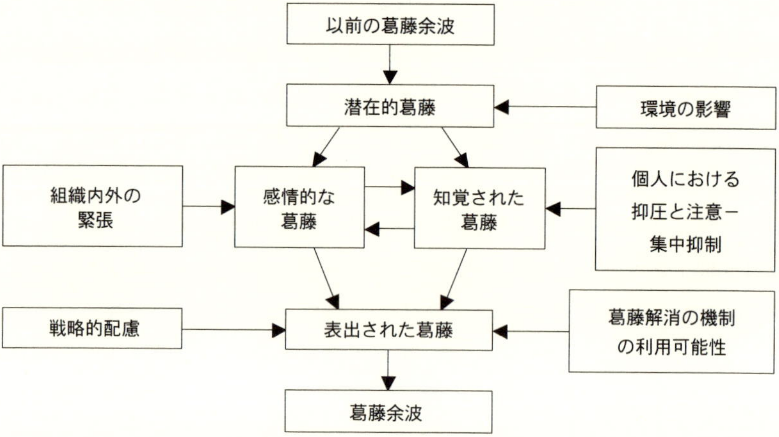

```
           以前の葛藤余波
                │
                ▼
          潜在的葛藤 ◀────── 環境の影響
           ╱    ╲
          ▼      ▼
  組織内外の  感情的な   知覚された ◀── 個人における
   緊張  ──▶  葛藤  ⇄   葛藤         抑圧と注意−
                                    集中抑制
           ╲    ╱
            ▼  ▼
  戦略的配慮 ─▶ 表出された葛藤 ◀── 葛藤解消の機制
                │                  の利用可能性
                ▼
            葛藤余波
```

（出所）　Pondy（1967），p.306：桑田・田尾（1998），p.253。

コンフリクトが，現在のコンフリクトの原因となりうるし，また現在のコンフリクトが，将来のコンフリクトを引き起こすかもしれないのである。このように，組織の存続を考える以上，そこで発生するコンフリクトについても連続的に考えなければならないのである。

3. コンフリクトの解決

　組織におけるコンフリクトの発生は，不可避であるがゆえに，何とかして対処していかなければならない。コンフリクトは，互いが意思を疎通させないことに由来する，誤解に基づくことも多い。その誤解を解消するための方策として，桑田・田尾（1998）は，対立している個人間・集団間の間で，以下のことが必要となるという。すなわち，① コミュニケーションの機会を多くする，② 仲介者を設ける（第三者的なコンサルタントを入れることも含む），③ 互いのことがよく理解できるようにするために，人事交流を図る，という3つである。また，このようなコンフリクトは，組織に害をもたらすとしてマイナス面が強調されることも多いが，それだけではなく，組織

で解決すべき課題を明確にする機能を果たすというプラスの効果をもたらすこともある。その課題への取り組みは，それまでの組織の硬直化したシステムに創造的な変革と再活性化をもたらす契機となる可能性がある（山口 他，2006）。したがって，コンフリクトが発生した際には，組織に存在する課題を明確に把握し，その対応策を検討する機会として前向きに捉える姿勢を持つことが大切となるのである。

また，コンフリクトを適切にコントロールできれば，組織の生産性に好ましい影響を及ぼすこともできる。例えば，Burke（1970）は，上司と部下との間のコンフリクト関係の解消について，次のような5つの解消法を提示した。すなわち，① 一方がその立場を撤回（withdrawal）して他方に応諾すること，② 一方が他方をなだめて宥和（smoothing）すること，③ 互いが折り合うところを見つけて妥協（compromise）すること，④ 一方が他方に無理やり強制（forcing）すること，⑤ 互いに問題を直視（confrontation）して方途を探ること，というものである。この中で，5つ目の問題直視が前向きにコンフリクトを解消するための最良の方法として捉えられている。

また，Schmidt（1974）は，自らの利害にこだわる程度を表す「自己主張性（assertiveness）」と，他者の利害に関心を有する程度を表す「協力性（cooperativeness）」ということから，二次元モデルを提示した（図7-8）。

図7-8　Schmidtによるコンフリクト処理モデル

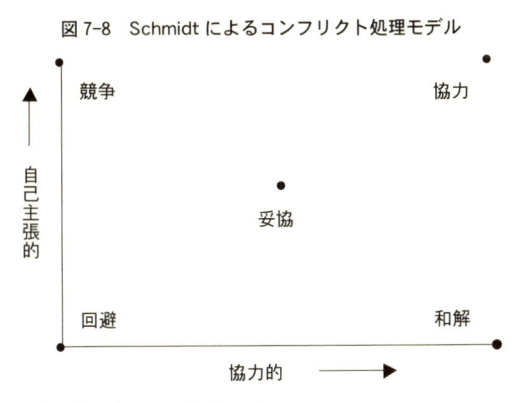

(出所)　桑田・田尾（1998），p.265。

左下の「回避 (avoiding)」とは, 自らの, そして他者の利得が表立つのを止めるような方策である。左上の,「競争 (competing)」とは, 自らの利得にこだわり, 他者を打ち負かすような方策を取ることである。右下の「和解 (accommodating)」とは, 他者との関係を今後維持することに関心を向け, 自らの利得は捨て, 他者に譲るような方策である。真ん中の「妥協 (compromising)」とは, 自らの主張と, 他者の主張との間の適当なところで折り合いをつけるような方策である。右上の「協力 (collaborating)」とは, 自らの利得も他者の利得も大きくなるような方法を一緒に見つけようとするものであり, コンフリクト関係を前向きに対処しようとする統合的な方策である。もちろん, この「協力」が組織にとって望ましいコンフリクト解決として捉えられる。

このように, 組織において発生するコンフリクトは, 不可避的なものであるし, また完全に解消することはできない。したがって, コンフリクトを前向きに捉えて積極的にコントロールし, 組織の革新につなげていくことが重要となるのである。

【注】
1) 例えば, 調査技法が多様化したり, また特性リストの範囲が拡大され, 管理技能, 技術技能, ある種の動機づけ要因といったものが含まれるようになった (高橋 他, 1998)。
2) 詳しくは, 高橋 他 (1998) を参照。
3) つまり, LPC は, リーダーが対人関係に示す寛容さの程度を表すものである。この得点が高ければ, たとえ一緒に仕事をしたくない人物であっても好意を示しているということになる。
4) すなわち, リーダーが地位上の十分なパワーを持ち, 仕事がルーティン化されていて, リーダーとメンバーの関係が良好な場合はリーダーにとって有利な状況であり, その逆は不利な状況である。
5) この Hersey & Blanchard の研究は,「リーダーシップのライフ・サイクル理論」や「状況的リーダーシップ理論」とも呼ばれている。

【さらに学習するための文献】
ダフト, R. L. ／高木春夫訳『組織の経営学』ダイヤモンド社, 2002 年。
山口裕幸・高橋潔・芳賀繁・竹村和久『産業・組織心理学』有斐閣アルマ, 2006 年。
大月博司・高橋正泰・山口善昭『経営学：理論と体系』[第三版] 同文舘出版, 2008 年。

第8章

ナレッジ・マネジメント

I. 知識の有用性

　ポスト資本主義社会において知識は，労働，資本，土地といった伝統的な生産要素と並ぶ，第4の資源として注目されるとともに，唯一の意味ある資源とされる（Toffler, 1990; Drucker, 1993）。こうした知識が重要な役割を果たす知識社会においては，知識労働者（knowledge worker）が最大の資産とされ，知識を組織的に共有し，新たな知識を生み出す力が組織に問われることとなる。こうしたことからナレッジ・マネジメント（knowledge management）が組織に求められている。本章ではまず混同されることの多い知識と情報，データとの関係を整理した後，情報通信システムとの関係を踏まえながら，知識創造や知識市場といったナレッジ・マネジメントの諸説を詳述する。また，特定の文脈のなかでの知識の獲得を意味する実践コミュニティといったように，近年，展開されている理論には次のようなものがある。

II. 知識，情報，データの特徴

　データ，情報，知識という言葉は混同されて使われることが少なくない。そこに統一された明確な区分があるわけではないが，それぞれの論者による定義の共通性と差異を整理する。
　Davenport & Prusak（1998）によれば，組織の成功はデータ，情報，知識のなかでどれを必要とし，現在いずれを保持しており，それによって何

ができるかを知ることにかかっているという。そもそもデータ,情報,知識は以下のように異なったコンセプトのもとにあるとする (Davenport & Prusak, 1998: pp.2-6, 訳 pp.17-25)。

　データ:何事かに関する事実の集合であり,一つ一つの事実の間には関係づけが成されていない。たとえば,取引に関してまとめられた記録などを示す。データ・マネジメントはコスト,スピード,容量によって量的に評価される。もっとも,データを充分に収集すれば,正しい意思決定が自動的に示されるというのは幻想である。データには意味が内在化されておらず,膨大にあれば重要なものを識別し,意味を取り出すことが困難となる。

　情報:関連性と目的とが与えられたデータを意味する。情報はメッセージとして送り手と受け手をもっており,何かを報知 (inform) するものである。"inform"とは「形を与える」(to give shape to) ことであり,"information"とは得た人を形づくり,世界観や心の在りように変化をもたらすことを示す。したがって,データと情報の差異は受け手の形を変えたか否かによって判明する。また情報は,ハードやソフトなネットワークを通じて組織のなかを動き回る。情報管理の量的指標には接続数や取引数などがあり,質的指標には有益性や有用性がある。伝えられる中身はそれを運ぶ媒体よりも重要であり,情報技術を情報そのものと勘違いしてはならない。

　知識:知識は情報に由来するが,データや情報よりも広く,深く,豊かなものである。反省されて身に付いた体験,様々な価値,ある状況に関する情報,専門的な洞察などが混ぜ合わさった流動的なものであり,新しい経験や情報を評価し,自分のものとするための枠組みを提供する。組織において知識は,文書やファイルのなかに存在するだけでなく,日常業務,プロセス,慣行,規範のなかに埋め込まれている。

　なかでも情報から知識への変換は次の4つの操作によって行われるという (Davenport & Prusak, 1998: p.6, 訳 p.25)。

　(1)　比較 (comparison):当該状況の情報は,既に知っている別の状況とどれくらい似ているか。

　(2)　結果 (consequences):当該情報は,意思決定や実践行為にどういう

(3) 関係 (connections)：当該情報は他の情報とどのように関係しているか。
(4) 会話 (conversation)：人々は当該情報をどう考えているか，実際に話をしながら確認する。

Burton-Jones (1999) にも類似の包摂関係がみられる（p.5-6，訳 pp.19-20）。

彼によれば，人間や機械がやり取りする信号や合図などすべてを包括したものがデータであるとし，データのうち受け手が理解できるものを情報と識別している。そして情報の受け手は，それを利用して別の情報を得たり，技能を身につけたりするが，この2次的に得た情報や技能の集合体を知識と定義している。受け手が人間であるなら，情報として提供された素材を脳が処理するプロセスから生まれたものが知識であり，知識の中身は真理とみなされる。知識，情報，データは，階層性を仮定した相関図として整理されている（図8-1）。

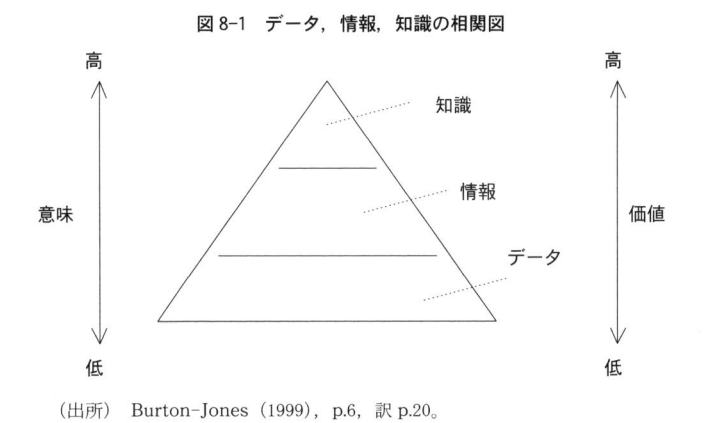

図8-1 データ，情報，知識の相関図

(出所) Burton-Jones (1999), p.6, 訳 p.20。

Burton-Jones (1999) によれば，データ⇒情報⇒知識の順に意味，価値は高まるものとされ，知識の素材が情報であり，情報の素材がデータという補完関係が仮定されている。

一方でDixon（2000）は，とりわけ知識と情報の区別が重要としながら，情報は分類・分析されて言語や図表等として伝達可能な形づくられたデータとなると主張する。これに対する知識は，人々が心のなかで作り出す情報と情報の間の意味ある結びつきを意味し，特定の状況での行為に応用したものとしている（Dixon, 2000: p.13, 訳 p.20）。

このように知識は情報を，情報はデータを包摂するものとして捉えられている点で諸説はおよそ共通するものの，知識そのものの定義は多様といえる。そうしたなかで一定の方向性を示しているのが，野中，竹内（1996）である。彼らによると，伝統的な西欧の認識論が「真実性」を知識の最も重要な特性とみるのに対置するものとして，知識を「正当化された真なる信念（justified true belief）」と定義している。知識は情報と違って信念やコミットメント，目的をもった行為に関わるものであり，知識と情報はともに特定の文脈においてのみ意味をもつものとした（野中，竹内，1996: p.85）。

III. ナレッジ・マネジメントの分類

ナレッジ・マネジメントについては知識の概念と同様，統一された定義があるとは言えない。たとえばナレッジ・マネジメントを，組織固有の知識を包含するコア・ケイパビリティと逆機能としてのコア・リジディティ[1]との表裏として描こうとするもの（Leonard-Barton, 1995），狭義と広義に分けて考える立場（野中・紺野；1999），人間的側面と技術的側面に分けて検討するもの（中西，2003）などがみられる。

なかでも野中，紺野（1999）は，ナレッジ・マネジメントの狭義を「知識管理」，広義を「知識経営」に相当するとし，いずれも知識から価値を生む点で共通するとした。狭義のナレッジ・マネジメントとは，データベース化や検索システムなどの情報技術の応用を含めたものであり，「知識の共有・移転，活用のプロセスから生み出される価値を最大限に発揮するための環境の整備とリーダーシップ」（p.54）とする。また広義には，「知識の創造，浸透（共有・移転），活用のプロセスから生み出される価値を最大限に発揮す

るための，プロセスのデザイン，資産の整備，環境の整備，それらを導くビジョンとリーダーシップ」(p.53) であり，ダイナミックな一連の経営活動に組み込まれたものとなる（図 8-2）。

図 8-2　広義のナレッジ・マネジメントのフロー

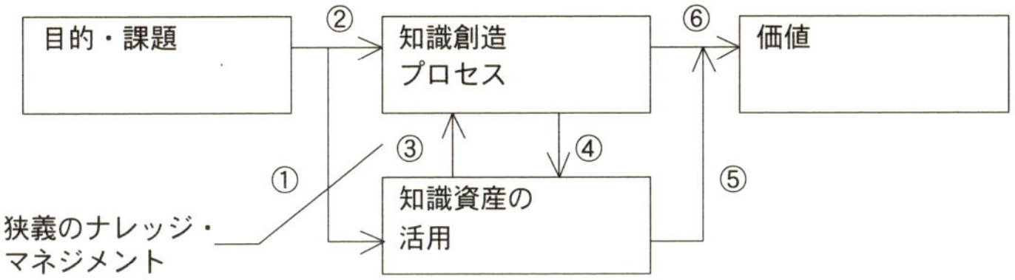

（注）　図中の番号は，① 知識資産の開発・調達・維持，② 知識創造プロセスのリード，③ 知識資産の共有・移転・活用，④ 知識資産の蓄積，⑤ 知識資産からの収益創出，⑥ イノベーション，問題解決，知識提供による収益創出，を示す。
（出所）　野中，紺野（1999），p.153。

一方，ナレッジ・マネジメントについて詳細な分類を示すのは，Grover & Davenport（2001）である。彼らによるとナレッジ・マネジメントの諸説は 6 つのキーコンセプトからなる（pp.7-8）。

① 暗黙知－形式知（tacit vs. explicit knowledge）：哲学者であるポラニー（M. Polanyi）を起源とするアイデアであり，経営学者の野中郁次郎によってビジネスに適用されたもの。人間の脳に埋め込まれ，表現することが困難な暗黙知と，共有が容易な形式知の対比からなる。

② 知識プロセス（knowledge processes）：情報と企業の収益源，製品・サービスに見出される。知識の獲得と開発を示す「知識生成」（knowledge generation），利用可能な形に変換する「知識のコード化」（knowledge codification），これらを包含する「知識移転」（knowledge transfer/realization）というサブプロセスから成る。

③ コード化－個人化（codification vs. personalization）：この区分は暗黙知－形式知の概念に関係し，知識移転で組織に優先されるアプローチを示す。コード化は知識の移転を形式知の貯蔵によって，個人化は

人々の直接的な相互作用によって行われる。
④ 知識市場（knowledge markets）：このコンセプトは，個々の人々は所有する知識を守るうえで利害関係をもつと見なす。いかなる組織にも知識市場は存在し，知識は金銭や尊敬，他の知識など価値あるものと交換される。
⑤ 実践コミュニティ（communities of practice）：組織学習の動向のなかで発達した分野である。知識は異なった組織であっても，同一の仕事への興味をもつ人々のネットワークを通じて流通する。
⑥ 無形資産（intangible assets）：公式的な会計システムは，企業の価値ある知識，知的資本，他の無形資産を勘案してこなかったが，知識資本を測定し，バランスシートに反映すべきという主張からなる。

本章ではGrover & Davenport（2001）に従い，以下で彼らの示す①，②，③，④にまたがるものとして知識を生むプロセスに関するもの（e.g., 野中・竹内，1996 ; Davenport & Prusak, 1998; Dixon, 2000），知識移転や情報の粘着性，知識の取引の関係をみるもの（Hippel, 1994; Davenport & Prusak, 1998; 小川, 2000）を検討する。そして⑤については，特定の文脈のなかでの実践コミュニティを論じるもの（Lave and Wenger, 1991 ; Wenger, McDermott & Snyder, 2002）を詳述するとともに，⑥については，知識を資産として捉えながら主に管理・評価を論じるもの（Burton-Jones, 1999; 紺野, 1998）を，それぞれ情報通信技術に関する議論を踏まえながら検討する。

IV. 知識プロセス

　ナレッジ・マネジメント論のなかでも知識を生み出すプロセスを精緻化したのが，知識創造（knowledge creation）の理論である。そこでは知識創造こそが組織活動の本質であると捉えられており，知識変換のプロセスを通じた暗黙知と形式知の循環が論じられている。その基礎となったのが，Polanyi（1966）の暗黙知の概念であった。

Polanyi (1966) は，知識を考察するうえでの出発点を，「われわれは語ることができるより多くのことを知ることができる」(1966: p.4, 訳書 p.15) ことにあるとしながら，知識の大部分は言葉に置き換えることができないと主張した。これは，他人の顔を認知する際，個々の細目について明確に語ることができなくとも，人は諸細目について感知している経験を能動的に形成・統合することにより，全体的特徴を知ることができることを意味している。彼によれば，知識は暗黙的に獲得され，その思考はすべての知識の不可欠な部分をなしているという。こうした知を機能させる際，たとえば盲人が探り杖を使うとき，杖から指や手のひらへの衝撃から物体と杖の接点へと感覚を移行させるように，人は身体を拡張し，包含するように事物のなかに潜入する (dwell in) としている。

　また知識には 2 つの側面があるという。ライル (G. Ryle) の言う「何であるかを知る」(knowing what) ことと，「いかにしてかを知る」(knowing how) ことであり，知るという場合は常に知的に知ること，つまり理論的な知識 (theoretical knowledge) と，実践的な知識 (practical knowledge) がみられ，両者は類似した構造をもつと同時に，一方がなければ他方は存在することができないとしている (1966: p.7, 訳 p.19)[2]。

　そして Polanyi (1966) は，前者に対応するものとして明示的な統合を，後者のそれを暗黙的な統合としながら，自動車を運転する技能を自動車に関する理論の習得で置き変えることができないように，明示的な統合は暗黙的な統合に取って代わることができないとした。そして一切の暗黙知を排除したうえで，すべての知識を形式化するプロセスは自己崩壊に陥るとしながら，知識の科学化，客観化に対置されるものとしての暗黙的な統合，換言すれば主観的かつ個人的な知の重要性を示唆した (1966: p.20, 訳 pp.38-39)。

　野中，竹内 (1996) は，こうした知識の本質についての言説を基礎としながら，日本企業において知識がいかに創られてきたか，また創られるかを考察する必要性を説き，知識創造の理論を展開した。彼らはまず，Polanyi の暗黙的統合と明示的な統合という分類をさらに推し進め，知識を暗黙知と形式知という 2 つの要素からなるものとした (表 8-1)。

表8-1 暗黙知と形式知の対比

暗黙知	形式知
主観的な知（個人知）	客観的な知（組織知）
経験知（身体）	理性知（精神）
同時的な知（今ここにある知）	順序的な知（過去の知）
アナログ的な知（実務）	デジタルな知（理論）

（出所）　野中・竹内（1996），p.89。

　形式知は，合理性のもとでの知識であり，明示的，客観的とされる。文字や数字で表すことができ，厳密なデータ，科学方程式，コンピュータ符号，明示された手続き，普遍的な原則などの形をとる。対する暗黙知は，経験的，主観的，身体的な知識であり，個人的なものであるために形式化しにくく，直観，個人の行動や経験，価値，情念などに根ざすものとしている。

　野中・竹内（1996）によれば，このような暗黙知と形式知は4段階の知識変換を経る（pp.91-105）。

　モード1──共同化（socialization）：個人の暗黙知からグループの暗黙知を創造する。修行中の徒弟が師から言葉によらず，観察，模倣，練習によって技能を学ぶプロセス。企業内のOJTの原理である。

　モード2──表出化（externalization）：暗黙知からメタファー，比喩，仮説を通じ，形式知を創造する。新製品開発のコンセプト等を生み出す段階である。

　モード3──連結化（combination）：個別のコンセプトなどの形式知から体系的な形式知を創造する。POSなどのデータベースを整理・分類し，組み替えることにより，新たな販売方式を生み出すといった段階である。

　モード4──内面化（internalization）：文書やマニュアルなどの形式知が，暗黙知のかたちで個々の組織メンバーへ内面化されるプロセスを示す。これらは追体験や臨場感をもった成功談として他者へ伝達されるとき，共有化される。

　さらに，こうした知識プロセス[3]は，場づくり，対話，知の結合，行動による学習によって連鎖しながら組織内で循環するという（図8-3）。

図 8-3 知識創造のプロセス

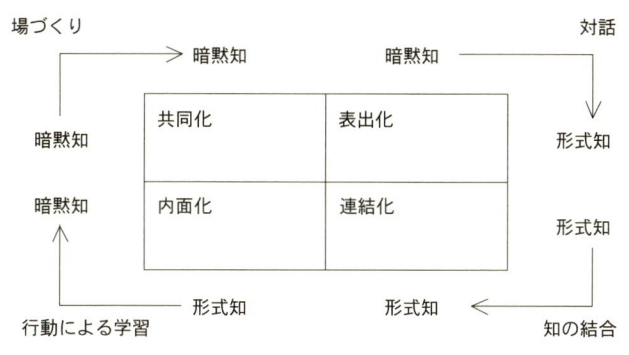

```
場づくり                         対話
    ┌──→ 暗黙知    暗黙知 ──┐
    │   ┌─────┬─────┐   ↓
暗黙知│   │ 共同化 │ 表出化 │   │形式知
    │   ├─────┼─────┤   │
暗黙知│   │ 内面化 │ 連結化 │   │形式知
    ↑   └─────┴─────┘   │
    └── 形式知    形式知 ←──┘
行動による学習                   知の結合
```

（出所）野中，竹内（1996），p.93，p.106 をもとに作成。

　ここでの知識変換モードを統合するのは，チームやタスクフォースのリーダー，すなわちミドル・マネジャーであるという（野中・竹内，1996: p.189）。そもそも階層組織モデルであるトップダウン・マネジメントでは，トップは全知全能で経営層のみが知識をつくると仮定されており，組織の第一線での暗黙知の成長が無視されているという。またフラットな組織モデルであるボトムアップ・マネジメントの場合，現場の第一線ロアーが知識をつくりだしコントロールするという仮定に根ざすものの，暗黙知を組織全体に広めて共有することを難しくしているという。このため，トップと第一線を巻き込むスパイラル変換を通じて知識をつくりだすミドル・アップダウン・マネジメントが提唱されている。社内情報のタテとヨコの流れが交差する場所に位置するミドル・マネジャーこそ，知識創造企業の真のナレッジ・エンジニアであるとされる（野中・竹内，1996: p.191）[4]。

　ところで，Burton-Jones（1999）によれば，知識創造のプロセスにおいて従来の情報通信技術が活用されてきたのは主に2つのパターンにすぎないという（p.11，訳 p.28）。これは，「暗黙知⇒形式知」，「形式知⇒形式知」の変換であり，前者は特定の組織メンバーのみが持っている職人的な知識に頼らなくても業務を進められるようなシステム構築であり，これにより標準的なアプリケーションソフトウエア業界の急成長が生じた。また後者について

は，大量のデータを記録して管理するためにコンピュータ上の記憶媒体や通信システムを利用しながら分析，確認することを意味し，結果としてデータベース業界が興隆することとなったとしている。

一方，残りの2つのパターンの「形式知⇒暗黙知」，「暗黙知⇒暗黙知」については取り組みが始まったばかりという。前者は，データ解析やデータマイニングといったように，豊富な文脈情報を集めたシステムが相当する。また後者は，もともと人と人とが直接会ってコミュニケーションすることによって行われてきたが，バーチャル・リアリティ・システムの発展に可能性を認めている（Burton-Jones, 1999: pp.11-12, 訳 p.30）。

もっとも岸（2003）は，知識創造において持続的競争優位の源泉となるのは模倣の困難な集団的暗黙知であるとしながら，情報通信技術によるシステム化に限界があること，現状ではメディア・リッチネスの最も高い対面的接触を採らざるを得ないことを指摘する（p.233）。情報通信技術は信頼関係が形成されたもとで，あくまで補完的に利用可能なツールとしている。

V. 知識移転の条件

前節の野中，竹内の知識創造の理論では，暗黙知と形式知は共有や移転が可能なものとして捉えられている。これに対して，情報[5]の粘着性（sticky information）を提唱する論者によれば，知識や情報の移転は制約されるとされる（e.g., Hippel, 1994; 小川, 2000）。

Hippel（1994）によると，「ある所与の場合における所与の単位の情報の粘着性とは，当該情報の受け手によって，その単位の情報を利用可能な形で特定の場所に移転する際に必要となる逓増的な費用である」（p.430）とされる。この費用が低いときは情報の粘着性は低く，費用が高いときは情報の粘着性は高いという。粘着性とは情報そのものの様態を表すのみならず，情報の受け手と送り手による選択の在り様も包含するものとされる。つまり，情報の質や量のみならず，受け手と送り手の意思決定によってコストが変化することを意味する。彼によれば，情報の粘着性のインパクトは，その原因と

は切り離した形で捉えられる。たとえば，もしも特定の情報の受け手が確かなツールや補完情報の欠如といった理由で，単位情報 X を獲得できない，もしくは獲得するのに非効率である場合，あるいは特定の情報の送り手が単位 X にアクセスするために費用を負担する場合，単位 X の粘着性は他の状況よりも高くなるという（Hippel, 1994: p.430）。

このようにして Hippel（1994）は，情報の粘着性とイノベーションにまつわる問題解決のパターンとして 2 つの結論を導いた。これは，① 問題解決者が必要とし，かつ粘着性の高い情報が 1 カ所にのみある場合，他の条件を一定とするなら，問題解決は情報のある場所で行われること，② 問題解決者が必要とする粘着性の高い情報が 2 カ所以上にある場合，問題解決は情報のある複数の場所を行き来しながら行われることである（Hippel, 1994: p.432）。もっとも，コンピュータ・ネットワークへのアクセスが容易になり，コンピュータのハードやソフトがよりユーザー志向かつ，ポータブルになることで，情報移転のコストは低下するとともに粘着性は低くなり，あらゆる場所で問題解決が行われるようになる可能性があるとしている（p.438）。

一方で小川（2000）は，こうした情報粘着性の概念をニーズ情報（製品の使用場所で発生する情報）と技術情報（要素技術に関する情報）という操作可能な形に再定義しながら，流通企業の店舗発注システムにおける製品イノベーションについての実証分析を行った。その結果によると，メーカー（情報システム・メーカー）にとってニーズ情報の粘着性が高くなるほど，技術情報の粘着性がユーザー（コンビニ・チェーン）にとって低くなるほど，イノベーションの多くの部分がユーザーによって行われるとしている。このことは，イノベーションにおけるメーカーとユーザーの分業関係に，情報粘着性が影響を及ぼすことを意味するという（小川, 2000: p.179）。

さらに小川（2000）は，大手流通企業にとって小売り販売情報関連の製品イノベーションの起点となるのは，その企業の活動場所で生成する小売り販売情報の粘着性がメーカー等にとって高いためであると指摘する（pp.214-215）。これは POS（point of sales）データ等を示しており，大手流通企業の本部ではデジタル情報システムを通じてほぼリアルタイムに収集し，柔軟

に加工することが可能となっている。しかし，こうした情報はコンピュータからダウンロードできないよう処理されており，大手流通企業がメーカーに提供する際，紙にプリントアウトするなどし，加工されることも粘着性に影響を及ぼしているという。

ところで，情報粘着性の議論でもみられるものだが，知識および情報の移転においては，受け手と送り手との関係を考慮する必要がある。情報の価値は受け手の知識レベルによって変わるのであり，前提となる知識が受け手に豊富にある場合，データや情報は多様に活用されるが，受け手に知識がなければデータや情報を受け取っても有効活用が困難となる（Burton-Jones, 1999: p.5，訳 pp.20-21）。

加えて，情報を解釈する際の障害も見落としてはならない要因といえる。情報量が増えれば増えるほど判断に対する自信が増してしまう「妥当性という幻想」（illusion of validity）や，確率予測を現実の結果に近くなるようにすべて分かっていたことと思い込んでしまう「後知恵による歪み」（hindsight bias）といったように，複数のバイアスが指摘されている（Garvin, 2001: pp.31-32，訳 pp.39-41）。

そもそも知識や情報の交換をコミュニケーションと捉えるなら，水を送るチューブのように，一方から伝達された情報（あるいは知識）が他方に伝達されるという一方的な構造ではなく，あくまで送り手と受け手との関係性に根ざすものである（Maturana & Varela, 1984）。

一方で，知識の移転の仕組みを取引関係として説明しようというのが，知識市場の議論である。もともとこの研究は，主に組織の外部の市場を議論するもの（e.g., Burton-Jones, 1999）と，組織内に仮定される市場を考察するもの（e.g., Davenport & Prusak, 1998）とがみられるが，ここでは後者について検討する。

Davenport & Prusak（1998）によれば，知識を組織内で動かす際の原動力は，形のある財が市場に働く力と同じであり，その取引が形式的な契約では強制できないという点で，経済学の言う準市場（quasi market）に相当するとしている（p.25，訳 p.61）。こうした組織内の知識市場には買い手

と売り手，仲介人などの参加者がおり，知識市場とは，参加者が現在あるいは将来の価値と希少な財を交換するシステムであるとする。イントラネットを整備し，電子メールや協働ソフトウエアを配置すれば知識が組織内の電子パイプを自由に流れるというのは幻想であり，知識市場の力学を前提としたナレッジ・マネジメントが行われねばならないとしている。

組織が外部から知識を得る際，金銭と交換するケースが多いが，組織内の知識市場を動かす合意された通貨（あるいは交換理論で言うモノ）も存在し，そこでは互恵主義，評判，利他主義，信頼という主に4つの要因が働いているという（Davenport & Prusak, 1998: pp.32-36，訳 pp.73-82）。

互恵主義（reciprocity）：時間とエネルギーと知識は有限であり，有意義な見返りがなければ希少資源は使われない。知識を提供する代償として他の人の知識を与えるといった直接的方法と，収益率を高める知識共有は共有する人たちに現在と未来の両方で見返りをもたらすといった間接的な方法とがある。

評判（repute）：価値ある知識の源泉としての評判が立てば，職の確保や昇進などあらゆる見返りと会社の導師としての扮装飾りを得ることができる。また知識の売り手として知られることは，互恵主義を獲得しやすくし，その人をより効果的な知識の買い手にもする。

利他主義（altruism）：多くの知識共有者は，部分的には自分の得意なテーマへの愛や，「会社のためなら」，「他の人を助けたい」という自然な衝動に動機付けられている。良い人材を保持し，立派な処遇を与える組織のなかで花開く。

信頼（trust）：相互信頼は知識交換の核心となる。信頼を目に見えるようにし，どこにでも在るようにし，トップから始められなければならない。知識を売る際，現在あるいは将来に適度な支払いを受け取れるかどうか，買い手との信頼性にかかっている。もし彼が買った知識を初めから自分のもののようなふりをすれば，彼にもっと知識を提供することはありそうにない。

Davenport & Prusak（1998）によると，健全な知識市場は情報技術の効果的利用にもかかっているという。ネットワークとデスクトップ・コンピュー

タは人々を結びつけ，無限の情報を蓄積・検索する能力をもつので，バーチャルな知識市場を構築するインフラを提供する (Davenport & Prusak, 1998: p.45, 訳 p.99)。いくつかの組織では，社内のどこに知識があり，どうすれば入手可能かという情報を提供するため，電子知識電話帳を開発し，利用しているという。また知識交換のための物理的あるいはバーチャルな場を創ることも必要としながら，イントラネットによる討論グループ，グループウエアによる討論データベースといった場では，信頼と献身的態度が低下する傾向が生じるため，尊敬されるオンライン仲介者の評価や編集が必要としている (Davenport & Prusak, 1998: p.47, 訳 pp.101-102)。

VI. 知識資産

組織内に蓄積された知識を競争力の源泉と捉え，資本や資産として評価・管理しようとするのが，知識資産（knowledge asset）あるいは知的資本（intellectual capital）の概念である。

Burton-Jones (1999) によると，知的資本が製品やプロセスのなかに具

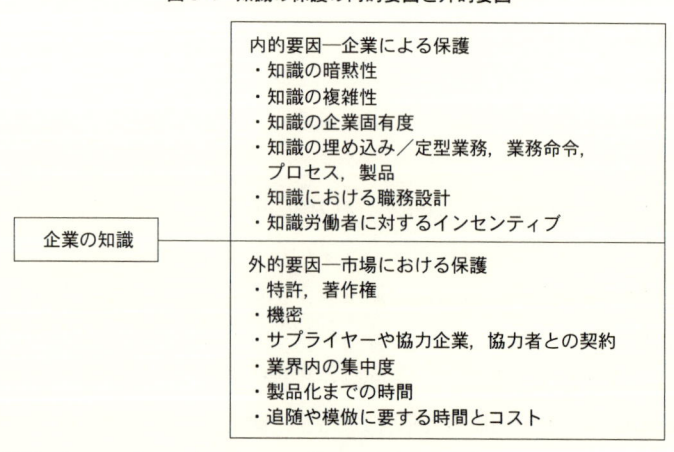

図8-4 知識の保護の内的要因と外的要因

企業の知識 ─
- 内的要因─企業による保護
  ・知識の暗黙性
  ・知識の複雑性
  ・知識の企業固有度
  ・知識の埋め込み／定型業務，業務命令，プロセス，製品
  ・知識における職務設計
  ・知識労働者に対するインセンティブ
- 外的要因─市場における保護
  ・特許，著作権
  ・機密
  ・サプライヤーや協力企業，協力者との契約
  ・業界内の集中度
  ・製品化までの時間
  ・追随や模倣に要する時間とコスト

(出所) Burton-Jones (1999), p.38, 訳 p.72 をもとに作成。

現化されていれば権利は明確であるものの，組織にとって最も貴重な知識は核となる知識労働者の頭のなかにあって，人的資本そのものは取引ができないところに注意を要する（pp.38-39，訳 pp.72-73）。現代は，フルタイム正社員が減少する一方で，非正規雇用の増加や人材の流動化によって，中核的人材の知識を保護し，知識を増大させるには複雑なインセンティブ体系を確立するなどの継続的な投資が必要となっているという。知識資産の保護には，こうした内的要因に加え，外的要因も生じるという（図8-4）。

Burton-Jones（1999）は，もともと情報は公共財であるという考え方が強いうえ，データに多少なりとも手を加えることで著作権の網の目をかいくぐることが可能となっているため，市場における知的資本の保護は難しくなっているとする（p.37，訳 p.71）。また電子的データは低コストで加工でき，安価で早く送信できるため，情報や知識の所有権の保護はより困難でかつコストがかかるものとなっているという。しかもソフトウエアのような純然たる知識財は，一般の耐久消費財よりもライフサイクルが短い。このため，製品化までの時間や競合の追随や模倣に擁する時間を計算する必要があるとしている。

一方，知識資産の概念を体系的に整理・検討しているのが，紺野（1998）である。彼によれば，ナレッジ・マネジメントの対象としての知的資本（無形資産）は，次のように位置づけられている（pp.73-74）。

・企業の人的な資産（従業員の知識や能力）
・組織的制度・文化としての資産（伝承されたノウハウ，知覚的能力）
・顧客に関わる資産（顧客データベース，顧客が製品についてもっている知識，顧客ロイヤルティ）
・市場における資産（ブランド，契約関係）
・外部の人的な資産（関係企業の人々，外部専門家の知識）
・技術・ノウハウ資産（特定分野の技術，開発のためのノウハウ，マニュアル，知識ベース，エキスパート・システム，データベース）
・知的所有権資産（法的保護を受ける知的財産）
・システム化された資産（情報システム・インフラ，知的業務環境）

紺野（1998）は，これらの知的資本を組織の目的を満たすように開発し，活用を促す必要性を説くとともに，ブランドやノウハウなどからなる知識資産（価値の源泉）と，情報通信機器やインフラ等からなる情報的資産（知識資産の触媒）によって知的資本は構成されるとし，特に前者の重要性を主張する（p.75）。このような知識資産は新たな利益創出の視点であるとともに，「市場知識資産」（市場・顧客との関係性のなかで共有される知識）⇒「組織的知識資産」（組織が内部的に持つ知的能力）⇒「製品ベース知識資産」（製品やサービスに含まれるノウハウ，コンテンツ，技術などの知識）という3つの場を経ながら活用されるという（紺野，1998: p.91）。

また知識資産を形成過程によって分類することも可能とし，次の4つのカテゴリーを示している（紺野，1998: p.89）。

① 経験的知識資産：企業の過去の経緯や市場活動を通じた経験から生み出され，蓄積されている。把握しにくいが，他企業は模倣しにくい。
② 知覚的知識資産：ブランドなど，消費者や顧客の知覚において成立する。組織メンバーの知覚において生み出されるコンセプトやデザインを示す。
③ 定型的知識資産：明文化された技術や製品仕様，マニュアル，ドキュメントなどからなる。外部から調達可能だが，法的保護が課題になる。
④ 制度的知識資産：顧客とのネットワークから得られる知識のストックのほか，教育プログラムや研修制度そのものを意味する。

ここで場による分類を縦軸とし，形成過程による分類を横軸とするなら，知的資産の構成要素は次のように整理される（表8-2）。

紺野（1998）は，こうした知識資産マップをもとに当該組織の資産を把握・測定し，投資効果を評価しながら再投資することによって，持続的競争優位を確保することが可能とする。そして知識資産の活用のために情報通信システム等の情報的資産を役立てる際，3つのレベルに分けた取り組みを提唱する（図8-5）。

情報の知識資産への変換（レベル1）では，マルチメディアが重要な技術という。単なるテキストではなく，プレゼンテーション用のマルチメディア・

表 8-2 知識資産マップの構成要素

	経験的 知識資産	知覚的 知識資産	定型的 知識資産	制度的 知識資産
市場 知識資産	・顧客が製品やサービスについてもつ使用経験から学習された知識 ・流通ネットワークが製品やサービス，企業についてもつ学習された知識	・ブランドエクイティ ・企業の評価	・顧客や流通との契約関係（権利，ソフトウエアの利用許諾など） ・メンバー登録された顧客についての情報（使用履歴やカルテ）	・顧客とのネットワーク（消費者モニターなど），交流により獲得される知識 ・流通ネットワークを通じて獲得される市場，顧客に関する知識
組織的 知識資産	・従業員のもつ総合的知識，能力 ・特定の専門職のもつコアとなる知識，能力	・製品開発，企画，デザインに関する知識，能力 ・品質に関する知覚	・ドキュメント資産（共有される再利用可能な文書），マニュアル（定型化されたノウハウ） ・知識ベースシステムの開発	・組織の学習に関する制度（教育プログラムや訓練ノウハウ） ・コミュニケーションシステムなどを通じて組織内に流通している知識（電子メールの情報内容など）
製品ベース 知識資産	・製品やサービスに関する共有可能なノウハウ ・製品の製法などの伝承される熟練的知識（組織的知識資産との境界は曖昧）	・製品コンセプト（市場化製品および開発中製品のコンセプトの質と量） ・製品デザイン（モデル，プロトタイプなど）	・特許，知財となる技術やノウハウ，著作物 ・技術，ノウハウに関するライセンス	・製品の使用法などの製品特有の補完的知識（部分的にマニュアル等で定型化） ・製品を取り巻く社会的，法的な知識活用システム（環境問題，PLなどのプログラム）

（出所）紺野（1998），p.97をもとに作成。

図 8-5 知識資産における情報通信技術の役割

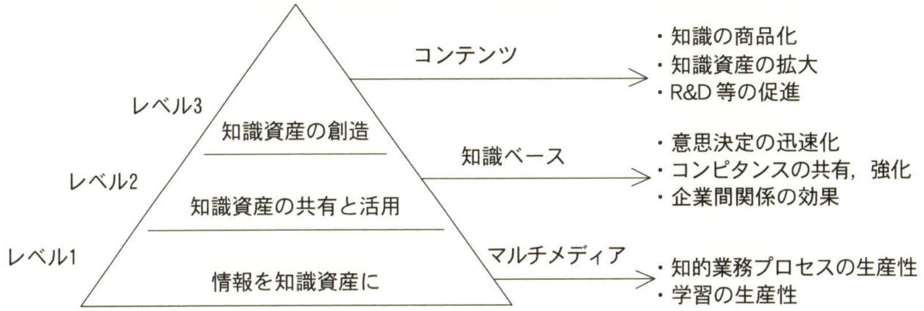

- レベル3：知識資産の創造 — コンテンツ → ・知識の商品化 ・知識資産の拡大 ・R&D等の促進
- レベル2：知識資産の共有と活用 — 知識ベース → ・意思決定の迅速化 ・コンピタンスの共有，強化 ・企業間関係の効果
- レベル1：情報を知識資産に — マルチメディア → ・知的業務プロセスの生産性 ・学習の生産性

（出所）紺野（1998），p.169をもとに作成。

ファイルにメッセージを添付するソフトなどを示すとともに，デジタルビデオ・カメラなどの機器により，情報が伝達される場や文脈等の情報を合わせて保存・活用する必要があるとする。加えて，空間の知識を意味する地図活用では，たとえば SFA (sales force automation: 営業支援システム) のツールとしてのカーナビゲーションや GPS (global positioning system: 測位衛星システム)，GIS (geographical information system: 地理情報システム) 等により，視覚的に知識を形成，表現することができるという (紺野，1998: pp.169-170)。

また知識資産の共有と活用（レベル2）では，組織メンバーが「知っていること」「知るべきこと」の共有が目的となるため，イントラネットを通じたドキュメントの共有のほか，オン・デマンドで知識ベースや専門家へのアクセス，学習プログラムを提供する知識資産活用システムが有効とされる。

そして知識資産の創造（レベル3）では，コンテンツとその創造のための技術が重要な役割を果たすとしながら，ここでのコンテンツとはイノベーションや製品のコンセプト，ノウハウ，著作物，デザインなどを意味し，それ自体が商品としての価値をもちうるとされる（紺野，1998: p.175）。CAD (computer aided design: コンピュータ援用設計) をはじめとするビジュアル・テクノロジーは，製造業のみならずエンタテインメント業界でも必須とされ，出版界では DTP (desktop publishing) のためのソフトウエアが不可欠となっている。さらに従来の2次元の世界から，3次元オブジェクトや情報空間の3次元表現へと情報技術は移行しており，新たな視覚的コミュニケーション技術の徹底的な活用が，知識資産を切り開く可能性を秘めているとしている。

VII. 実践コミュニティ

ナレッジ・マネジメント研究では，第一の波で情報通信システムをはじめとするテクノロジーに焦点が当てられ，続く第二の波では行動，文化，暗黙知などが主題となったが，続く第三の波で，知識を経営に活かす実際的方法

として関心が高まりつつあるのが学習理論や文化人類学的フィールドワークを出発点とした実践コミュニティ（communities of practice）のフレームワークという。実践コミュニティとは，「あるテーマに関する関心や問題，熱意などを共有し，その分野の知識や技能を，持続的な相互交流を通じて深めていく人々の集団」（Wenger, McDermott & Snyder, 2002: p.4, 訳 p.33）と定義される。そこでは，暗黙知と形式知を結び合わせることができるので，コミュニティは知識を体系化する役目を担うとともに，知識の文脈・意味情報を保持し，可視化する性質をもつという。というのも，有用な知識とは他の資産と同じように自己充足的な独立体として管理可能な"モノ"ではなく，人間の行為や実践コミュニティのなかに埋め込まれているためという（Wenger, McDermott & Snyder, 2002: p.9, 訳 p.40）。

そもそも実践コミュニティの概念は，Lave & Wenger（1991）による伝統的徒弟制の歴史的・文化的研究を通じて着想された社会的枠組みであった。彼らは，新参者が共同体のなかでどのように技能に長けた親方となるかという問いから出発し，実践コミュニティへの正統的周辺参加（legitimate peripheral participation）という概念を中心とする状況的学習（situated learning）あるいは，状況に埋め込まれた活動の理論を展開した。そこでの状況性（situatedness）とは，「知識や学習がそれぞれ関係的であること，意味が交渉で創られること，さらに学習活動がそこに関与した人々にとって関心を持たれたものであることなどの基礎となるもの」（Lave & Wenger, 1991: p.33, 訳 p.7）とされる。

こうした状況的学習は，個々の頭の中において事実的知識のかたまりを内化することではなく，「実践コミュニティへの参加の度合いの増加とみること」（Lave & Wenger, 1991: p.49, 訳 p.25）を意味する。学習は欠くことのできない社会的実践の一部であり，これを記述する手段が正統的周辺参加となる。ここでの周辺的参加とは，社会的世界に位置づけられていること，行為者の学習の軌道を示すものであり，参加における正当性とは，所属の仕方の本質を定める形式という。また周辺性とは事の始まりを意味し，次第にのめり込むことで理解の資源へのアクセスを増やすという積極的な言葉であり，反意

語は活動への無関係性（unrelatedness）あるいは非関与性（irrelevance）となる（Lave & Wenger, 1991: p.37, 訳 p.12）。

　正統的周辺参加において，新参者の実践コミュニティへの参加は，古参者や親方との非対称な形で始まるが，特定の文脈の範囲内で何が起こりやすいかを感じ取る力を培うとともに，変化する状況に応じて即興的に行為するという習熟を身につけながら，同時に学ぶ力を獲得するという。こうして知識や技能の習得のうえで新参者は，部分参加から全人格を巻き込んだ十全的参加（full participation）へと移行する。これは一人前になること，アイデンティティを形成することを示すほか，参加者にとっての価値の最も深い意味はコミュニティの一部になることとしている。こうした知識や技能の獲得は生産の場から独立に分離不能という意味で，特定の状況に埋め込まれた活動となる。彼らによれば，親方－徒弟関係を脱中心的にみることにより，「熟練というものは親方のなかにあるわけではなく，親方がその一部となっている実践コミュニティという組織の中にある」（Lave & Wenger, 1991: p.94, 訳 p.75）と理解される。

　実践コミュニティは，その固有の履歴，軌跡，相互関係，実践を含む成員性（membership）で構成される限り，正統的周辺参加によって生成，再生産と変容が行われるとともに，多層的レベルでの参加が必然的に伴うとされる。コミュニティの特徴はそこに埋め込まれた学習プログラムにあり，参加者が同じ場所にいることを示すものでも，識別される境界をもつものでもない。実践コミュニティとは，参加者が自分たちは何をしているか，それが自己の生活とコミュニティにどのような意味をもつかについての共通理解をもった活動のシステムという（Lave & Wenger, 1991: p.98, 訳 p.80）。

　このように，徒弟制下の生産や労役が行われる社会的相互作用の場として描かれていた実践コミュニティは，Wenger, McDermott & Snyder（2002）によって，どこにでも見受けられ，「太古の昔から続く，人類初の知識を核とした社会的枠組み」（p.5, 訳 p.34）へと拡張された。彼らは，実践コミュニティの組織内での育成が大企業病の処方箋の一つとなること，そして組織に知識革命をもたらすとし，新たな理論を展開した。そこでの実践コ

ミュニティには多様な形態があるという（表8-3）。

もっとも，これらの基本構造は共通しており，問題を定義する知識の「領域」(domain)，関心をもつ人々の「コミュニティ」，共通の「実践」という3つの基本要素の組み合わせからなるという（Wenger, McDermott and Snyder, 2002: pp.27-39, 訳 pp.63-79)。

領域：メンバー間に共通基盤を作り，一体感を生み出す。明確に定義すれば正当化が可能となる。極めて日常的なノウハウから，高度に専門化された職業知識にいたるまで多様であり，メンバーが現実に直面する重要な課題や問題から構成される。コミュニティの存在理由となる。

コミュニティ：学習する社会構造を生み出す。影響を与え合い，ともに学習し，関係を築き，その過程で帰属意識や互いのコミットメントを築く集団を指す。加入は自発的でも強制的でもよいが，関与の度合いを決めるのは個々人であり，自発的なリーダーシップに依存する。

実践：メンバーが共有する一連の枠組みやアイデア，ツール，情報，様式，専門用語，物語，文書などのことである。コミュニティが生み出し，共

表8-3 コミュニティと公式組織との関係

組織との関係	特徴	典型的なチャレンジ
認識されていないコミュニティ	組織から見えない，時にはメンバー自身もその存在に気付いていない	コミュニティの価値や限界に気付きにくいこと，参加すべき人を全員関与させていないことがある
密造されたコミュニティ	「事情通」の人々が非公式に認識しているのみ	経営資源を獲得すること，影響力をもつこと，隠れた存在であり続けること，正当性を獲得すること
正当化されたコミュニティ	有益な機構として公式に認められている	より幅広い層に認識されること，急速な成長を遂げること，新しい要求や期待に応えること
支援を受けたコミュニティ	組織から資源の提供を直接受けている	詮索を受けること，資源，労力，時間利用に関する説明責任，短期的な圧力
制度化されたコミュニティ	組織で公式の地位や機能を与えられている	固定的な定義，過度の管理，役目を終えた後も存在し続ける

（出所）　Wenger, McDermott & Snyder (2002), p.28, 訳 p.63 をもとに作成。

186　第Ⅱ部　マネジメントの諸理論

有し，維持する特定の知識を指し，コミュニティとともに発展する。

　Wenger, McDermott & Snyder（2002）によれば，このような3つの基本要因は参加の動機付けが何かを示すという。実践コミュニティは明確な目的をもった極めて限定的な社会組織であり，公式のビジネスユニットとは異なるものとしている（表8-4）。

　こうした実践コミュニティを組織内に育成することにより，有用性をもつかどうかは次の7つの点で優れた設計が必要という（Wenger, McDermott & Snyder, 2002: p.51，訳 p.95）。

・進化を前提とした設計を行う
・内部と外部それぞれの視点を取り入れる
・様々なレベルの参加を奨励する

表8-4　実践コミュニティと他の機構との差異

	目的は何か	メンバーはどのような人か	境界は明確か	何をもとに結びついているか	どのくらいの期間続くか
実践コミュニティ	知識の創造，拡大，交換および個人の能力開発	専門知識やテーマへの情熱により自発的に参加する人々	曖昧	情熱，コミットメント，集団や専門知識への帰属意識	有機的に進化して終わる（テーマに有用性があり，メンバーが共同学習に価値と関心をおぼえる限り存続する）
公式のビジネスユニット	製品やサービスの提供	マネジャーの部下全員	明確	職務要件および共通の目標	恒久的なものとして考えられている（だが，次の再編までしか続かない）
作業チーム	継続的な業務やプロセスを担当	マネジャーによって配属された人々	明確	業務に対する共同責任	継続的なものとして考えられている（業務が必要である限り存続する）
プロジェクトチーム	特定の職務の遂行	職務を遂行するうえで直接的役割を果たす人々	明確	プロジェクトの目標とマイルストーン	あらかじめ終了時点が決められている（プロジェクト完了時）
関心でつながるコミュニティ	情報を得るため	関心を持つ人なら誰でも	曖昧	情報へのアクセスおよび同じ目的意識	有機的に進化して終わる
非公式なネットワーク	情報を受け取り伝達する，誰が誰なのかを知る	友人，友人の友人，仕事上の知り合い	定義できない	共通のニーズ，人間関係	正確にいつ始まり終わるというものでない（人々が連絡を取り合い，相手を忘れない限り続く）

（出所）Wenger, McDermott & Snyder（2002），p.42，訳 p.82 をもとに作成。

- 公と私それぞれのコミュニティ空間を作る
- 価値に焦点を当てる
- 親近感と刺激を組み合わせる
- コミュニティのリズムを生み出す

　さらに Wenger, McDermott & Snyder（2002）は，対面での会合や相互交流が地理的要因などで困難な実践コミュニティを「分散型」と呼称し，こうしたコミュニティを常に目に見える状態にするために強いリズムを築くことを強調する（p.128，訳 p.196）。彼らは，一般に分散型コミュニティは対面での会合を年1-3回程度行っているとし，情報通信技術との併用による多様な交流方式の開発が重要とする。多くのコミュニティでメンバーを結びつける主要な手段として，掲示板やメーリングリストが用いられ，非同期的な議論を促進しているが，なかでもリズムを築くうえで重要な手段が定期的な遠隔会議であり，スライドショーやホワイトボード等を見ながら話し合うことができる「ネット・ミーティング」等の会議ソフトウエアが有用とする。そこではバーチャル・コミュニケーションのエチケットに気を配り，オンライン用アプリケーションへのリンクを監視し，メモやフォローアップをウエッブサイトやメーリングリストに掲示する手配を担う，コーディネーターの役割が何よりも重要としている（Wenger, McDermott & Snyder, 2002: pp.129-130，訳 pp.198-199）。

【注】
1）Leonard-Barton（1995）は，コア・ケイパビリティを「物理的システム」，「スキルと知識」，教育・報酬から成る「マネジメント・システム」，「価値」を含む活動のシステムとし，競争優位の源泉と捉えた。もっとも環境変化や意味のないルーティンワーク化で硬直性（core rigidities）に変質する可能性を指摘している（p.30，訳 p.46）。
2）Dixon（2000）は理論的知識と実践的知識のなかでも，特に後者を「コモン・ナレッジ」（common knowledge）と呼称する（p.13，訳 p.21）。コモン・ナレッジは組織的任務に携わっている人々の経験から作られた知識としながら，これを創造し，活用するための具体的な方法を説いている。
3）知識プロセスについては，多様な研究がなされている。たとえば Gray（2001）は，ナレッジ・マネジメントの実践のための認識論的フレームワークを示している（p.89）。彼は，組織が問題解決のためにあるとしながら，問題の性質とプロセス支援という2軸により，「思いがけない発見の推進」（encouraging serendipity）⇒「知識創造」（knowledge creation）⇒「知識の獲得」（knowledge acquisition）⇒「気付きの向上」（raising awareness）の4段階による実践

を提唱している。
4) 情報創造のマネジメントを提唱する野中（1985）では，情報を定型的，定量的な側面からなる形式（syntacs）と，非定型的，計量不可能な側面からなる意味（semantics）とに2分しながら，ミドル・マネジメントこそ両者を統合する戦略的ポジションにあることが既に構想されている（p.229, p.258）。
5) 小川（2000）によれば，ここでの「情報」は知識を含んだ，より包括的な概念とされる（p.8）。

【さらに学習するための文献】

野中郁次郎・紺野登『知識創造の方法論――ナレッジワーカーの作法』東洋経済新報社，2003年。

Senge, P. M. (1990), *The fifth discipline: The art and practice of the learning organization*, NY: Doubleday Currency.（守部信之訳『最強組織の法則――新時代のチームワークとは何か』徳間書店，1995年。）

Wenger, E. and Snyder, W. M. (2000), Communities of practice: The organizational frontier, *Harvard Business Review*, January-February: pp.139-145.

第9章

マネジメント・コントロール

1. マネジメント・コントロールとは何か

　マネジメント・コントロールというのは，ともするとつかみ所のない不思議な言葉に見えるかもしれない。management control という単語については特に日本語に置き換えられることなく，そのままマネジメント・コントロールと表されるため，意味が取りにくい。それに加えて，マネジメントとコントロールという2つの言葉は，日頃，我々がこれらの言葉を何気なく使う場合には，同じような意味合いで使われることが多い。そうなると，カタカナで，しかも似たような言葉が並列されている「マネジメント・コントロール」という言葉に，少しばかり不思議な印象を持ってもおかしくない。また，あまり経営学の中で使われない言葉でありなじみが薄いということもある。だが，企業をはじめとする組織が戦略を実現させる上で，マネジメント・コントロールは非常に重要な概念なのである。

　後ほど詳しく考えていくが，ここではイメージしやすいように，マネジメント・コントロールを「経営者（マネジャー，上位者）による組織のコントロールのこと」と理解することにしたい。経営者は，組織目的の達成のために戦略を策定するが，どのようにその戦略を実現するために組織をコントロールしていくのかを考えなくてはならない。そうしなければ，いくら優れた戦略を描いたとしても，絵に描いた餅に終わってしまうからである。これこそがマネジメント・コントロールでテーマとされる内容である。しかし，そうだとするならば，次には「経営者が戦略実現のために組織をコントロールしているのは当たり前ではないか」という疑問も出てくるだろうし，「組

織のコントロールについては経営戦略論や組織論，それに組織行動論で学ぶのではないか」と思われる。

前者の疑問についてはこう答えることができる。経営者が組織をコントロールするという場合，組織の何をコントロールしているか（what）は先に挙げた各分野で指摘されているとおりである。だが，それがどうやってコントロールされるのか（how）については，実は各研究分野からもあまりはっきりしていない。それ故に，マネジメント・コントロールという独自の領域が必要になる。

戦略を実現するためには，戦略的計画（Plan）を実施（Do）し，その状態を業績評価などの方法で測定（Check）し，必要に応じた修正や施策の実施（Action）をしなくてはならない。本書では，計画化―組織化―指揮―統制として説明しているが，このサイクルは，PDCA サイクルとかマネジメント・サイクルなどと呼ばれている。この一連のサイクルを通じて，戦略が組織メンバーを通じて実現されるようにする仕組みを作ることがマネジメント・コントロールの目的である。

例えば，戦略上は他社よりも抜きんでたサービスで顧客満足を追究する差別化戦略が謳われていても，実際のサービスを提供する部署のメンバーに対する業績評価が，売上金額のみで行われている場合，ともすると，サービス水準よりも売上の増大にメンバーを動機づけてしまう。このような問題が生じた場合には，組織メンバーに対して影響を及ぼしている業績評価システムを戦略に適合するものに設計し直さなくてはならないであろう。

以下では，マネジメント・コントロールにおける代表的な議論を取り上げ，マネジメント・コントロールの概念的な理解をさらに深めていくことにする。

II．マネジメント・コントロールの基本概念

1．Anthony（1965）の概念―マネジメント・コントロールの発見

マネジメント・コントロールの概念を包括的に示した最初の研究者は，会

計学者のアンソニー（R. H. Anthony）である。Anthony は，1965 年に著した『経営管理システムの基礎』において，マネジメント・コントロールを経営管理システムの中核概念として示し，事実上この研究領域を創り出すことになる重要な研究を行った。同書での Anthony の革新性は多岐に渡るが，経営管理の中で旧来は排他的な関係にあると考えられてきた「計画」と「コントロール」の 2 者の間に，不可分な領域があることを発見した点は最も重要な点である。この 2 者の関係する領域がマネジメント・コントロールだからである。

「計画」とは意思決定を行う上で代替案を選択することであり，「コントロール」とは，選択した代替案の期待する結果を導き出すことである。Anthony 以前の経営管理論研究においては，この 2 者は明確に分離されることが前提として議論がなされてきた。つまり，構想と実行の分離という言葉に象徴されるように，意思決定を行う「頭」と，それを粛々と実行する「手」は明確に区分されるものだと考えられてきたのである。しかし，Anthony は，この 2 者を結びつける中間の領域があることを発見する。計画は単に意思決定の代替案を示すだけでなく，組織メンバーをコントロールするために用いられることがあるからである。つまり，計画をすることによって，組織メンバーの心理がどのように方向付けられるのか，或いは，どのようにしたらそうした方向付けはうまくいくのかなど，これまで考えられていなかった，計画とコントロールとの間の領域があることを発見したのだった。

そこで Anthony はこの中間領域を「マネジメント・コントロール」と名付け，経営管理のシステムを戦略的計画，マネジメント・コントロール，オペレーショナル・コントロールの 3 つに新たに分類・整理している（図 9-1 参照）。

図 9-1 の中でも，とりわけ重要な点は，戦略的計画，マネジメント・コントロール，オペレーショナル・コントロールの 3 者関係で組織の管理プロセスが捉えられている点である。これは先に指摘したように，戦略と実行の間に，どちらにも関わる領域があることを示しているからである。

図 9-1 組織における計画とコントロールのプロセス

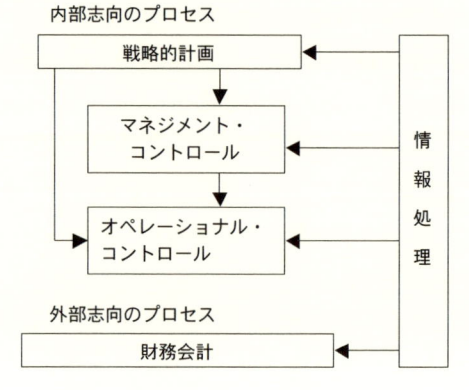

内部志向のプロセス
- 戦略的計画
- マネジメント・コントロール
- オペレーショナル・コントロール

外部志向のプロセス
- 財務会計

情報処理

（出所）　Anthony, 1965: 訳, p.27 より引用。

　戦略的計画とは，「組織の目的，これらの目的の変更，これらの目的達成のために用いられる諸資源，およびこれらの資源の取得・使用・処分に際して準拠すべき方針を決定するプロセス」（訳，p.21）である。先ほどの「計画」と「コントロール」の二分法でいうところの計画であり，策定された戦略を意味していると考えて良いだろう。なお，ここでいう戦略とは，Andrews (1965) の戦略概念が主に想定されており（訳，p.30），組織全体の目的設定を行い，その達成の道筋を示す概念という意味合いで用いられている。

　一方，オペレーショナル・コントロールとは，「特定の課業が効率的かつ能率的に遂行されることを確保するプロセスである」（訳，p.23）である。先ほどの二分法の「コントロール」に該当する部分である。経営戦略論研究においては戦略の実行にあたるところで，Anthony の議論以前には（また，現在でも一部の経営戦略論では），戦略がタスクを規定し，ある意味で機械的に組織メンバーによって戦略が実現されると考えられていた。この考え方に対し，マネジメント・コントロールの概念を示すことにより問題の指摘を行ったことが Anthony の議論の重要な意義であると言える。マネジメント・コントロールとオペレーショナル・コントロールが区別される点を Anthony は 2 つ挙げている。第 1 に，前者はマネジャー個人が対象である

が，後者は課業が対象であること，第2に，オペレーショナル・コントロールでは，課業が所与のものとして特定されているため，何をなすべきかの判断は含まれないこと，である。

　最後に，マネジメント・コントロールについて，Anthonyは以下のように定義している。「マネジメント・コントロールとは，マネジャーが，組織の目的達成のために資源を効果的かつ能率的に取得し，使用することを確保するプロセスである」（訳，p.33）。つまり，マネジャーが戦略に即して，経営資源を有効に活用させることを考えるのが，マネジメント・コントロールの概念なのである。言い換えるならば，Anthonyのいうマネジメント・コントロールの概念とは，「戦略を実現する仕組みを作ること」であると言えるだろう。戦略を実現するためには，マネジャーに戦略に対して整合的な行動を採らせる必要がある。そうした行動を引き出すためには，心理的な側面へ働きかけることの重要性をAnthonyは指摘する。予算配分や業績評価などの情報把握のためのシステムを整備して，適切に組織メンバーの行動を測定し，評価することによって，組織メンバーはコントロールされていくと考えられるからである。

2．伊丹（1986）の概念－委譲された意思決定のコントロール

　アンソニーが示したマネジメント・コントロール概念を組織における階層関係から精緻化したのが，伊丹（1986）である。Anthonyの議論においては，マネジメント・コントロールの必要性は経営階層上のミドル・マネジャーのみに限定される傾向にあった。これに対し，伊丹は組織内のあらゆる階層関係間にマネジメント・コントロールの必要性があることを指摘し，マネジメント・コントロールの概念的拡張を行っている。

　伊丹は，マネジメント・コントロールを「委譲された意思決定のコントロール」（p.71）であるとした。組織は一定以上の規模になれば，分業の必要性が生じ，管理上の必要性から階層構造が生じる。この階層間に，マネジメント・コントロールの必要性が生じるのである。階層構造とは，基本的には上位者が下位者に仕事を任せる（意思決定権限を委譲する）仕組みである

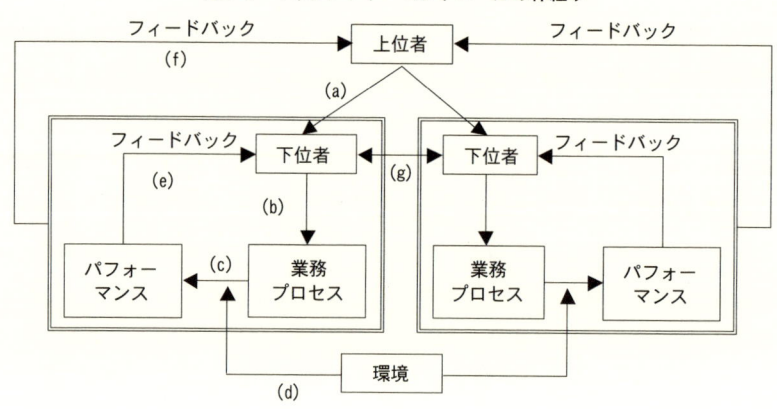

図 9-2　マネジメント・コントロールの枠組み

（出所）　伊丹，(1986)，p.33 より作成。

と理解できる。しかし，仕事を任せた下位者（例えば部下）が，上位者（例えば上司）の求める行動をとるとは限らない。なぜなら，下位者は意思決定権限が委譲されているが故に，自己の利害に対して忠実な行動をすることが十分に考えられるからである。よって，下位者の自己の利害に忠実な行動が，組織全体の目的達成につながるような仕組みを考える必要がある。ここにマネジメント・コントロールを行う必要が生じるのである。

　この上位者による下位者のコントロールを図式化すると，図 9-2 のようになる。

　下位者は上位者から任せられた業務（a）を実行（b）し，外部環境からの影響を受け（d）ながらも，パフォーマンスを生み出す。生み出されたパフォーマンスは，適切な水準に達しているかどうかをフィードバック情報（e）から確認し，必要に応じて業務プロセスを修正（b）していく。この一連のプロセスについて，上位者へのフィードバック（f）も行われ，上位者は適宜，下位者に対して，必要なコントロールを実施する（a）。また，それと同時に，下位者の業務間のバランスが維持できるように，調整（g）を行う。この一連のプロセスの中で，下位者が行う業務プロセスを上位者がコントロールすることがマネジメント・コントロールだと見ればわかりやすいであろう。

伊丹によると，マネジメント・コントロールは，大きく3つの活動に分類できる。
(1) 影響活動：下位者に行動の必要性を認識させ，そこから望ましい行動の選択（意思決定）を引き出し，適切に実行させるように影響を及ぼすこと。
(2) 直接介入：下位者からのフィードバックされる情報に基づき，必要に応じて，直接的に上位者が介入すること。
(3) 選別：下位者の適性をチェックして昇進や配置転換などを行ったり，下位者に任せた職務の特性と，その特性から生じるコントロール活動への下位者の適性のチェックを行ったりすること。

(1)の影響活動は，(2)や(3)と異なり，下位者に任せた意思決定への影響という点において特徴的である。具体的に影響を及ぼす対象は，① 情報，② 認識基準，③ 下位者の目的，④ 代替案，⑤ 結果，⑥ 能力の6つである。

さらに伊丹は，このマネジメント・コントロールを行う仕組みをマネジメント・コントロール・システムと呼び，モニタリング・システムとインセンティブ・システムの2つが，このシステムを機能させる上でとりわけ重要であるとしている。

モニタリング・システムとは，下位者のパフォーマンスをモニタリングするための，情報フィードバックのシステムのことであり，図9-2の(f)が該当する。ここでは，基本的には，どのような指標によってパフォーマンス測定をするのかという点，および，適切な情報が上位者に伝わるような仕組みをどのように構築するのかという点の双方について考える必要がある。モニタリング・システムには2つの役割があり，1つは，上位者が意思決定を行う上で参考になる情報を収集する役割であり，もうひとつは，インセンティブ・システムと連動して下位者の行動に影響を与える役割である。

従って，インセンティブ・システムでは，モニタリング・システムによって測定された下位者のパフォーマンスの測定値のうち，どの値に対して，どのようなインセンティブを与えるのかを考えることが，マネジメント・コントロール上重要なポイントとなってくる。代表的なインセンティブは，金銭

的な報酬（歩合給や業績連動型のボーナス支給など）であるが，このほかにも，非金銭的な報酬（社内での地位の上昇，表彰，社内での尊敬など）も含まれる。近年では，仕事それ自体の持つ内発的な動機づけによって，マネジメント・コントロールを考える研究もある（e.g., 横田, 1998）。

モニタリング・システムで注意すべき点としては，下位者のモチベーションと必要に応じた直接介入や選別のタイミングや方法である。上位者の意思決定の情報収集として下位者のモニタリングを行ったことが，場合によっては，下位者にとっては過剰なモニタリングと映ってしまうことで，下位者のモチベーションを低下させてしまうことにつながる危険性がある。また，(d) の環境からもたらされる不確実性によってパフォーマンスが左右されるため，モニタリングされた情報からインセンティブ・システムへ結びつける上では，注意が必要である。これは，主に先に挙げたマネジメント・コントロールの3つの活動のうち，(2)の直接介入と(3)の選別に関わってくる。パフォーマンスが低い要因が，下位者の環境にある場合，撤退などの直接介入を行う必要がでてくることもある。また，環境と下位者との適性に問題がある場合は，配置転換などを通じて，適性のある組織メンバーが割り当てられる必要がある。

III. マネジメント・コントロール論の新しい展開

Anthony (1965) や伊丹 (1986) の研究を通じて，マネジメント・コントロールの概念とは，戦略を実現するために，上位者が下位者の心理的な側面に働きかけ，望ましい行動を引き出すことに関わるものであることが分かった。では，このようなマネジメント・コントロールをどのように実現すべきであろうか。ここからは，マネジメント・コントロールを行う手法として最近新たな展開として注目を集めている，Kaplan & Norton (2001) のバランス・スコアカードと，Simons の統制レバー (control lever: Simons, 1995, 2000, 2004) のフレームワークを取り上げる。これらの手法は，マネジメント・コントロールを具体化させる手法として注目されると同

時に，組織能力を高めていったり，新しいイノベーションを生み出したりする側面を取り上げている。すなわち「組織学習」という視点を含んでいることが特徴的である（堀井，2003）。以下では，マネジメント・コントロールがどのように具体化され，また，どのように新しい概念が取り入れられているのかを見ていこう。

1. バランス・スコアカード

　マネジメント・コントロールの研究や実務において，近年大きな注目を集めているのが，Kaplan & Norton（2001）によるバランス・スコアカード（Balanced Scorecard: 以後BSCと略す）というフレームワークがある。これは，組織の定める方向性（ビジョン）と，その実現のための戦略を実行に移すために「具体的な目標や業績評価指標に置き換える」（訳，p.32）ことを目指すものであり，これによって，長期的展望に立った戦略的マネジメント・システムの構築を目指すものである。

　ところで，BSCではいったい何と何との「バランス」を意味しているのだろうか。端的に言えば，企業の短期的業績の達成と長期的発展の双方のバランスである。BSCでは，これまで業績評価の主たる対象としての位置を占めてきた財務的指標と，一方であまり重視されて来なかった非財務的指標の双方がバランスさせることを目指すものである。この財務・非財務の両者がバランスして，はじめて企業は長期的に発展可能になるのであり，そのためには財務・非財務ともに戦略に即した評価指標を作成し，必要なマネジメント・コントロールを実行しなければならない。

　財務的な視点は，現在までの仕事のやり方から生じた具体的な成果であるが，そのため，はっきりと目に見えやすいという特徴がある。しかし，その反面，短期的な視点に陥りがちだという欠点も同時に存在する。例えば，売上至上主義などはその典型例であると言えるが，具体的な成果を達成するために短期的志向に陥ってしまう。短期的志向が問題なのは，短期的には多くの財務的な資産を獲得することができたとしても，長期的な成長を遂げることができないことにある。なぜならば，顧客からの評価が低いとか，戦略の

発展の余地がないとか,財務的な側面だけでは計り知れない部分の欠点を抱えていることがあるからだ。これをBSCの言葉に置き換えるならば,非財務的な資産とのバランスがとれていないと言うことができるだろう。

経営者が戦略の実現の程度をモニタリングしつつ,かつ,長期的な成長を実現させていく上では,「顧客がどのくらい満足しているか」とか「画期的な新製品を市場にどのくらい投入することができたか」など,非財務的な指標から課題点を明らかにしていく取り組みは非常に重要である。しかし,非財務的な指標の設定はなかなか難しく,実際には財務的指標には現れてこないことが多い。そこで,キャプランとノートン(R. S. Kaplan & D. P. Norton)は,BSCのフレームワークの中で,これまでの「財務業績」に加え,非財務的指標として,「顧客」,「社内ビジネス・プロセス」,「学習と成長」という3つを挙げ,4つの視点をバランスさせるフレームワークを示した。4つのバランスが企業の長期的な成長と競争優位をもたらす要因を発見する上で有効であるためである。この4つのそれぞれに具体的な評価指標を作成しバランスがとれている状態を実現することが,BSCの目指す目標

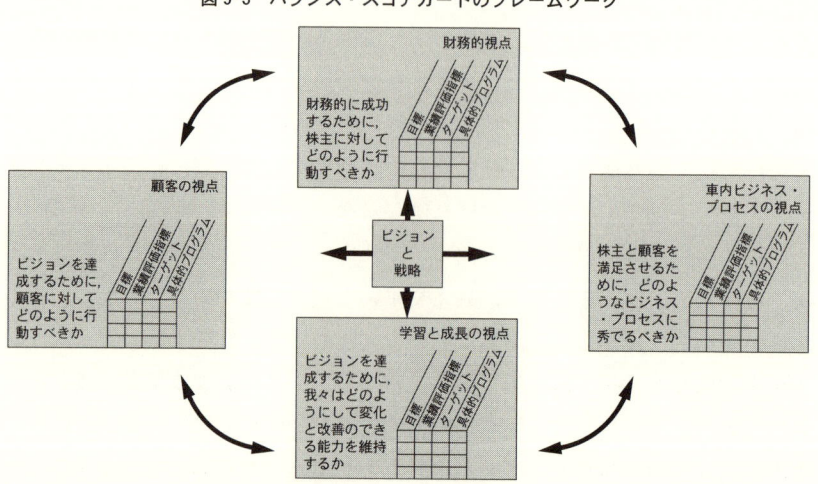

図9-3 バランス・スコアカードのフレームワーク

(出所) Kaplan & Norton (2000), 訳 p.30 より引用。

である。以下では，簡単にそれぞれの指標を考えるポイントについてみていくことにしよう。

(1) 財務業績

企業が実施した様々な施策が，具体的に財務業績にどのように結びついているのかを検証するのが，財務業績を評価する上では重要な点である。一般に，財務的指標には，EVA (economic value added: 経済付加価値) や営業利益率などの指標が用いられている。たとえば，売上高を30%アップさせる，という財務的目標を設定した場合，様々に講じた施策が売上高の向上に貢献したのかを検証していくのが，この指標の設定目的である。財務業績は結果の評価であり，他の3つのプロセスは，測定する指標からのフィードバックを主たる目的に置いている点で違いがある。しかし，財務業績を生み出さない限り，企業は短期的な生存は不可能であるため，この指標は欠くことができない重要な指標である。

(2) 顧客の視点

ターゲットとしている顧客が，自社に対してどの程度のロイヤルティ（忠誠心）を持っているかについて，いくつかの指標を定め測定と評価を行い，戦略へのフィードバックを明らかにするのがこの視点の目標である。

代表的な顧客に関する指標としては，顧客満足度，顧客維持率，顧客ロイヤルティがある。顧客満足度の測定には，アンケート調査や，苦情や顧客からのフィードバックなどの情報を用いる。こうした情報によって，より顧客満足度を高める方法が検討されることにつながる。顧客維持率については，顧客が自社との間で平均的にどのくらいの期間取引関係を継続してくれたか（関係継続期間）を測定する。顧客維持率に影響を与えた具体的な要因を明らかにすることにより，自社の戦略に対して必要なフィードバックを発見することが可能になる。顧客ロイヤルティは，既存顧客が新規顧客をどの程度紹介してきたのかを計ること，および，どの程度自社と深い関係性を有しているかを知ることにより明らかになるとされる。関係性の深さは，来店（使用）頻度などを測定する。高い顧客ロイヤルティを維持することは，顧客からのフィードバックを戦略に反映することを通じて可能となる。従って，長

期的な成長には欠かせない視点である。

(3) 社内ビジネス・プロセス

自社の戦略と社内の仕事の進め方（ビジネス・プロセス）がフィットしているかどうか，達成すべき目標を定めて評価を行う。一般的に，両者のフィットを分析するためには，内部バリュー・チェーン分析が用いられる（図9-4参照）。

図9-4　内部バリュー・チェーン分析のフレームワーク

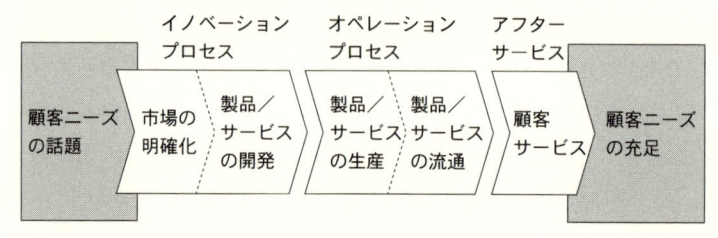

```
                イノベーション      オペレーション      アフター
                プロセス           プロセス           サービス

  顧客ニーズ   市場の   製品／     製品／   製品／   顧客    顧客ニーズ
  の話題     明確化  サービス   サービス サービス  サービス   の充足
                    の開発    の生産  の流通
```

（出所）　Kaplan & Norton (2000)，訳 p.134 より引用。

内部のバリュー・チェーンには，大きく3つのプロセスがある。1つは，イノベーション・プロセスであり，これは組織の部門が顧客の潜在的なニーズを汲み取り，それに合致した製品やサービスを作り上げるプロセスのことである。2番目は，オペレーション・プロセスであり，顧客から注文を受けてから納入するまでのプロセスのことである。3番目は，アフターサービス・プロセスであり，製品やサービスが顧客に納入された後の業務プロセスを指している。

この内部バリュー・チェーン分析の実施は，フィードバックだけでなく，将来的な業務プロセスのあるべき姿を検討する上でも重要である（Simons, 2000）。バリュー・チェーンを分析することによって，「その企業が長じるべき，まったく「新しいプロセス」を明示できる」（Simons, 2000: 訳 p.247）からであり，具体的に言えば，顧客ニーズの予測方法や新製品・新サービス開発の必要性の発見などが挙げられる。加えて，組織の将来的な発展可能性を生み出すイノベーションの視点を社内の業務プロセスと結びつけて分析す

ることにより，単に現在の業務プロセスと戦略とのフィットを知るだけでなく，将来的な発展可能性や課題を明らかにすることができるとされる。

(4) 学習と成長の視点

これまでの3つの視点についての分析から明らかになった課題点に基づき，組織内にケイパビリティ（能力）を構築していくプロセスを考えるのが，「学習と成長の視点」である。とりわけ，従業員教育と情報システムへの投資は重要な投資対象であるとされる。従業員に教育をすることの主な目的は，実際に業務を遂行する能力を組織的に構築することにある。そのために，顧客に関する指標と同様，従業員に対しても具体的に従業員満足度，従業員定着率，従業員教育，従業員能力などについて指標を設定して評価を行う。従業員の満足度と顧客満足度の間には相関関係があるため，高い顧客満足度を維持することは，従業員の仕事への満足度を高めることにつながり，定着率を上げることになる。その結果，顧客満足度が高まるという良循環につながる。それと同時に，従業員に適切な情報を提供するために，情報システムの構築をすることが重要であるとされる。

以上，BSCの4つの指標について見てきた。これら4つの視点に基づく指標が，戦略と整合性を持ってバランスすることは，企業の長期的な発展にとって欠かせない視点であると言えるだろう。なお，具体的に戦略から各指標を特定するプロセスには，戦略マップ（strategy map: Kaplan & Norton, 2004）が使用され，各4つの視点がどのように結びついているのかを図式化し，因果関係を明らかにして，具体的なアクション・プランに仕上げていく。

こうした一連のBSCの考え方から分かることは，マネジメント・コントロールの考え方が，より一層深まってきていることであろう。戦略に対して適切な指標を設定すること，実際の業務プロセスと財務的な成果との関係を明らかにすることは，旧来のマネジメント・コントロールの考え方の比較的直線的な発展形態であると言えるが，業務プロセスからのフィードバックを戦略に反映させていく組織学習の視点は，これまでのマネジメント・コント

ロールの研究の中では明確に打ち出されていなかった。こうした視点を盛り込むことにより，組織メンバーは，単に戦略をトップから委託されて実行するだけでなく，必要に応じフィードバックを通じて，戦略を刷新する主体としても捉えられているという点で，大きな視点の進展が見られる。

2. Simons の統制レバー概念

戦略を刷新することをより直接的に論じたのが，Simons (1995, 2000, 2005) の統制レバー（control lever）のフレームワークである。サイモンズ（R. Simons）は，経営戦略論において戦略の実行過程から新しい戦略が生じてくる側面の重要性を創発的戦略（emergent strategy）の概念を打ち出して主張したミンツバーグ（H. Mintzberg）の弟子である。Simons はマネジメント・コントロール・システムに，旧来の戦略をトップダウンで組織メンバーに実行させていくだけでなく，創発的戦略を適切に取り入れるシステムにしていく必要性をこの統制レバーのフレームワークの中で提唱している。

Simons の基本的な視点は，組織メンバーが新しい製品やサービスを生み出したり，組織プロセスを改善するなどといったイノベーションを起こす活動とコントロールという相矛盾する命題を実現するマネジメント・コントロールを実現することにある。一般的に，大幅に権限が委譲され，活用できる資源の幅が大きければ大きいほど，組織メンバーは自由な行動を取ることができる。しかし，そうした自由度が極度に高い場合，組織全体の戦略の実現はおぼつかなくなってしまう。逆に，過度に既存の戦略の実現のために，組織メンバーの権限を限定してしまった場合，イノベーションが抑制されるため将来的な発展可能性が阻害される。つまり，イノベーションとコントロールはトレードオフの関係にあり，両者には緊張関係（tension）が存在している。従って，これをどのようにうまくバランスさせていくのかがマネジメント・コントロールの目的であると Simons は考えるのである。

この統制の幅を調整する上で，具体的な指標として，Simons は理念体系，境界体系，診断型統制システム，対話型統制システムを挙げている。以

第9章 マネジメント・コントロール 203

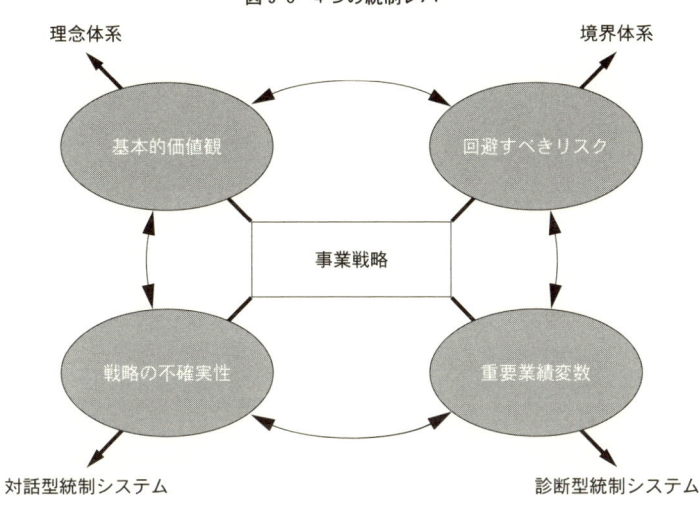

図9-5 4つの統制レバー

理念体系 ← 基本的価値観 ⇄ 回避すべきリスク → 境界体系

事業戦略

対話型統制システム ← 戦略の不確実性 ⇄ 重要業績変数 → 診断型統制システム

（出所）　Simons（2000），訳 p.387 より引用。

下ではそれぞれについて，説明を行う。
(1) 診断型統制システム
　診断型統制システムとは，意図された戦略が実際に実現されたかどうかを計画に沿って評価するシステムのことである。診断型統制システムでは，主に事業と個人の双方の目標達成度を従業績変数の設定を行い評価する。もし目標達成度が低い場合は，目標設定に問題がある場合と，環境変化などの外的な要因の場合の双方が考えられる。このような場合に，組織メンバーのイノベーションを発揮する必要性を見つけることができるのは，この診断型統制システムが機能しているからである。
(2) 対話型統制システム
　創発的戦略を生み出すような組織の仕組みをつくることがこの統制レバーの目的である。創発的戦略とは実行段階から見いだされる様々なイノベーションのことである。この点で，意図された戦略の実行度合いを測定する診断型統制システムとは性格が異なる。戦略には，策定した段階と実行段階で

は，環境が変化したり，当初の段階で想定していた内容と実行してみて違うことに気がついたりと，様々に不確実性がある。この点を明確化するには，診断型統制システムが十分に機能することが前提であるが，その一方で，当初よりももっと良い方法が実行段階から見いだされることや，新たなイノベーションのきっかけが見つかることもある。対話型統制システムではこれらをうまく取り込む仕組みを考える。

(3) 理念体系

理念体系は，組織メンバーに対して，意図された戦略，創発的戦略の双方に影響を及ぼす。ミッションや信条（クレド）などで表明された理念は，組織メンバーに注意をする方向を示すという意味で統制的であるが，理念が成長への広がりを持つ内容である場合，イノベーションを促す側面もある。従って，適切な理念体系の設定は，意図された戦略と創発的戦略を融合させる機能を果たす可能性がある。

(4) 境界体系

実現された戦略がある一定の範囲に収斂するように統制するのが，境界体系の設定である。具体的に戦略のポジションを定めることがその中でもとりわけ重要である。境界体系を定めなければ，経営資源が拡散し，企業資源が浪費されてしまう危険性がある。また，戦略のポジションを定めることにより，組織メンバーが境界を外れた行動を取ることが抑制される。

以上4つの統制レバーは，いずれも先に述べたイノベーションとコントロールという2者の間に働く緊張関係に関するものである。新しい製品やサービスが十分に生み出されなくなったり，顧客のセグメントが限定されすぎたりしているなどの問題が生じている場合は，過剰に境界体系が厳密化されている可能性が考えられる。その場合，対話型統制システムを機能させる仕組みを作り，戦略的イノベーションを促すなどの方策が考えられる。マネジメント・コントロールのシステムに，こうした組織内で生じるイノベーションを取り込む仕組みを示した点で，Simonsの統制レバーの概念は大きな特徴がある。

IV. まとめ

　本章では，マネジメント・コントロールの考え方とその具体的な手法について，Anthony，伊丹，Kaplan & Norton，Simons の議論を取り上げて検討してきた。アンソニーは，戦略とオペレーションの間に，マネジメント・コントロールの領域を発見し，戦略を実現していくシステムとしてマネジメント・コントロールを定義した。伊丹は，このアンソニーのフレームワークにエイジェンシー・モデルを応用し，モニタリング・システムとインセンティブ・システムを通じて，マネジメント・コントロールを実現する枠組みを示した。これらの概念は，トップダウン型で戦略を組織メンバーを通じて実現させていくマネジメント・コントロールの考え方であったと言えよう。

　一方，Kaplan & Norton の BSC や Simons の統制レバーでは，トップの戦略と実際の組織プロセスとの相互作用を通じた戦略的イノベーションが多分に意図されている。BSC では財務と非財務の双方から問題点を抽出し，組織能力の構築を行うフレームワークを示し，統制レバーの概念では，創発的戦略をうまく取り込む仕組みを考えることの重要性が示唆されている。

　こうしたマネジメント・コントロール論の展開は，経営戦略論の考え方の変化とも大きな関係がある。経営戦略論においても，トップダウン型の経営戦略論から，徐々にボトムアップ的要素や組織プロセスの視点を盛り込んだ研究が展開されるようになってきている。その点からすると，経営戦略論研究とマネジメント・コントロール研究は非常に近い問題関心を持ちながら研究展開をしてきていることが分かるだろう。

【さらに学習するための文献】
稲盛和夫『アメーバ経営―ひとりひとりの社員が主役―』日本経済新聞社，2010 年。
横田絵里『フラット化組織の管理と心理』慶應義塾大学出版会，1998 年。
Simons, R. (2000), Performance measurement and control systems for implementing strategy, Upper Saddle River, N.J.: Prentice Hall.（伊藤邦雄監訳『戦略評価の経営学―戦略の実行を支える業績評価と会計システム』ダイヤモンド社，2003 年。）

第10章
文化と国際化

I. 文化概念の意義

　本章は，近年の組織研究において重要性を増しつつある文化概念を用いたアプローチを検討する。組織文化（organizational culture）については必ずしも統一された見解があるわけではないが，文化は組織に共有された価値であるとともに，組織の安定装置（stabilizer）あるいは保守的力（conservative force）として位置づけられるとともに，組織メンバーを結合する役割を果たし組織行動を予測可能にするという意味で内的統合の機能を保持するほか，戦略論の文脈からすれば組織の外部の認知パターンを収斂するという意味で外的適合の機能をも有するものといえる（Schein, 1985）。こうした文化の捉え方を基底に置きながら，本章では文化概念を論じるにあたり，近代組織論にさかのぼるとともに，組織風土論との対比，1980年代以降の戦略論や多国籍企業論との関わりから文化研究を整理・検討する。

II. 組織の価値的側面の源泉

　組織文化研究における価値的側面の源泉は，近代組織論の文脈にみることができる。
　Simon（1945；1976）は，テイラー（F. W. Taylor）を基礎とする伝統的管理論を批判しながら，人間の実践的行動は「決定すること」（deciding）と「行為すること」（doing）の2つの要素を含むものであり，両者は完全に結びついているだけでなく，組織のいたるところに見られる組織行動であ

ると述べた。彼は両者の連鎖を意思決定ととらえ，そのプロセスの探求は管理論に不可欠であるとともに，すべての組織行動は意思決定者が物理的に可能なすべての行動からある特定の行動を，「意識的または無意識的に選択することが伴う」(1976: p.3, 訳 p.5) としている。これにより，意思決定を通じた組織における個人の心理的統制の方法を探求するのであった。

また Simon (1945 ; 1976) は，意思決定プロセスを諸前提から結論を引き出す過程として捉え，「価値前提」(value premise) と「事実前提」(factual premise) という2つの決定前提 (decision premise) を示した。価値前提とは，主に目的に関係するものであり，「べきである」「良い」「好ましい」といった倫理的要素を含み，主観的であり，経験的あるいは合理的にその正しさをテストすることができない命題とする。対する事実前提は，主に手段に関係し，真実か虚偽か，実際に起きるか否かをテストすることが可能な命題を指しており，その基底には経験的に観察可能な事実や状況に対し，操作可能な用語，理論体系による概念定義を重視する論理実証主義が貫かれていた[1]。

一方，近代組織論ではサイモン (H. A. Simon) に先立って Barnard (1938) が，意思決定を「戦略的要因」(strategic factor) を中心に据えた機会主義の理論と，組織目的につながる「道徳的要因」(moral factor) に基づくものとに区分した。戦略的要因とは Simon の事実前提に呼応するものであり，その要素を削除あるいは変化させることで目的が達成可能な要因，あるいはもともと情況の集合体の中に欠落している要因であって，意思決定の心理的環境を支配する中心的要素とされる (1938 : pp.202-203, 訳 p.212)。一方の道徳的要因とは，Simon の価値前提に呼応するものであり，管理者の創造職能が問題とされる意思決定において，倫理的要素として働きかけるものとしている。

そもそも Barnard (1938) によれば，組織目的や組織的行為は非人格的なものであり，当該組織において個人は「組織人格」(organization personality) により決定を下すことを示した (p.187, 訳 p.196)。私的人格が介入する意思決定は，組織へ貢献するか否かを能率の基準，すなわち個人の動機に照ら

し合わせ，組織が与える誘因との比較考量により選択する際に行われるとしている。こうした人格の二元論はSimon，マーチ（J. G. March）へと受け継がれる近代組織論の根底に共通するものといえる。しかしながら，創造職能が問題となる意思決定においては，「リーダーの見地から見て個人準則と組織準則とが，一致しているという『確信』の要因を必要とする」（Barnard, 1938: p.281, 訳書 p.294）としており，組織人格と個人人格との統合を条件に挙げている。ここでの「個人準則」（personal codes）は個人人格に基づくものであり，「組織準則」（Organization codes）は組織人格に基づくものである。確信の要因とは，換言すれば組織と個人という2つの人格から準則を擦り合せ，普遍性をテストするという心的過程により現れる信念であり，その際の決定前提を「道徳性」（morality）と呼称するのであった。このように近代組織論の文脈に文化という表現はみられないが，組織目的の達成において価値の取り扱いが立ち現れており，Simonの価値前提，Barnardの道徳的要因あるいは道徳性にその源泉をみることができる。

　一方でSimon（1945；1976）は，人間行動は与えられた環境の制約のもとで行われるため，この環境を管理者は注意深くコントロールすることにより，組織目的の統合を図る必要があるとしている。こうして彼は組織における心理的環境（psychological environment）の統制による管理論を試みるのであり，そのメカニズムとして，計画立案により意思決定のハイアラーキーの網を確立すること，忠誠心（loyalties）を組織メンバーに内面化させる影響の過程が検討される。

　組織における目的－手段（end－means）の連鎖は意思決定の配分と責任の割当によってハイアラーキーを成すため，下位組織にとっての目的はより上位の組織にとっての手段となり，中間目的から組織の上位目的へ近づくほど価値的比重が高まる。もっとも，多くの中間目的は組織全体からすると手段にすぎないが，この中間層における管理的決定に伴う目的は事実的命題として取り扱うことが可能であり，正しさを確定できない言明においては，「所与とされる倫理的前提から出発しなければならない」（Simon, 1976: p.50, 訳 p.61）としながら，価値的命題を退け，事実的命題を扱う管理の理論が

構築される。こうして意思決定プロセスは，所与の目的に対する手段の合理的選択の過程として位置づけられるとともに，価値前提と事実前提を分離すべく，「手段－目的」に代えて「代替的選択肢－結果」（alternatives－results）の体系として確立されるのであった。

　このようにSimon（1945；1976）は価値的命題を退けたものの，それが及ぼす統制された組織内環境については言及している。彼によれば，人間の行動が動物のそれと異なるのは主に順応性（docility）を保持する点にあり，その特徴として，過去の経験により代替的選択肢に対応する結果を予測する学習（learning），過去と同様の問題が発生した場合に脳の貯蔵庫から情報を引き出す記憶（memory），過去と同様の状況が生じた際に適切な行為を意識的に回顧することなく行動する習慣（habit）を示す。実際の組織メンバーの意思決定の多くは習慣的であり，刺激－反応型（stimulus-response pattern）の意思決定の統制を主張するのであった。これは，ある状況において限られた側面にのみ注意を絞らせることにより，他の側面から組織メンバーの注意を排除させる効果をもつのであり，こうした刺激－反応型の意思決定の範囲を「受容圏」（area of acceptance）と呼称した。この用語はBarnard（1936）による「無関心圏」（zone of indifference）から援用されたものではあるが，組織が意思決定のハイアラーキーを成すというSimonの言明に従えば，上位の管理者の価値前提が反映された決定を下位の組織メンバーが受容する心的世界を示すものであり，その拡大こそ管理に不可欠であるとの主張であった。こうしたSimonの心理的世界によるコントロールという着想は，後の組織文化研究で取り扱われる共有された価値による内部統合の先鞭といえよう。

III．組織風土論とその特徴

　主に1960～1970年代に盛んにみられた組織風土（organizational climate）研究は，もともと計量心理学の分野で開発されたため，モチベーションや職務満足の独立変数として取り扱う研究が主流であり，マクロレベルの組織研

究では組織風土を外部環境，組織構造，組織プロセスなどの従属変数とし，個人・集団レベルのパフォーマンスの独立変数の一つとして取り扱う研究がみられる（野中ほか，1978）。

その基底には，Lewin (1951) によって示された「心理的な雰囲気」(psychological atmospheres) や Lippitt & White (1958) が提示した「社会的雰囲気」(social atmospheres) といったように，リーダーシップによってもたらされる場の特性に関する記述があった。たとえば Lewin (1951) は，雰囲気ないし風土というものは科学的に記述が可能な事実であるとともに経験的事実であると主張した（p.241, 訳 pp.232-233）。これら心理的な雰囲気は人 (p) と環境 (e) とを結びつける一つの不可欠であり，かつ機能的なかすがい (link) であると捉えることができる (Litwin & Stringer, 1968: p.37, 訳 p.37)。

定量的調査で先駆的な Litwin & Stringer (1968) は，それまでのモチベーションおよびリーダーシップに関する理論と，当時立ち上がったコンティンジェンシー理論 (e.g., Burns & Stalker, 1961; Lowrence & Lorsh, 1967) を風土概念によって接合することを試みた。彼らの描くモチベーションを決定する主観的モデルによると，組織は外部環境によって組織構造や技術，リーダーシップスタイルといった背景の制約 (background con-

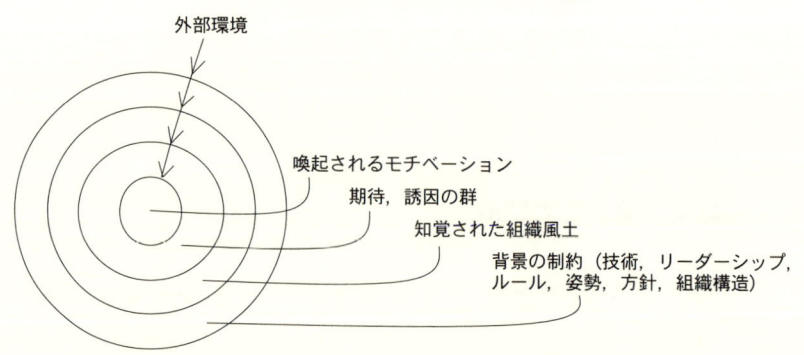

図 10-1 組織風土とモチベーションとの関係

外部環境
喚起されるモチベーション
期待，誘因の群
知覚された組織風土
背景の制約（技術，リーダーシップ，ルール，姿勢，方針，組織構造）

（出所）　Litwin & Stringer (1968), p.43, 訳 p.42 をもとに作成。

straints) によって影響を受けることから，組織のシステム特性が組織風土を生み出すと仮定されている（図10-1）。さらに知覚された組織風土は，個人の期待や誘因の群へと影響を及ぼし，最終的に個人に特定のモチベーションの傾向を喚起すると捉えられている。ここでは，フィードバックや相互作用のパターンは示されていないが，組織風土とは，客観的な現象が通過しなければならないフィルターと位置づけられている（pp.42-43，訳 p.43）。

当初，Litwin & Stringer (1968) は風土の 7 次元仮説を提示している（pp.67-68，訳 pp.68-69）。これは，基準や手続きなどを示す構造 (structure)，責任を取ることへの期待を示す責任感 (responsibility)，職務や作業環境に対する危険負担 (risk)，職務で成果を上げれば報いられるという報賞 (reward)，仲間意識等を示す暖かさと支持 (warmth and support)，異なる見解とこれを恐れない対立 (conflict)，そして期待される信賞 (expected approval) であった。彼らは GE の管理者・人事専門家および軍隊等のほか，MBA 学生などに質問紙票調査を行い，その結果を因子分析等によって検討している。なかでも期待される信賞を除く 6 次元とモチベーション（達成，親和，権力に 3 区分したもの）の相互関係については，構造の次元が高い組織では達成欲求と親和欲求が減少するものの権力欲求が喚起されること，対立の次元が高い組織では達成欲求と権力欲求が喚起されるが，親和欲求は減少する傾向を指摘した。これら一連の結果を踏まえ，さらに彼らは標準 (standards) と一体感 (identity) という測定尺度を追加するなどし，最終的に 9 次元からなる枠組みへと改良している（表10-1）。

このほか，組織風土の測定尺度としては，Payne & Pheysey (1970) が OCI (the organizational climate index) を営利組織向けに改訂した BOCI (the business organizational climate index) などがあり，そこでは組織進歩性ないし開発圧力，および規範的統制ないし規範的統制圧力の 2 次元を抽出するなどの試みがみられるものの，これらはパラダイム・フリーのもとでの次元開発であるとされる（野中ほか，1978）。

また組織風土の概念は，メンバーの知覚であることからすると既存の職務満足や職務態度などの尺度と実質的に重複することが指摘されている（藤

表 10-1　組織風土の次元

次元	内容
構造	組織メンバーが組織の制約について抱いている感情
責任	「自分が自分のボスである」という感情
報賞	成績を上げた職務に対し報いられるという感情
危険負担	仕事や組織のなかでの危険および挑戦についての意識
暖かい雰囲気	仕事グループの雰囲気に行き渡った，仲の良い仲間関係にあるという感情
支持性	管理者やグループの他のメンバーから援助があることの自覚
標準	暗黙あるいは明確な目標と業績基準に対する重要性の自覚
対立	管理者や他のメンバーが異なった見解を聞きたがっているという雰囲気
一体感	会社に帰属し，チームの重要なメンバーであるという感情

（出所）Litwin & Stringer (1968), pp.81-82, 訳 pp.81-82 をもとに作成。

田，1990)。もともと風土概念の定義は多様で，従業員のモチベーションや行動に影響をもたらす一連の仕事環境の特性 (Litwin & Stringer, 1968)，あるいは組織の方針，慣例，手続きなどについての共有された知覚 (Reichers & Schneider, 1990) といったように，論者によって仕事環境の特性なのか，組織メンバーの知覚なのかがあいまいな点もみられる。これは，心理学的実証分析を志向することから，操作可能性に力点を置いて概念化される傾向にあったため，充分な風土概念のパラダイムに関する議論が行われなかったことが背景にあり，その後の理論展開を閉塞させる要因の一つとなったとされる（野中ほか，1978)。また組織文化論と，組織風土研究とを連続的なものと取り扱うか，非連続なものとして取り扱うかでも諸説がみられる（藤田，1990)。

IV. 文化の定義と「強い文化」

組織風土論と対照的に組織文化論は，定性的研究に比重が置かれる傾向がみられるとともに戦略論等の文脈との接合が行われてきた。また組織文化論は，文化人類学の諸研究を踏まえながら概念化が進められた。この領域では文化概念を，行為や加工品に顕在化する社会を特徴付ける慣習的了解

(Redfield, 1941），あるいは，人間集団の成員の行動に影響をおよぼす期待，了解，信仰，同意などを含むもの（Bock, 1974）とする定義がみられる。これらを踏まえ，高橋（1998）は次の 10 の事項に集約している（pp.67-68）。

(1) 文化は，あらゆる社会に存在するもので，文化のない社会も文化のない人間もいない。
(2) 文化は，人間の相互作用によって生ずる。
(3) 文化は，人間の行動に影響をおよぼす。
(4) 文化は，特定の社会・集団の成員によって共有される。
(5) 文化は，シンボルを通じて学習され，伝承される。
(6) 文化は，その中核において価値，信念，意味のシステムとして理解される。
(7) 文化は，人間に行動準則（準拠枠）を提供する。
(8) 文化は，人間において意識的あるいは無意識に存在する。
(9) 文化は，観念，規範，イデオロギーという無形のものから顕在化した芸術，行動様式なども広く示す。
(10) 文化は，単一ではなく複数のものが一体となった複合体であると理解されるほか，内部には同質性を，外部には異質性をもたらす。

このように文化は価値，信念，意味のシステムであり，組織メンバーに準拠枠を提供するものといえる。そもそも 1980 年代に組織研究に文化概念が持ち込まれる契機となったのが，企業文化（corporate culture）を取り扱う一連の研究であった。そこで共通するのは，企業の基本的な価値観と信念を伝達する一連のシンボル，儀式や儀礼，神話からなる社会的構成物とみる視座である（e.g., Ouchi, 1981: Deal & Kennedy, 1982）。

なかでも Deal & Kennedy（1982）は，企業文化は市場環境に適応するために醸成されるとしながら，およそ 80 社を俯瞰するなかで優良企業は強い文化（strong culture）をもつことを提唱した。強い文化とは日常，社内でいかに行動すべきかを明確に示すものであると同時に，非公式な決まり事

図 10-2 強い文化のパターン

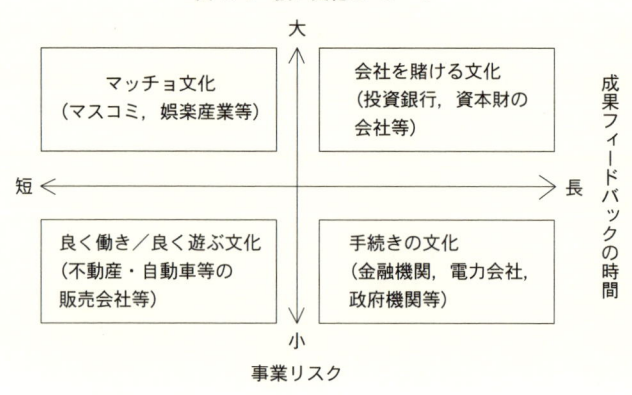

	短 ← フィードバック → 長	
大 ↑ 事業リスク ↓ 小	マッチョ文化 （マスコミ，娯楽産業等）	会社を賭ける文化 （投資銀行，資本財の会社等）
	良く働き／良く遊ぶ文化 （不動産・自動車等の販売会社等）	手続きの文化 （金融機関，電力会社，政府機関等）

成果フィードバックの時間

（出所）Deal & Kennedy (1982), pp.108-127, 訳 pp.151-177 から作成。

のシステムからなり，そのもとで組織メンバーは自らが何をすべきかを瞬時に意思決定することが可能になるとしている。そこでは文化，すなわちシンボルを操作することが管理者の役割であり，「我々は特別だから成功する」といった自発性を植え付けると同時に，英雄や儀式と儀礼，社史の語り部などによるインクリメンタルな強化を行わねばならないとする。また彼らは強い文化のパターンを4つに分類する（図10-2）。

Deal & Kennedy（1982）が強い文化を分類する際に用いたのは，事業における成果のフィードバックの時間と事業リスクであった（p.107, 訳 p.150）。彼らによると，フィードバックの時間が短く事業リスクの大きい組織では，個人主義，スピード，ギャンブル性，タフな英雄といった価値（マッチョ文化）を有する傾向にあり，同様に事業リスクは大きいものの，フィードバックの時間が長い場合，慎重さや集団による分析決定，情報重視といった価値（会社を賭ける文化）をもつとしている。また事業リスクは小さいが，フィードバックの時間が短い組織ではスタミナや努力，集団の一体感に価値が置かれ（良く働き良く遊ぶ文化），同様に事業リスクは小さいがフィードバックの時間が長い場合，手続きと細部の正しさ，技術的完璧さ，慣例重視の価値基盤（手続きの文化）を有するとしている。

また，Peters & Waterman (1983) は，超優良企業を観察する中で，その特徴として共有された価値 (shared values) の存在を指摘した。彼らによれば，超優良企業の競争力は機構 (structure)，戦略 (strategy)，熟練 (skills)，制度 (system)，従業員 (staff)，経営の型 (style) にあり，これらを統合するのが共有された価値，すなわち企業文化であるとしながら，7つのSに集約が可能とした (pp.9-11, 訳 pp.40-41)。これら一連の企業文化研究は，主にボストン・コンサルティング・グループによるものであり，尺度や分類，構成要素について必ずしも緻密さを伴ったものではなかった。とはいえ，企業の業績と文化に関連性を見出し，戦略との関係で文化を捉える視点を提示したという意味での貢献は大きく，その後の組織文化研究 (e.g., Denison, 1990: Kotter & Heskett, 1992) に少なからずの影響を及ぼしている。

なかでも，Kotter & Heskett (1992) は強い文化と高業績との関係を207社の米国企業を対象に定量的に調査したが，両者に有意な関係を見出すことはなかった (p.141)[2]。強い文化を備えた企業であっても，あくまで結果としての行為が各々の特定環境に対する経営戦略に適合した場合にのみ業績に対してプラスに寄与しうるのであり，企業の製品－サービス市場，金融市場，労働市場の需要への適応が何よりも重要であるとしている。換言すれば，今日の高業績を生む鍵は変化の激しい競争環境に適応的な企業文化 (adaptive corporate culture) にあり，そこでは多くの管理者によって顧客，株主，従業員に対する深い配慮が中心的な価値として置かれる (Kotter & Heskett, 1992: p.143)。

V. 文化の機能

一方で，組織心理学の視座から組織文化論を精緻化したのが，マサチューセッツ工科大学のSchein (1980, 1985) であった[3]。彼によれば組織文化とは，「ある特定のグループが外部への適応や内部統合の問題に対処する際に学習し，グループ自身によって創られ，発見され，発展させられた基本的仮定のパターン」 (1985: p.9, 訳 p.12) という。文化とは組織メンバーを結

図 10-3　文化のレベルと相互作用

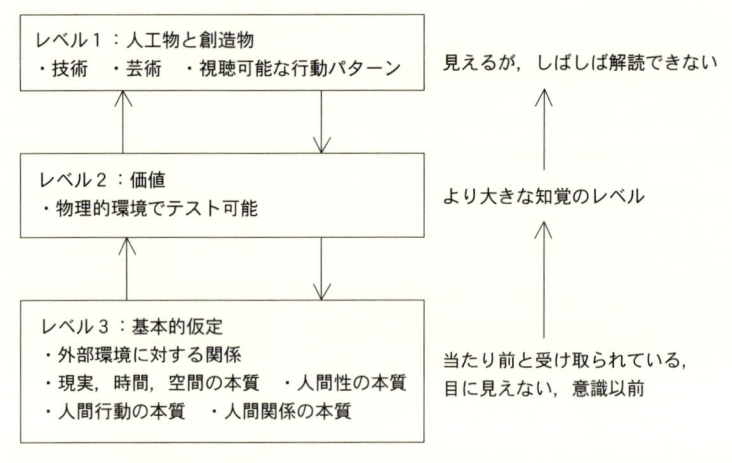

```
┌─────────────────────────────────┐
│ レベル 1：人工物と創造物           │   見えるが，しばしば解読できない
│ ・技術　・芸術　・視聴可能な行動パターン │
└─────────────────────────────────┘
         ↑↓
┌─────────────────────────────────┐
│ レベル 2：価値                    │   より大きな知覚のレベル
│ ・物理的環境でテスト可能           │
└─────────────────────────────────┘
         ↑↓
┌─────────────────────────────────┐
│ レベル 3：基本的仮定               │   当たり前と受け取られている，
│ ・外部環境に対する関係             │   目に見えない，意識以前
│ ・現実，時間，空間の本質　・人間性の本質 │
│ ・人間行動の本質　・人間関係の本質   │
└─────────────────────────────────┘
```

（出所）　Schein (1980), p.4。

束させる「糊」であり，オフィスレイアウトから新参者に教えられる人間関係のルール，イデオロギーや理念など多様な要素からなるものの，これらを大別すると，3つのレベルに集約することが可能とされる（図10-3）。

　レベル1　人工物と創造物（artifacts and creations）：最も文化がよく見えるレベルであり，組織メンバーは常に自ら観察することが可能となる。ここでは，組織の生産・加工技術や製品・サービス，ロゴデザイン，従業員の行動パターンなどを示す。

　レベル2　価値（values）：従業員間で共有される意識のレベルである。もともとは「どうあるべきか」という創業者などの個人の信念から生じる。例えば，そうした信念に基づく解決策が成功することによって，従業員にあるべき姿への確信をもたらす。信奉された価値は，物理的，社会的にテストが可能となる。

　レベル3　基本的仮定（basic assumptions）：従業員間で，当たり前のことと考えられている暗黙の仮定（implicit assumptions）を示している。無意識のレベルであり，顕在化させることが難しい段階である。組織における時間や空間，人間性を理解する際の前提であり，人間行動や人間関係にお

ける本質となるものとしている。

　Schein（1985）によると，これらの3つのレベルは相互に作用するとともに，組織が抱える外的問題，内的問題に応じて発達するのであり，組織メンバーの学習によって強化されたり，失敗を重ねることによって弱められたりと，強度は変化するとしている。もっとも彼の示した文化レベルのうち，客観的な測定が可能なものは，レベル1および2と捉えられる（藤田，1990）。このレベルは，組織風土研究の測定対象に呼応するものであるが，レベル3の基本的仮定については定量的アプローチについての限界があるといえる。

　さらに，Schein（1980, 1985）の一連の組織文化研究は，文化の機能と管理上の課題を組織の外的適合（external adaptation）と内的統合（internal integration）とに区分，明示している点で有用である。

　Schein（1985）によれば，いったん文化がレベル3の段階で形成されると，組織の外部の何を知覚し，どう認識するかに影響をおよぼし，事業の選択あるいは製品・サービスの成功や失敗をどう理解し，いかに処理するかなどの差異を生じさせるという。そこでの管理上の課題となるのは，① 使命と戦略の共有，② 目的の合意，③ 手段の合意，④ 測定方法の合意，⑤ 戦略の修正の合意，という5つの事項に集約される（表10-2）。

　また文化は，内部にコンセンサスやコミュニケーションシステムを形成するほか，好ましい一体感，イデオロギーを創出し，権力の階層，賞罰の制度

表10-2　外的適応の管理課題

使命と戦略の共有	生き残る方法，中心的な使命，第一義的責務を共有する段階。製品戦略に影響する
目的の合意	使命感という抽象的なものを具体的な目的に落とし込む段階。費用や時間について合意を形成する
手段の合意	作業分担，報奨制度，組織編制，権限の仕組みなど，目的達成のための合意を構築する段階
測定方法の合意	成果の測定基準についてのコンセンサスを形成する段階。情報収集の方法と選択基準が精査される
戦略の修正の合意	計画が目標どおりでないとき，どう対処するか。危機的状態への対処の仕方を共有する段階

　（出所）　Schein（1985），pp.52-65，訳 pp.68-83 をもとに作成。

表 10-3　内的統合の管理課題

共通言語，意味空間の構築	組織メンバーが意思疎通し，理解し合うための意味空間の形成を示す。内部の者しか理解できない専門用語の体系化など
組織の境界線の合意	誰が組織に適するか否か，「仲間」になるための基準の了解。学歴，能力，意欲などにより，好ましい一体感を形成する
権力や地位の差異の基準	年功か，成果かというように，権力や権限の配分の仕方や，階層を作る過程からなる。生物的本質で，攻撃性や支配欲が底流にある
同僚間の関係の基準	男女の役割，友情や異性間の問題などのルールについての合意。チームワークか，個人主義か
賞罰の分配の基準	賞罰のルールは最も重要な文化的特徴となる。報奨制度は金銭的か，名誉か。英雄的行動と罪深い行動に表れる
イデオロギーの本質	深刻な危機や大転換の際，組織が過去にどのように対処し，生き残ったか。神話や物語によって明示される

（出所）　Schein（1985），pp.65-82，訳 pp.83-104 をもとに作成。

などをもたらすという。そこでの管理上の課題は，① 共通言語や意味空間の構築，② 組織の境界線の合意，③ 権力や地位の差異の基準，④ 同僚間の関係の基準，⑤ 賞罰の分配の基準，⑥ イデオロギーの本質，にあるとした（表 10-3）。そして組織文化は，不確実性に直面するときに経験する不安を低減するという基本機能を果たすとしている（Schein, 1985: p.82, 訳 p.105）。

VI. 国際化と文化

　経営のグローバル化により，異文化マネジメントがクローズアップされるようになっている。異なった文化に属する人々にはどのような差異が生じるのであろうか，またその差異はどのような管理上の諸課題を内包するのであろうか。
　国家レベルの文化の差異について，生物学や生理学的知見をもとに解明を試みたのが，文化人類学者の Hall（1966）である。彼は，異文化に属する人々は違う言語を話すだけでなく，もっとも重要なことに，異なった感覚世界（sensory worlds）に住んでいるとしている（Hall, 1966: p.2, 訳 p.5）。このため，ある文化の型の知覚スクリーンを通して受け取られた体験は，他

の文化の型のスクリーンを通して受け取られた体験とはまったく異なるのであり，こうしたフィルター・スクリーニングの差異がコミュニケーション・ギャップを生じさせる要因となることを指摘した。また，文化の体系は人間の行動を根本的に異なった型にはめるとしながら，その源泉としての人間の感覚装置を2つのカテゴリーに大別する（Hall, 1966: p.41, 訳 p.63）。

(1) 遠距離受容器（distance receptors）：遠く離れた対象の検知に関与するもの。目や耳，鼻が相当する。

(2) 近接受容器（immediate receptors）：近接した世界の検知に用いられるもの。皮膚や粘膜，筋肉から受ける触覚の世界。

遠距離受容器によって知覚されるものにはそれぞれ，視覚空間，聴覚空間，臭覚空間があるのに対し，近接受容器によるものに，温度空間，触覚的空間があるという。異文化に属する人々は，無意識のうちに各々の受容器があるタイプの情報を遮断し，他のタイプの情報に注意を払うことを学ぶようになる（Hall, 1966: pp.44-45, 訳 p.67）。その結果，特定の感覚世界が形成され，ある受容器を重要視する傾向も生まれるとしながら，西洋人にとっての視覚的境界は公私の距離を設定するのに対し，アラブ圏では臭覚的境界が相手との距離設定の機構を担うとしている（Hall, 1966: p.160, 訳 p.222）。

さらに Hall（1966）によると，コミュニケーションの歪みは文化に起因する空間認識の差異にあり，欧米や日本，アラブ圏を例に挙げながら，このことを理解することの重要性を説く。これは，たとえばアメリカ・ビジネスのオープン・ドア式とドイツ・ビジネスのクローズド・ドア式に見て取れるとしながら，オフィスの自室のドアを開放することはドイツ人にとってむき出しになっていると感じるのであり，事業全体に著しく緩んだ非能率的な空気を生じさせる。これに対し，アメリカ人にとって相手の部屋のドアが閉じられた状態が意味するのは，その場所で何かが企まれ，阻害されている感覚を与えるに他ならないとしている（Hall, 1966: p.136, 訳 p.189）。

また Hall（1966）は，「人間は文化というメディアを通してしか，意味ある行為も相互作用も行うことはできない」（p.188, 訳 p.259）とする。もともと，自然な状況のもとで能動的に人間が視覚を利用する際，2人の人物が

正確に同じものを見ることはなく，各自の周りの世界とすべて同じように関わっているのではないという。同じ文化に属する2人の人間の感覚世界は，異なる文化に属する2人の間の差よりも小さいにすぎないのであって，ある特定の感覚世界を別の感覚世界へ翻訳することは不可能であり，人間はどのように努力をしても自己の文化から抜け出すことはできないとしている。このように生理学的見地からすれば，異文化間の管理のハードルは極めて高いものであり，感覚世界の相違を認識することが円滑なコミュニケーションを図るうえでの第一歩といえる。

一方で，日米の文化の差異を踏まえながら，組織モデルの比較研究を行ったのが，Ouchi（1981）である。彼は当時の日本企業の高い生産性の伸び率に着目し，日米企業間には規模や権限の集中化，部門の数やスタッフとラインの関係について大きな差異がみられないものの，管理の基礎となるメカニズムに違いを見出している。そこでは，組織が目的を達成するうえで基礎となるメカニズム，手続きを「セオリー」と呼称し，日米間の組織モデルの相違点を指摘している（表10-4）。

またOuchi（1981）は，米国企業では目標管理，プログラム・プランニング，評価，原価価値分析などの手段によってセオリーが明示されているのに対し，日本企業では経営の基本理念そのものの中にセオリーは包摂されていることを強調する（pp.40-41，訳pp.66-67）。このため，日本企業は基本理念の核心である組織の価値観や信念を共有し，いかに状況が変化しようと

表10-4　日米の組織モデルの相違

日本の組織	米国の組織
終身雇用	短期雇用
遅い人事考課と昇進	早い人事考課と昇進
非専門的な昇進コース	専門化された昇進コース
非明示的な管理機構	明示的な管理機構
集団による意思決定	個人による意思決定
集団責任	個人責任
人に対する全面的な関わり	人に対する部分的な関わり

（出所）　Ouchi（1981），p.58，訳p.88から作成。

も適切で具体的なルールや目標を自由自在に引き出すことができるという。その際，一連のシンボルや儀式，神話からなる社風（culture）を通じて日本企業のセオリーは，組織メンバー間に以心伝心となる（Ouchi, 1981: p.41, 訳 p.68）。こうして彼は，生産性の高い日本的ペーソスを持ち合わせながら成功する米国企業を探求する。これは，セオリーZの組織と呼ばれ，その中核となる価値観は「信頼」，「行き届いた気配り」，「親密さ」という3つの要素からなり，組織メンバーの部分的な関わりでなく全体志向の人間関係（wholistic relationships）に現れるとしている（Ouchi, 1981: p.54, 訳 p.85）。

VII. 多国籍企業と文化

　国家レベルの文化と組織レベルの文化が議論に混在するなか，その峻別と精緻化の必要性を説いたのがホフステッド（G. H. Hofstede）による一連の研究である（Hofstede, 1980, 1991; Hofstede & Hofstede, 2005）。
　Hofstede（1991）は，多国籍企業や EU 企業の部門間の調査・分析を通じて，一口に文化と言えども国家レベルと組織レベルとでは異なった現象を示すのであり，これを混同することは大きな誤解を招くとする。国家レベルの文化の差異は主に価値観の違いによるものであり，組織レベルのそれの多くは価値観というよりも日々の慣行（daily practices）についての見方が共有されていることにその中核があるという（Hofstede, 1991: pp.182-183, 訳 p.195）。また職業レベルでの文化の違いは，国家レベルと組織レベルの中間に位置し，ある職業に携わることによって価値観と慣行の両者が身に付くとしている。このように，彼は文化を国家，職業，組織という3層構造として捉える（図10-4）[4]。
　これら3つのレベルで，なぜ価値観と慣行のバランスの違いが生じるかについては，社会化あるいは文化の学習がどのような場で行われるかによって説明が可能とする。そもそも価値観は，幼少時に主に家族や隣人を通じて生活のなかで身につけられ，就学年齢に達すると学校が社会化の場となる。ま

図10-4 各レベルにおける文化の差異

レベル		社会化の場所
国家	価値観	家族
職業	慣行	学校
組織		職場

（出所）Hofstede (1991), p.182, 訳 p.194。

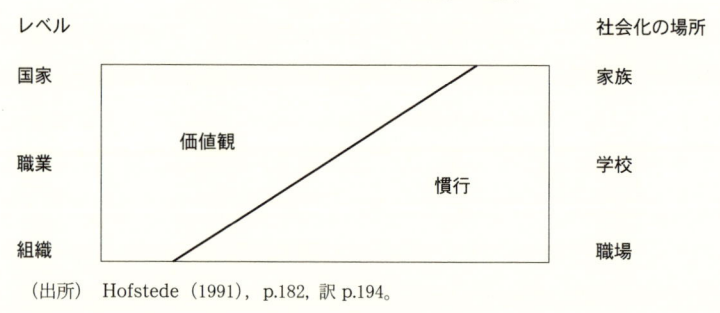

た成人期になるまでに職業に結びついた価値観を身につけるようになり，基本的な価値観のほとんどはプログラム化される一方，慣行は家庭や学校で身につけられる部分もあるが，多くは職場での社会化を通じて学習されるという。創業者や有力なリーダーの価値観が組織レベルの文化を形成することは疑う余地はないが，こうした文化は慣行を通じて組織メンバーに影響を及ぼすとしている。

さらに Hofstede (1980, 1991), Hofstede & Hofstede (2005) は主に IBM の各国法人への調査を通じて，国家レベルの文化における基本的な問題領域を統計的手法によって5つの次元に集約した。これは，(1)権力格差（power distance），(2)集団主義（collectivism）対個人主義（individualism），(3)女性らしさ（femininity）対男性らしさ（masculinity），(4)不確実性の回避（uncertainty avoidance）[5]，(5)長期志向（long-term orientation）対短期志向（short-term orientation）である（Hofstede & Hofstede, 2005: p.23, p.31）。

権力格差とは，それぞれの国の制度や組織において権力が不平等に分布している状態を予期し，受け入れている程度とされる（Hofstede & Hofstede, 2005: p.46）。これは依存関係に関する情報を提供するものであり，権力格差の大きい状況の下では，上司と部下はお互いに不平等な存在であると考えており，背の高い階層構造を形成する傾向がみられるという。分析結果として，相対的にラテン系諸国とアジア，アフリカ諸国で権力格差の値は高いこ

とを指摘している。

　集団主義対個人主義の次元は，個人主義の極として個人の時間，自由，やりがい等を，集団主義の極として訓練，作業環境，技能の発揮等とそれぞれ強い関係がみられ，個人主義の傾向はスウェーデンなどの欧州諸国や北米で強いとしている（Hofstede & Hofstede, 2005: pp.76-78）。個人主義的な文化のもとで，組織メンバーは自己の利害に応じて行動するものと考えられており，個人と組織の利害が一致するように組織化する傾向にあるという。ところが集団主義的な文化のもとでは，両者の利害は必ずしも一致せず，組織の利害のために自己を抑制することが一般に期待されるとする。そして，集団主義的な社会では人間関係が職務よりも優先される一方で，個人主義的な社会では職務が人間関係よりも優先されるとしている（Hofstede & Hofstede, 2005: p.103）。

　女性らしさ対男性らしさの次元は，男性らしさの極として給与，承認，昇進等があり，女性らしさの極として協力，望ましい居住地，雇用の保障等がみられるという。男性らしさを特徴とする社会では，社会生活のうえで性別による役割がはっきりと分かれており，女性らしさを特徴とする社会では男女の役割は重なり合う傾向にある（Hofstede & Hofstede, 2005: pp.118-120）。分析結果によると，男性らしさのスコアは日本，オーストリア，ベネズエラ等，女性らしさのスコアはスウェーデン，ノルウェー，オランダ等が高いとする。

　また不確実性の回避とは，ある文化のメンバーがあいまいな状況や未知の状況に対して脅威を感じる程度と定義されている。この感情は神経質になってストレスがたまること，あるいは成文化された規則や慣習的な規則を定めて予測可能性を高めようという欲求に現れ，それぞれの社会で感じられる不安の水準を表すとしている（Hofstede & Hofstede, 2005: p.167）。ラテンアメリカやラテン系ヨーロッパ，地中海諸国でスコアが高い傾向がみられるとしている。

　以上は，もともと Hofstede（1980）の IBM 研究で導出された次元であるが，5つ目の長期志向対短期志向の次元は，中国における価値観に関する

調査を通じて導かれたものであり，長期的志向の極は持続性や序列関係やその順守，倹約等，短期志向の極は個人的な着実さと安定性，「面子」の維持等によって構成されている。長期志向のスコアが相対的に高かったのは，中国や日本などのアジア諸国としている（1991, pp.165-167, 訳 pp.177-178）。

さらに Hofstede（1991）は，これら5次元のうち特に権力格差と不確実性の回避の2軸を用い，米国，英国，フランス，ドイツ，中国の5カ国をプロットすると同時に，「ある国の人々は自分たちの暗黙の組織モデルにうまく合うという理由から，あるタイプの組織形態を好む」（p.152, 訳 p.162）という仮定のもと，各国の選好する組織構造，調整メカニズム，組織形態の代表例を示している（図10-5）[6]。

Hofstede（1991）によれば，不確実性の回避の度合が弱く，権力格差の小さい英国では，サポートスタッフに重点を置いた任意制の組織形態を選好し，インフォーマルなコミュニケーションによる相互調整を図る傾向がみられるという。不確実性の回避の度合が弱く権力格差の大きい中国では，経営

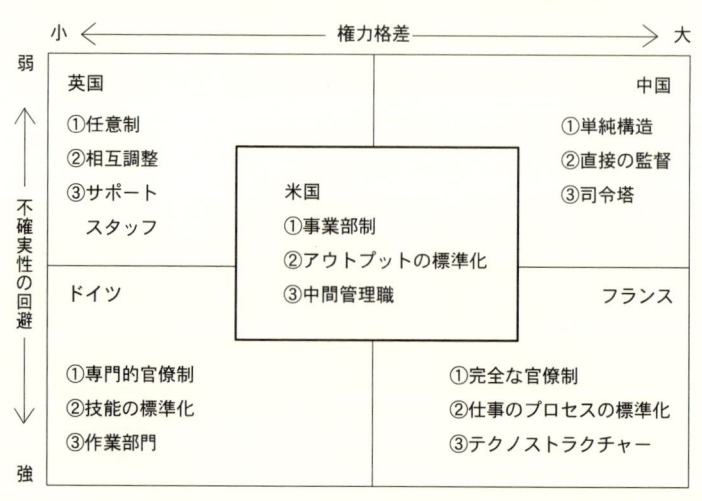

図10-5 権力格差－不確実性の回避のマトリクスと各国の組織形態の選好

	権力格差 小 → 大	
不確実性の回避 弱	英国 ①任意制 ②相互調整 ③サポートスタッフ	中国 ①単純構造 ②直接の監督 ③司令塔
	米国 ①事業部制 ②アウトプットの標準化 ③中間管理職	
不確実性の回避 強	ドイツ ①専門的官僚制 ②技能の標準化 ③作業部門	フランス ①完全な官僚制 ②仕事のプロセスの標準化 ③テクノストラクチャー

（出所） Hofstede（1991），p.152, 訳 p.162をもとに作成。①は組織形態の選好，②は調整メカニズムの選好，③は組織の重要な部門を示す。

トップを意味する司令塔に重点が置かれ，直接の監督による調整メカニズムを取りながら単純構造を選好する。また不確実性の回避の度合は強いものの，権力格差の小さいドイツでは技能の標準化による調整を通じて作業部門に重点を置いた専門官僚制を選ぶ一方，権力格差の大きいフランスではテクノストラクチャーに重点を置き，プロセスの標準化による完全な官僚制を選好する傾向にあるとしている。さらに，2つの次元の中間に位置しながらアウトプットの標準化を通じて中間管理職に重点を置いた事業部制を選好するのが米国である（Hofstede, 1991: p.152-153, 訳 p.162）。

ここでの組織のパターン化や調整メカニズムの割り当てはやや単純であり，充分な客観的データにより裏付けられたものとは言えないが，国レベルの文化と組織形態との関係を論じるものとして有用といえる。

以上のように，経営のグローバル化により国家レベルの文化比較，あるいは国の違いと組織レベルの文化の差異を解明する試みは組織文化研究に新たな地平を切り開いている。もともと強い文化，あるいはリーダーシップと文化の関係を検討する1980年代の諸研究は，組織文化が「一枚岩」であることを仮定してきたのであって，文化を組織全体の現象として取り扱ってきたことから，事業部レベルや部局レベルといった文化の階層性にまで踏み込んだものではなかった。こうしたことから，組織文化の階層性に着目し，「下位文化」（subcultures）と組織成果に関する研究がみられる（e.g., Martin, 1992; 咲川, 1998）。同時に従来，国家レベルの文化研究で議論されてきた人種や性別といったデモグラフィクスのみならず，宗教や学歴といった組織メンバーの異質性が「文化的多様性」（cultural diversity）をもたらし，このことが組織の競争力を生むといった視座もみられる（e.g., Cox, 1993）。

【注】
1） 論理実証主義は，ウィーン学団を基礎とし，哲学の科学化に共通する基本的な考え方であり，原理的な検証可能性を保持するもののみが意味をもつとする捉え方である。
2） Kotter & Heskett（1992）は，米国の22の産業の中から207社を抽出し，各社の上位6人の役員への質問紙票により，自社ではなく競合他社の文化の強度を5段階評定で調査している（p.159）。また業績については，1977～1988年の期間についての年平均総収入などを用いた（p.19）。
3） Schein は，後に企業文化をタイトルに含んだ著書において，組織文化と企業文化を同等の概念として用いている。

4） Hofstedeは4つ目のレベルとして，業界の文化を挙げている。それぞれの業界では，論理的にも伝統的にも特定の職種の人間を雇用し，特定の組織慣行を維持する傾向にあるとする（1991: p.192, 訳 p.205）。この業界レベルの文化は，職業レベルと組織レベルの間のどこかに位置するとしている。
5） 不確実性の回避という概念は，Cyert & March（1963）から借用したものとしている。
6） 組織構造，調整メカニズム，組織形態のパターンは，Mintzberg（1989）をもとに分類したとしている。

【さらに学習するための文献】

Cartwright, S. and Cooper, C. L. (1993), The role of culture compatibility in successful organizational marriage, *Academy of Management Executive*, 7 (2): pp.57-70.

Harrison, R. (1972), Understanding your organization's character, *Harvard Business Review*, May-June: pp.119-128.

Schein, E. H. (1999), *The corporate culture survival guide*, CA: Jossey-Bass. （金井壽宏監訳『企業文化―生き残りの指針』白桃書房，2004年。）

Schneider, B. (1990), *Organizational climate and culture*, CA: Jossey-Bass.

第 11 章

環境マネジメント

I. 組織と環境

　組織と環境の研究は，主に 1960 年代から 70 年代にかけて展開されたコンティンジェンシー理論（contingency Theory）を端緒とする[1]。近代組織論を始めとする組織研究はシステムズ・アプローチを採りながらオープン・システムとして組織を捉えてきたものの，外部環境と組織の関係を充分に解明したとは言えなかった。こうした課題を踏まえて立ち上がったのがコンティンジェンシー理論であり，その特徴は，要素還元的な機能主義的アプローチによる変数の特定化を目指す研究にあった。

　本章では，英国のタビストック学派の研究（e.g., Emery & Trist）を踏まえながら，主に環境の分類に関する諸理論を概観する。そして現代の組織を考察するうえで欠かすことのできないテーマの一つとなっている，自然環境とマネジメントに焦点を当てる。そこではコンティンジェンシー理論における自然の取り扱いが検討されるとともに，排出物を資源と捉える発想の転換（e.g., Porter & Linde, 1995; Hawken, Lovins & Lovins, 1999）や，排出物を核とした新たな産業集団の形成（e.g., Hawken, 1993; Pauli, 1995）などによって，組織の存続・成長と自然環境とのバランスを図る諸説を検討する。

II. コンティンジェンシー理論の環境分類

　初期のコンティンジェンシー理論は，「状況」⇒「組織特性」⇒「成果」とい

う影響プロセスを分析するものであり,もしも当該環境に組織が適応したならば組織は成果をあげられるであろう,という枠組みをもとに展開された。

英国の Burns & Stalker (1961) は,産業における技術革新のスピードと市場の変化という外部環境と,組織の管理システムや構造に一定の関係があることを見出した。技術革新がおよそみられない安定的な環境では,問題やタスクの専門分野別の細分化や垂直的相互作用,命令系統の集権化などを有する機械的（mechanistic）管理システムが適しており,変化の激しい環境では,水平的相互作用や命令というよりも協議に近い伝達系統などを特徴とする有機的（organic）管理システムが有効であると結論づけている（Burns & Stalker, 1961: pp.119-122）。このほか,当時の英国ではいわゆるサウス・エセックス研究と呼ばれる生産技術および生産システムの複雑さと,マネジメント慣行のパターンに注目した研究も成された（Woodward, 1965）。

一方,環境の不確実性（uncertainty）に焦点を当てたのは,ハーバード大学のローレンス(P. R. Lawrence) とローシュ（J. W. Lorsch）である。彼らは外部環境を科学,市場,技術－経済の3領域に区分し,各々の不確実性を,① 情報の明確度,② 因果関係の不確実性,③ 明確なフィードバックを得るための時間幅,という3要素の合計得点から測定した（Lawrence & Lorsch, 1967: pp.28-29,訳 p.34）。そして環境の不確実性が増すにしたがって組織の分化（differentiation）が生じること,高業績組織はこうして分化した諸活動を統合（integration）するために独自の管理システムや構造,コンフリクト解決の方法を発達させることを見出している。

もっともこれらの研究は,外部環境の特定要素を取り扱うものであり,なぜその要素が抽出されるべきかを明確に説明していないほか,体系的に環境を検討するまでに至っていなかった。

こうした中で Emery & Trist (1965) は,組織と環境を包括的に捉えるべく両者の相互依存のパターンを分類した（図11-1）。L は法則性をもった連結を意味しており,添字の 1 は組織を,2 は環境を示している。L_{11} は組織から組織へのプロセスであり,組織内の相互依存の領域を意味する。また L_{12} および L_{21} は,前者が組織から環境へ,後者が環境から組織への交

図11-1　組織と環境の関係領域

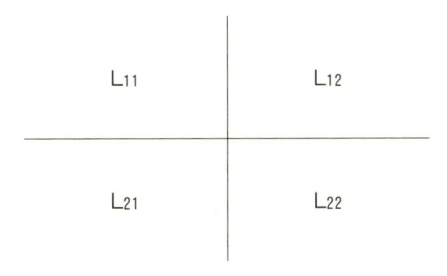

L_{11}	L_{12}
L_{21}	L_{22}

（出所）　Emery & Trist（1965），p.22から作成。

換プロセスであり，取引上の相互依存関係等を表すものである。さらにL_{22}はこうした交換を規定する環境の諸部分における相互依存の領域を示している。

　近代組織論に代表されるそれまでの研究は，主にL_{11}にみられる組織内部のプロセスを分析するものだが，組織と環境（L_{12}, L_{21}），環境内の諸要素（L_{22}）の相互依存関係が取り扱われる必要性を促すものであった。

　Emery & Trist（1965）によれば，環境は一定ではなく常に変化するものであり，組織と環境の因果関係は4つの環境の型をもとに説明できるとしている（p.24）。このような環境の型は，①静態・散在（placid, randomized），②静態・偏在（placid, clustered），③動態－反応（disturbed-reactive），④激動の場（turbulent fields）という段階をたどるという。

　静態・散在型とは，完全競争にあって環境内の相互作用は少なく資源が広く分散している状態という。静態・偏在型は不完全競争にあって資源の集中が始まった状態を，動態－反応型は寡占的市場にあって資源配分に競争が生じた状態を示す。また激動型は，環境の基盤そのものが激しく変化し，環境内の相互作用が複雑化した状態であり，組織は単独で対処することが困難となる（Emery & Trist, 1965: pp.24-26）。

　こうした前期のコンティンジェンシー理論において，組織は外部環境へ受動的・適応的に行動すること，換言すれば環境が組織を規定すると捉えられており，組織の成果は環境によって一義的に定められるという環境決定論に

根ざしている。このアプローチは組織と環境を機械的に説明するものであり，組織の主体性を考慮していないとともに，必ずしも組織行動そのものを解明するものではなかった（高橋，1998）。

これを踏まえて後期のコンティンジェンシー理論では，組織によって認知された環境が取り扱われるとともに，組織は環境から一方的に影響を受けるというよりも，自らが働きかけた環境のなかで行動するものと捉え直された（e.g., Child, 1972; Duncan, 1973; Downey & Slocum, 1975）。

ノースウエスタン大学のダンカン（R. B. Duncan）によれば，認知された環境とは組織メンバーの意思決定行動に直接考慮される物的要素と社会的要素の総体であり，そこに境界を設けるとすれば，内部環境（internal environment）と外部環境（external environment）に区分されるとしている（表11-1）。

Duncan（1972）によれば，内部環境は組織成員（organizational personnel），組織職能とスタッフ単位（organizational functional and staff units），組織レベル（organizational level）という3つの構成要素からなり，外部環境は顧客（customer），供給者（supplier），競争者（competitor）に加え，社会・政治的（socio-political）および技術的（technological）要素からなるという（p.315）。社会・政治的要素とは，政府統制や公共政策などによる産業への影響要因であり，技術的要素は組織が関係する産業における新技術などを意味する。こうした枠組みを踏まえて彼は，組織環境を単純－複雑（simple-complex），静態－動態（static-dynamic）という2次元に区分する既存の捉え方が実態としての組織にもおよそ適合的であることを見出している。

さらに組織環境の諸変数を詳細に吟味したのが，ネブラスカ大学のルーサンズ（F. Luthans）である。彼は，組織環境を外部と内部に区分するアプローチを踏襲しながら，外部環境をさらに一般環境（general environment）と特定環境（specific environment）に二分する。一般環境は，間接的に組織へ多様な影響を与える諸変数で構成されるものとし，完全な合意が成されているわけではないとしながらも，社会（social），技術（technological），経

済 (economic), 政治・法律 (political/legal) の諸力からなるものとした。また特定環境の主要な変数は, 顧客, 競争者, 供給者としている (図11-2)。

表11-1　組織環境の内部と外部の諸要素

内部環境
(1) 組織成員の要素
(A) 教育・技術上の背景とスキル
(B) 既存の技術・管理上のスキル
(C) 目標達成に対する諸個人の関わり合いとコミットメント
(D) 対人関係の行動スタイル
(E) 組織内での人的資源の利用可能性
(2) 組織職能とスタッフ単位の要素
(A) 単位ごとの技術特性
(B) 目的達成における単位ごとの相互依存性
(C) 職能とスタッフ単位の内部コンフリクト
(D) 職能とスタッフ単位間のコンフリクト
(3) 組織レベルの要素
(A) 組織の目的と目標
(B) 組織目標を達成するために諸個人や諸集団の貢献を最大に調整する統合プロセス
(C) 組織の製品・サービスの性質
外部環境
(4) 顧客の要素
(A) 製品・サービスの配送者
(B) 製品・サービスの実際の利用者
(5) 供給者の要素
(A) 新たな原燃料の供給者
(B) 装置の供給者
(C) 製品部品の供給者
(D) 労働力の供給者
(6) 競争者の要素
(A) 供給者に対する競争者
(B) 顧客に対する競争者
(7) 社会・政治的要素
(A) 産業統制に向けた政府規制
(B) 産業やその製品に対する公的な政治態度
(C) 管轄する労働組合との関係
(8) 技術的要素
(A) 製品・サービスの産出において, その産業や関連産業の要求する新技術への適合性
(B) 産業界の新たな技術的進歩を用いた新製品の改善や開発

(出所)　Duncan (1972), p.315 から作成。

そして Luthans (1976) は，社会，技術，経済，政治・法律という一般環境の変数は相互に影響を及ぼすとし，これらの変数は直接的に特定環境へ，また

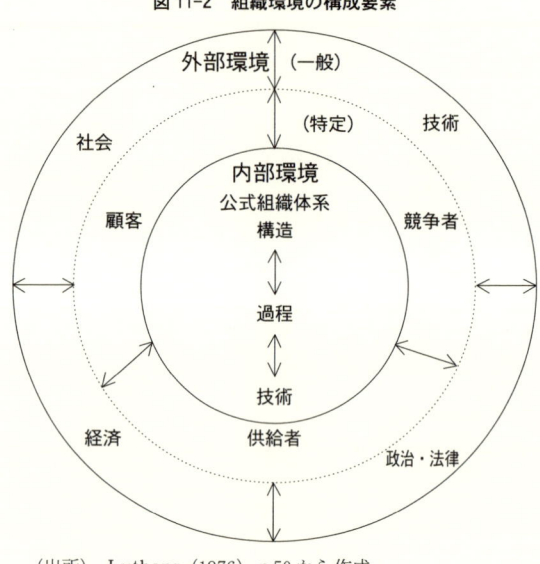

図 11-2　組織環境の構成要素

（出所）　Luthans (1976), p.50 から作成。

表 11-2　一般環境の変数

変数	定義と客観的尺度
社会	社会環境は，社会的価値や諸力からなる。文化的規範や，個人，集団，社会的期待によって測られる
技術	技術環境は，知識の総量のみならず専門技術やプロセスの単純さ，複雑さからなる。応用科学や工学によって一般に測定される
経済	経済環境は，最も重要な要素である自然資源，金融資本，金融・財政政策からなる公共部門と民間部門によって構成される
政治・法律	政治・法律環境は主に政府と法規からなる。客観的尺度には，自由か，保守かといったような官僚の態度や風土のほか，制定・施行されてきた多種多様な自治体や国レベルの法令が含まれる

（出所）　Luthans (1976), p.58 から作成。

直接・間接的に組織に刺激を与えるとしながらその尺度も論じた（表11-2）。

ところで，Luthans (1976) は，経済環境の主要な要素として自然資源を挙げており，その価格上昇や化石燃料の枯渇といった面での不確実性が将来的に増大することを強調している (p.66)。また政治・法律環境において，組織は環境保護を考慮すべきことも指摘した。当時の米国における自然保護規制は，主に水質や大気汚染に対するもの，固形廃棄物や騒音公害に関するものであったが，これらはあくまで表面的で問題の核心に迫るものではないとしながら，「環境規制は将来，組織に多大なインパクトを与えるであろう」(Luthans, 1976: p.70) と明言している。

一般にコンティンジェンシー理論は自然環境を一般環境に含まれる所与のものとしており，組織に影響を及ぼす変数として注視する論者はおよそ見受けられない。そうしたなかにあってLuthans (1976) の言説は，現代の組織研究の分析枠組みに自然環境を積極的に取り込むことが不可欠となりつつあることを予見するものであった。

III. 自然環境の保護要請

組織環境のなかで，とりわけ自然環境が重要性を増してきた背景には，化学物質の利用の拡大をはじめ，生態系の破壊や廃棄物による土壌・水質・大気の汚染といったように，様々な形で地球の劣化を招いてきたことへの警告があった (e.g., Carson, 1962; Meadows et.al., 1972)。コンティンジェンシー理論と時を同じくし，1960年代から70年代初頭にかけては，米国における環境保護主義の時代 (the age of environmentalism) でもあった (Steiguer, 1997)。

Carson (1962) は，米国における化学薬品のおよぼした生態系破壊の当時の状況を沈黙の春 (silent spring) と象徴しながら，生命と環境の均衡が崩れていることにその問題点があることを警告した。化学薬品を雨あられと生命あるものにふりまいた結果として自然の逆襲が押し寄せていること，地球の安全を守れるか否かの分かれ道にいることを人間が認識することの必

要性を説いた。そして「私たちの住んでいる地球は自分たち人間だけのものではない」(Carson, 1962: p.296, 訳 p.346) という立場に立ち戻り，自然の支配という人間行動の修正を呼びかけた。

また，ローマ・クラブ[2]によって人類の成長の限界（the limits to growth）という報告もなされた（Meadows et.al., 1972）。これは，天然資源の枯渇や化学物質等による汚染といった問題をはじめ，開発途上国における爆発的な人口増加，軍事技術の進歩による大規模な破壊力の脅威などに対する危機についての警告であった。人間の経済発展の過程で用いられるエネルギーは主に化石燃料によって造られることから，大気中で測定される炭酸ガス（CO_2）の量が幾何級数的に増加していることも指摘された（Meadows et.al., 1972: pp.85-86, 訳 p.59）。汚染を吸収する地球の能力の限界は判明していないが，そこに限りがあることを人々は既に認識しており，成長に自主的な限界を設定することによって自然の限界内で生きようとする方が良いか，何らかの自然の限界に突き当たった場合には技術の飛躍によってさらに成長を続けるという望みをもって成長し続ける方が良いのか，二者択一に直面していることを強調した（Meadows et al., 1972: pp.157-159, 訳 p.135）。

こうした環境保護主義の時代には，自然環境の問題の原因を過剰な人口増加と食料危機に求めるもの（Ehrlich, 1968），共有財産的性格をもつ自然資源の濫用にあるとするもの（Hardin, 1968），科学技術の発達の誤った方向付けにあることを主張するもの（Commoner, 1971）などもみられ，これらの諸説間に論争も生じ，米国における自然環境保護運動の大衆化を一気に推し進めることとなった（Steiguer, 1997: p.153, 訳 p.203）。

また，この時期には自然環境を捉えるうえでの思想基盤も示された。

米国の歴史学者ホワイト（L. White, jr.）は，環境破壊が引き起こした生態学的危機（ecologic crisis）の源泉を，西欧の科学・技術と絡み合うように発展してきた宗教観に求めた。西欧科学は一貫して科学者の仕事と報いを，「神に習って神の考えを追うことである」と伝承してきたが，このことは「近代的な西欧科学はキリスト教神学の母体のなかで鋳造された」

(White, 1967: p.89, 訳 p.91) ことを意味する。このようなキリスト教において，愛と全能の神はすべての創造物を人間の利益のために，人間に仕えるという目的で造り出したという。人間中心的なキリスト教は，「人と自然の二元論を打ち立てただけでなく，人が自らのために自然を搾取することが神の意志であるとした」(White, 1967: p.86, 訳 p.88)。人が生態系について近代科学と技術を通じて何を成すかは，人と自然の関係についてもつ考えに依存しているため，「新しい宗教をみつけるか，古い宗教について考え直すまで，現代の生態学上の危機から我々が救い出されることはない」(White, 1967: p.91, 訳 pp.92-93) と主張した。

一方で，「シャロー・エコロジー」(shallow ecology) と「ディープ・エコロジー」(deep ecology) という分類を基軸に，自然環境についての原理を説いたのはノルウェーの哲学者ネス (A. Naess) である。

シャロー・エコロジーとは，あくまで先進諸国に住む人々にとっての環境汚染の削減と資源希少化の緩和という限定された目標のもとに置かれるものとされる (Steiguer, 1997: p.140, 訳 p.184)。これに対し，ディープ・エコロジーは，人間を含めたすべての生命を等しく取り扱うべきとする生命圏平等主義 (biospherical egalitarianism) を柱としながら，生態系の多様性と共生の原理などによって特徴づけられる (森岡，1995: pp.109-110)。

Naess (1989) によれば，ディープ・エコロジーは自然科学としての生態学 (ecology) のみならず哲学 (philosophy) に依拠しなければならないとしながら，自然と人間との関係を記述的に研究する学問領域を環境哲学 (ecophilosophy) と呼称し，個人がもつべき哲学をエコソフィー (ecosophy)[3] という造語により識別することで，その実践としての重要性を説いた (表 11-3)。

表 11-3 エコフィロソフィーとエコソフィーの区分

	問題がすべてを含む場合	問題が自然との関係を中心とする場合
研究分野としての名称	philosophy	ecophilosophy
姿勢や観点を示す際の名称	a philosophy	ecosophy

(出所) Naess (1989), p.37 から作成。

歴史的, 哲学的アプローチが展開される一方で, 自然環境を考慮したシステム論的な世界観を打ち出したのが米国の経済学者のボールディング（K. E. Boulding）である[4]。

Boulding（1966）によれば, 今日のシステムは開放系であり, これを「カウボーイ経済」（cowboy economy）と呼称する。広大な平原で向こう見ずな開拓者のように荒々しい人間行動を表現したもので, カウボーイ経済では大量生産, 大量消費は善であり, システムを測る尺度はインプットとアウトプットの通過量（throughput）にあるという。そこでは, 材料の採取や排出物の放出を好きなようにできる無限の貯蔵庫があると想定される。

対する「宇宙人経済」（spaceman economy）では, いかなる資源も有限である地球という名の宇宙船が想定されており, 乗組員である人間は物質の再生力をもつ生態システムのなかに自らを見出すことが必要となる。地球はもともと開放系ではあるが閉鎖系システムを志向すべきこと, 通過量は最小化されなければならないことが強調されている。そして生産や消費は善というよりもむしろ悪となり, 経済の成功を測る主要な尺度はGDPではなく, 人間の肉体や精神がシステムに包摂されるという立場から, 自然や総資本ストックの複雑さなどに置かれるとした（Boulding, 1966: p.431）。

IV. 特定環境と一般環境の基盤変化

自然環境は一般環境の一要素であるが, 現代の組織に直接的な影響を及ぼすというよりも, 特定環境や他の一般環境要素に変化をもたらし, 間接的に組織の大きな制約要因となりつつある。1990年代には, 自然環境と経営を両立させようとする論者らにより, 環境マネジメントの方向性が示された。

Capra & Pauli（1995）は, 現代の組織と自然環境との衝突の主な原因は, 自然が循環型（cyclical）であるのに対し, 産業システムが一方から一方への線型（linear）であるところにあるとした（p.5, 訳p.10）。衝突を回避するには, 人間は自然の循環プロセスのなかに組み込まれ, 依存していると捉える先のディープ・エコロジーのパラダイムへと転換すべきとする

(Capra & Pauli, 1995: p.3, 訳 p.7)。

また Hawken (1993) は，現代の組織に3つのジレンマがあるという。第1に，環境からあまりに多くの物を，しかも有害な方法で奪うこと，第2に，製品はエネルギーや有毒物質，汚染物質を大量に使うこと，第3に，製造方法や製品自体が大量の廃棄物を生み出し，人間をはじめすべての生物種の現在と未来を脅かしていることとする。これらのジレンマのすべての解決策は，自然を支配する基本法則に基づく生態学的交換モデル（ecological model of commerce）に転換することにあるとした。

自然の基本法則とは主に，「廃棄物は同時に栄養物である」(Hawken, 1993: p.12, 訳 p.37) という点にあり，例えば最小のエネルギーで他の生態系を養うために，有機堆積物が常態的に再生産されていることなどを示す。このモデルでは，あらゆる廃棄物は他の生産様式にとって価値をもつために再利用が可能となり，これを支えるのは，自然の多様性と差異による繁栄であって，画一化すればバランスが失われて滅びるとした (Hawken, 1993: p.12, 訳 p.38)。

こうして Hawken (1993) は，組織が本来の嗜好に従って活動を続けながらも，自然環境からのニーズを取り込むための建設的な手段を提供するものとして産業エコロジー（industrial ecology）を提唱する。これは，ある組織の物質代謝（metabolism）は他の組織の物質代謝となって相互につなぎ合わせられることを意味する。

Pauli (1995) は，このような産業エコロジーを基礎としながらゼロ・エミッション（zero emissions）[5] というコンセプトを展開した。ゼロ・エミッションとは廃棄物をまったく出さない生産システムを意味し，そこでは伝統的な製品を核とした垂直的統合とは明確に異なる形で，廃棄物を核とした新たな産業のグループ化が生じるという (Pauli, 1995: p.147, 訳 p.184)。たとえば廃棄物を核とする新たな産業集団には，紙のリサイクルを通じた製紙，インク，建材，パッケージ材といった組織化のほか，製糖とプラスチック，あるいはビール醸造と魚の養殖といったように，それまで結び付くことのなかった組織間の連鎖を示す（図 11-3）。

図11-3 ビール醸造から始まる新産業システム

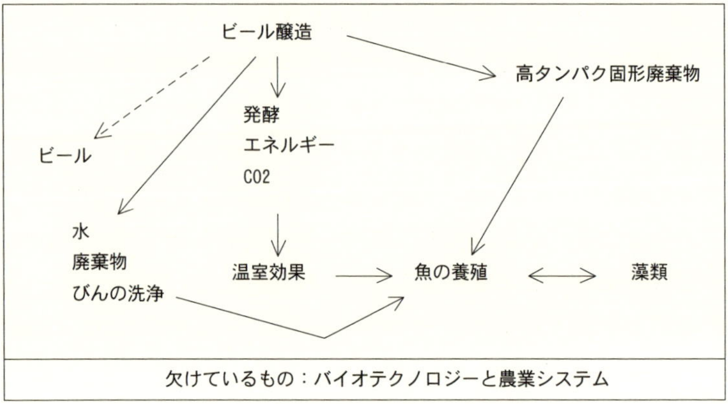

```
                    ビール醸造
                  ┌────┼────────→ 高タンパク固形廃棄物
                  │    ↓                        │
                  │   発酵                       │
        ビール     │  エネルギー                  │
                  │   CO2                       │
                  │    │                        │
                  ↓    ↓                        ↓
         水     温室効果 ──→ 魚の養殖 ←──→ 藻類
         廃棄物
         びんの洗浄

    欠けているもの：バイオテクノロジーと農業システム
```

(出所) Pauli (1995), p.156, 訳 p.195 から作成。

Pauli (1995) によれば，こうした産業集団においては，「最小のインプットで最大のアウトプット」を創出するという組織目標が「総スループット」（インプットの完全消化）によって達成されるという。組織の競争力は，あらゆる形態の廃棄物が他の組織のインプットとなるようなマネジメントによって，長期的な持続可能性が担保されるとしている。

こうしたゼロ・エミッションによる産業の再編は，組織に廃棄物を基点とした新たな相互依存関係を生じさせる。特定環境の複雑化をもたらすと同時に，既存の供給者，競争者，顧客に対するものとは異なった管理を組織に求めることになる。

一方で，現代の自然環境保護の要請の高まりは，一般環境における政治・法律環境の基盤変動として現れている。欧州を中心に環境規制はますます厳しくなるなかで，従来は環境規制と組織の存続・成長はトレードオフとして捉えられがちであったが，ハーバード大学のポーター (M. E. Porter) はこれに異議を唱え，解決の方向性を示した。

Porter & Linde (1995) によれば，政府によって適切に設定された環境規制は，製品価値の向上や原価削減のためのイノベーションの契機となり，投入資源の生産性をさらに高め，自然環境に与える影響を改善するためのコ

ストを相殺することができるという。そもそも環境と経済の関係を二律背反ととらえる組織は，法規制以外を不変とする誤った認識のもとにあり，むしろ組織は常に変化する技術や製品，製造プロセス，消費者ニーズといったダイナミックな競争関係の中にあり，そこで生き残るために不断の改善や革新を継続するものとする。政府の規制や圧力は組織にイノベーションが生じる引き金となり，そこに組織の存続・成長と自然環境を両立させるうえでのマネジメントの鍵があるとした（Porter & Linde, 1995: p.120, 訳 p.102）。

さらに Porter & Linde（1995）は，自然環境との両立をめざすマネジメントは何も目新しい考え方ではなく，1970年代に既に証明済みであるとする[6]。また政府の環境規制や圧力は緩いものであると，組織は二次的な対応で解決策を見つけようとするため，厳しい規制があって初めて組織は本腰を入れるという。ただし，環境規制は問題解決の方法を組織自らが考えるように緩みをもたせることが必要であり，特定の技術や廃棄物管理の方法を政府が誘導するのでなく，設計や生産プロセスでの自主管理を奨励することが重要であるとした。

ポーターとリンデ（M. E. Porter & C. Linde）の言説はあくまで仮説の域にすぎないが，現代の政治・法律環境は，特定環境を構成する顧客などの圧力と相まって，組織に厳しく適応を迫るものの，意思決定者の外部環境に対する認知の在り方によっては，技術革新の契機となることを示唆している。

V. 資源生産性を高める管理

Weizsacker, Lovins & Lovins（1995）は，自然環境と組織の存続・成長を両立するための管理手法として，資源生産性（resource productivity）[7]の向上に注目する。資源生産性とは，「新しい資源利用と技術改善によって，少ない資源から同じ効用を引き出すか，あるいは同じ消費で多くの効用を生み出す」（Weizsacker, Lovins & Lovins: 1995, 訳 p.25）ことという。製品のライフサイクル全般にわたって資源利用と環境負荷を算出することにより，仮にそれを半分に削減した場合，製品の資源生産性が2倍になったと捉

また先の Porter & Linde (1995) も，廃棄物や有害物質，未使用エネルギーが汚染物質として自然環境に放出される状態は，資源を不完全かつ非効率に浪費していることを意味するとしながら，資源生産性を高めた組織は生産システムに要するコストと商品価値を同時に見直す機会を得て，外部に資源を廃棄しない閉鎖型の循環システムを採用することができるとした (p.122, 訳 p.104)。

Porter らによると，資源生産性向上のパターンは次のように示される (Porter & Linde, 1995: p.123, 訳 p.108)。

(1) 加工工程の完全化，代替品使用，再使用と再生利用による原材料の節約。
(2) 歩留まりの増加。
(3) より慎重なモニタリングとメインテナンスによる操業中断時間の削減。
(4) 副産物のより良い利用。
(5) 廃物から価値あるものへの転換。
(6) 生産工程でのエネルギー消費の削減。
(7) 原材料保管および処理コストの削減。
(8) より安全な労働環境による節約。
(9) 廃棄または廃物処理，輸送および処分に係わるコストの除去，削減。
(10) 工程の変更による製品改良。

一方，このような資源生産性を鍵概念としながら，ナチュラル・キャピタリズムというコンセプトによる社会経済システムの再編を提唱したのが，ホーケン (P. Hawken) と A. B. ロビンス (A. B. Lovins), L. H. ロビンス (L. H. Lovins) であった。

彼らによると資源生産性は，組織の成長にまったく新たな次元を切り開く契機となるものであり，「原材料やエネルギーの使用量を少なくしたにも関わらず，製品やその工程から得られる効用や仕事量は同じであることを意味する」(Hawken, Lovins & Lovins, 1999: p.12, 訳 p.41) とされる。これは，物質一単位をあるプロセスに投入したときに得られる出力量を示し，効率が高いということは少ない投入量と多くの出力量という2つの要素を物理

的な尺度で測ったものに相当する。

さらに彼らは，社会経済システムと生態系を含む大掛かりな変革は，自然資本が無尽蔵かつ無料で手に入るものではなく，有限で必要不可欠な生産要素であるという評価を基礎とするとしながら，ナチュラル・キャピタリズムの 8 つの前提条件を示している (Hawken, Lovins & Lovins, 1999: pp.9-10, 訳 pp.36-37)。

これは，① 自然環境は副次的な生産要素ではないこと，② 発展を制約する要因は自然資本から得られる資源供給にあること，③ 自然資本を減少させる主要因は誤って設計された企業システムや無駄の多い消費行動にあること，④ 人的・製造・金融・自然の各資本の価値を考慮した生産・流通システムに成長の余地があること，⑤ 労働者，資本，自然環境を有効に利用する鍵は資源生産性にあること，⑥ 提供するサービスや質の流れの改善で社会の福利が達成できること，⑦ 持続可能性は所得と物質的な豊かさの不平等の修正にかかっていること，⑧ 一般市民のニーズに基づいた民主的な統治により最適な自然環境が整備されること，からなる。

さらに，これらの前提条件を満たすには，次の 4 つの戦略を採る必要があるという (Hawken, Lovins & Lovins, 1999: pp.10-11, 訳 pp.38-39)。

(1) 革新的な資源生産性 (radical resource productivity)：資源を効率的に利用することで，価値連鎖の中で資源の枯渇を遅らせ，汚染を減少させることが可能となる。

(2) 生物模倣 (biomimicry)：原材料の処理の無駄を減らす。廃棄物 (waste) という概念そのものを無くし，閉じたサイクルの中で絶えず原材料を再利用できるようにする。

(3) サービスとフローの経済 (service and flow economy)：財の獲得を豊かさの尺度とする経済から，高品質で便利なサービスを継続的に利用することを消費者が選択する経済への転換を示す。これにより，最初の 2 つの戦略の誘因が生まれる。

(4) 自然資本への投資 (investing in natural capital)：自然資本ストックを増大させる再投資によって，自然環境の破壊へ向かう傾向を逆

転させる。結果として生物圏はより豊かな生態系サービスと自然資源を産出する。

なかでも革新的な資源生産性の向上は，設計思想，技術革新，制御，企業文化，プロセス革新，原材料の節約という 6 つの要因を組織が見直し，相乗効果を創出することによりもたらされるとした（Hawken, Lovins & Lovins, 1999: p.64, 訳 p.118）。

以上のように本章では，コンティンジェンシー理論をもとに組織と環境に関する研究成果，特に環境の分類を概観するとともに，当時は充分に考慮されていなかった自然環境についてみてきた。現代の組織は，自然環境の影響力が増すなかで，外部環境の基盤そのものの変動にさらされつつあり，複雑化する特定環境や，厳しい制約要因となる政治・法律環境に対処するためのマネジメントの再構築に迫られているといってよい。1990 年代の経営諸説には，組織の存続・成長と自然環境とのバランスをとるための方向性が示されており，資源生産性を高めた管理に解決の糸口を見いだせるようである。もっとも，ここでの経営諸説は経営管理論の本流に組み込まれているというよりも，あくまで支流にすぎず今後の理論としての精緻化が求められる。

【注】
1）P. R. Lawrence と J. W. Lorsch の命名による。「コンティンジェンシー」は一般に「状況適応」あるいは「条件適応」と訳される。
2）ローマ・クラブとは，1970 年にスイス法人として設立された民間組織であり，世界 25 カ国の科学者や経済学者，プランナー，教育者，経営者など約 70 人から構成された（Meadows et.al., 1972, 訳 p.197）。
3）ecosophy の「eco-」は，economy および ecology の接頭語で，「-sophy」は philosophy の接尾語からなる（Naess, 1989: p.37）。
4）Boulding は，宇宙船地球号（spaceship earth）の着想（Fuller, 1968: p.49, 訳 p.43）や Bertalanffy (1968) の一般システム理論を基礎としている。
5）ゼロ・エミッションは，日本で初めて構想された（三橋，1997）。もともとこの概念は社会経済システムから水圏，大気圏への排出物を一切廃絶することを企図したが，自然科学のエントロピー最大化の法則からすると人為的に行う廃棄物ゼロは原理的に困難とされる（エントロピー学会，2003）。
6）Porter & Linde (1995) によれば，環境規制を好機と捉える視点は，1970 年に成立した米国のマスキー法をクリアした本田技研工業の CVCC エンジンの開発にみられるという。
7）資源生産性の定義は多様である。たとえば鈴木（2005）によると，財の資源生産性は，財によって入手できるサービス単位の総計をライフサイクル全体の総消費量で割ったものとする

(p.27)。また山本（2001）は，製品レベルの資源生産性は資源効率を意味するとし，環境配慮型製品の総合指標は資源効率のみならず，環境効率を加えた尺度から測定する必要性を説く。前者は資源の投入量を示し，後者は環境負荷，すなわち環境汚染物質の排出量を加味したものとする。さらに経済産業省が規定する国レベルの資源生産性は，総物質投入量（DMI）と国内総生産（GDP）の比であり，単位あたり DMI で GDP がどれだけ増えたかをみるものである。

【さらに学習するための文献】

Esty, D. C. and Porter, M. E. (1998), Industrial ecology and competitiveness: Strategic implications for the firms, *Journal of Industrial Ecology*, 2 (1): pp.35-43.

Leopold, A. (1949), *A sand county almanac*. NY: Oxford University Press. （新島義昭訳『野生のうたが聞こえる』講談社，1997年。）

Porter, M. E. and Van. Der. Linde, C. (1995), Toward a new conception of the environment-competitiveness relationship. *Journal of Economic Perspectives*, 9 (4): pp.97-118.

第 12 章

管理者の役割

　組織の管理者の役割については，現在までに様々に展開されている。経営学の歴史が始まって100年以上経つわけであるが（第1章参照），経営学が組織の管理を対象としている以上，そのための管理者の役割に注目するのは必然的なことである。

　そもそも，管理者の基本的な役割とは，組織を生産的で効率的であり続けさせるために，人的資源をいかにして組織の中に取り込み，またいかにして目標の達成に向かわせるかを考えることである。言い換えれば，組織を絶えず維持していくために，協働体系を適切に機能させなければならないのである。

　このような管理者の役割について，まず次節では，管理者の役割について，調査研究から明確化した研究を取り上げる。その次に，管理者に求められる役割行動について探究した研究を取り上げる。そして最後に，近年の主要な問題として位置づけられている変革の管理という観点から，その管理者の役割について取り上げる。

1. Mintzberg による管理者の役割

　Mintzberg (1973) は，そもそも組織の管理者（マネジャー）は職務上，何を行なっているのかということについて調査分析した。この，「マネジャーは何をしているのか」ということについては，ほとんどの場合，「計画をつくり，組織をつくり，調整を行い，統制を行う」という Fayol (1916) の言葉を使って説明されるだけであり，マネジャーの活動に対する

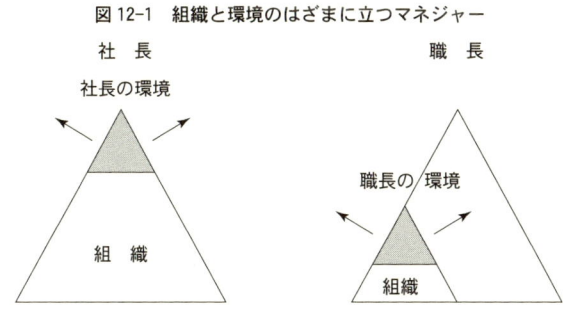

図12-1 組織と環境のはざまに立つマネジャー

（出所）　Mintzberg（1973），訳書 p.92。

　理解はこの程度でしかないとした上で，「マネジャーは本当のところ何をしているのだろうか」という疑問に答えようとするのがミンツバーグ（H. Mintzberg）の研究である。彼は，マネジャーを，「1つの組織単位を公式的に預かる人」と定義した上で，以下のような前提に立って論を展開している。すなわち，「マネジャーは，各自の組織単位とその外部環境の間に立っている。社長であれば，自分の会社を率いながら，ライバル企業，納入業者，行政機関などからなる環境に常に気を配っている。職長なら，自分の職場を切り盛りしながら，社内の他の職長やスタッフ部門，社外の納入業者にも注意を払っている。どのマネジャーも複雑な環境の中で組織を管理しなければならない。そのため，現職のマネジャーは，マネジャーとして一揃いの役割を演じなければならず，結果的に，その役割に必要な諸条件が仕事の中に共通した性格を形成する」といった前提である（図12-1）。そして彼は，この調査研究で，表12-1のような問題に取り組もうとした。

　そして，Mintzbergの研究が明らかにしたところによれば，マネジャーの仕事は，6つの特徴と10の基本的役割から記述できるということである。

1. マネジャーの仕事にある明確な特徴

　Mintzbergはまず，マネジャーの仕事に見られる特徴について，以下のような6つの観点から考察している。すなわち，(1)マネジャーの仕事量と

表 12-1　Mintzberg の問題意識

(1)	どのような種類の活動をマネジャーは行うのか。どのような種類の情報をマネジャーは処理するのか。マネジャーは誰と仕事をしなければならないのか。それは，どこで，どれくらい頻繁に。
(2)	経営者の仕事の明らかな特徴とは何なのだろうか。マネジャーが使うメディア，マネジャーが進んで没頭する活動，勤務日におけるこれらの活動の流れ，時間の使い方，仕事からの圧力などで興味のあるものは何であろうか。
(3)	マネジャーの活動の研究から推測される基本的な役割は何か。情報伝達の際，意思決定の際，人びとへの応対の際にマネジャーが行なう役割は何か。
(4)	マネジャーの職務間に存在する変動は何であろうか。基本的な差異はどの程度まで，状況，担当者，職務，当該組織，そして企業環境のせいにできるのか。
(5)	経営学はどこまで科学なのか。どの程度までマネジャーの仕事はプログラム化されているのか（すなわち，反復的，体系的，および予測可能であるか）。またどの程度までプログラム化が可能なのか。さらに，どの程度まで経営学者は，マネジャーの仕事を「再プログラム化」できるのだろうか。

（出所）　Mintzberg（1973），訳書 p.5。

ペース，(2)その活動パターン，(3)仕事における行為と熟考の関係，(4)さまざまなメディアの使い方，(5)接触のあったさまざまな人たちとの関係，(6)自分の権利義務間の相互作用，というものである。

　1つ目の，「マネジャーの仕事量とペース」に関しては，マネジャーはその職務の終わりなき性質のため，大量の仕事を休みなく遂行するよう強いられているかに感じている。特に上級管理職は，執務時間が終わっても自分の職務から逃れられなく，仕事を家に持ち帰るし，「ひまな」時間があっても，職務が頭から離れない傾向にあるといった特徴がある。

　2つ目の，「マネジャーの活動パターン」に関しては，ほとんどの非管理職が行っている諸活動と比べて，マネジャーの活動は，短時間，多様性，断片的である。また，マネジャーは実際には，自分の仕事が短く中断されることを好んでいるようにみえる。マネジャーは，自らの職務負担によって条件づけられるようになる。すなわち，自分の時間の機会費用を評価するようになる。したがって，その時間を他に使うならば，何をしなければならないか，ないしは何ができるかということに意識を持続して生活するようになるといった特徴がある。

3つ目の,「仕事における行為と熟考の関係」に関しては,マネジャーは,自分の仕事の持つ実際的な要素である,活動の現在性,具体性,明確性,非常軌性にひかれる。最新の情報が好まれ,定期的な報告はうとまれる。スケジュールづくりは,明確なことと具体的なことへの関心を反映しており,その結果,諸活動も一般的なことではなく特定対象に集中する傾向がある。職務からの圧力はプランナーの啓発ではなく,刺激-反応型の環境のもとで働き,活発な活動を好む適応型情報操作者の成長を促すといった特徴がある。

4つ目の,「さまざまなメディアの使い方」に関しては,口頭による接触と書面による接触がマネジャーの仕事であるが,マネジャーは明らかに口頭メディアを好んでおり,自分のほとんどの時間を口頭による接触に費やしている。郵便は,定期的に処理されなければならないにもかかわらず,ぞんざいな扱いを受けている。非公式のメディア(電話や予定外のミーティング)は,一般にマネジャーが短時間の接触のために用いられている。予定に組まれた会議は,あらゆるメディアの中で最もマネジャーの時間を要求する。これによって,遠くにいる人たちや大勢の人たちと,公式的な性格を持った,長時間の接触が可能になる。また,現場視察は,マネジャーが事前に打ち合わせをせずに,活動をインフォーマルに観察する良い機会になるといった特徴がある。

5つ目の,「接触のあったさまざまな人たちとの関係」に関しては,マネジャーは自分の組織と外部接触のネットワークの間に立ち,さまざまな方法で両者を連結している。外部接触には,マネジャーの接触時間のおおむね3分の1から2分の1が費やされる。部下はマネジャーの接触時間のだいたい3分の1から2分の1を占めている。そのよくある目的のほとんどは,要求提出,情報授受,戦略策定である。マネジャーは自分の上司(経営者の場合は取締役)とは比較的わずかな時間しか過ごしていない(およそ10%程度)といった特徴がある。

最後に6つ目の,「自分の権利義務間の相互作用」に関しては,マネジャーの職務には,権利と義務のブレンドが映し出されている。マネジャーの活動を表面的に見た研究では,マネジャーが自分のすることをほとんど管

理できないことがよくあると結論付けられている一方,密着した分析によると,マネジャーは2つの方法で自己制御力を発揮しうる。すなわち,マネジャーは新たに着手する関与事項の多くに責任がある。一度コミットすると,その後は一連の継続的な諸活動にしばりつけられることになる。また,マネジャーは情報を引き出したり,自分のリーダーシップを行使するなど,多くのやり方で自分の責務の持つメリットを活用することができるといった特徴がある。

2. マネジャーの仕事上の役割

Mintzberg によれば,組織のマネジャーは図 12-2 のような 10 の役割に分類できるとする。そしてこれらは,3 つの活動に大別できるという。すなわち,(1)対人関係に関連する役割(儀式的な仕事,部下に対する仕事の

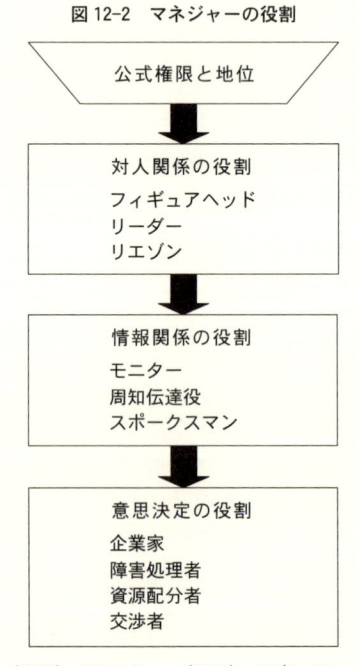

図 12-2 マネジャーの役割

```
┌─────────────────┐
 \  公式権限と地位  /
  └───────┬───────┘
          ↓
  ┌───────────────┐
  │ 対人関係の役割 │
  │ フィギュアヘッド│
  │ リーダー       │
  │ リエゾン       │
  └───────┬───────┘
          ↓
  ┌───────────────┐
  │ 情報関係の役割 │
  │ モニター       │
  │ 周知伝達役     │
  │ スポークスマン │
  └───────┬───────┘
          ↓
  ┌───────────────┐
  │ 意思決定の役割 │
  │ 企業家         │
  │ 障害処理者     │
  │ 資源配分者     │
  │ 交渉者         │
  └───────────────┘
```

(出所) Mintzberg (1973),訳書 p.96。

フォロー・アップの要求,受け取った郵便への受領通知,自分の肩書きゆえに受ける理不尽な要求に対する返事などの対人的な接触に関連したもの),(2)情報伝達を扱う役割（参考資料,報告書,行事案内,提案,郵便物,口頭での対人接触,要請提出,新鮮な断片情報の伝達,ブリーフィング,現場視察などの情報の受信と発信に関連したもの),(3)意思決定に関わる役割（許認可要請の処理,自分のスケジュール作成,戦略策定や問題処理のための会議の招集,他組織との交渉などの重要な意思決定を下すことに関連したもの),といった3つのものである。

　以下,マネジャーの10の役割について詳細に見ていくと,まず1つ目の「フィギュアヘッドの役割」とは,マネジャーはその公式権限のために,組織の象徴・代表としての責務を担っているというものである。例えば,ある種の文書にサインする場合などは,組織の長たるマネジャーの関与が法で義務づけられていたり,またある種の行事においては,威厳や貫禄を添えるために司会役を務めなければならないなどといったことである。

　2つ目の,「リーダーの役割」とは,組織をリードし,動機づけることであり,具体的には率いる者と率いられる側との対人関係に焦点を当てるものである。このようなリーダーの役割は,10の役割の中で最も重要なもので,ひときわ注目され研究されてきたといえる（第7章も参照)。

　3つ目の,「リエゾンの役割」とは,マネジャー自身が長を務める組織の外部にいる,膨大な数の人やグループとの関係から作られている重要なネットワークをさばくものである。つまり,職長は他の職長たちと,中間管理職は中間管理職の間で,そして社長は社長同士の付き合いに多くの時間を割いているのである。マネジャーが権限とそれに備わる地位のおかげで外部との特別なリンケージ・システムをつくり上げることができるというのがリエゾンという役割なのである。

　4つ目の,「モニターの役割」とは,絶え間なく情報を探索し,その情報により自組織とその環境に何が起こっているのかを捉えようとするものである。情報を探ることにより,変化をキャッチし,問題やチャンスを見つけ,自己の環境についての知識を積み上げ,また情報を広めたり,決定を下さなけれ

ばならない場合にそれを周知できるように努めるのである。このようなマネジャーが受け取る情報は，次の5つに分類できるという。すなわち，(1)内部業務（組織内の業務の進捗に関する情報と，そのような業務に関連して起こる出来事についての情報），(2)外部のできごと（顧客，個人的な対人接触，競争相手，提携相手，納入業者に関する情報や，市場の変化，政治の動向，技術開発に関する情報），(3)分析（いろいろな案件についての分析や報告），(4)アイディアとトレンド（自社が直面している環境に存在するトレンドや，新しいアイディア），(5)プレッシャー（部下たちによる経営幹部の意思決定に影響を与えようとする力や，部外者からの要求），といった5つである。

5つ目の，「周知伝達役の役割」とは，外部情報を自分の組織に送り込み，また内部情報を次々と部下へ伝えていくというものである。そして，その情報は，2つのタイプに峻別できるという。1つは，「事実情報」であり，これはその妥当性によって検証できるものである。したがって，何らかの公認の尺度に基づいて正しいか正しくないか判断できるものである。もう1つは，「価値情報」であり，これは選好，つまりどうある「べき」かについて，誰かの恣意的な信念を扱うものである。述べられる価値観は，正しいとか正しくないというわけでもなければ，間違っているというわけでもない。これは意思決定にパワーを行使したいと考えているものの諸欲求を映し出しているに過ぎないのである。周知伝達の役割の重要な機能は，価値を言葉にして組織に吹き込み，意思決定をする際に部下を指導することなのである。

6つ目の，「スポークスマンの役割」とは，前述の周知伝達の役割が組織の内部を見つめていたのに対し，組織の外部に情報を伝達するものである。マネジャーは公式権限によって，その組織を代弁することが求められるのである。例えば，マネジャーは，自分の組織のためにロビー活動を行うことがあるし，広報担当の代表として働いたり，組織が行っている取引に関する専門家と見なされることもあるのである。

7つ目の，「企業家の役割」とは，組織におけるコントロールされた変革の大部分についてイニシエーターと設計者を演じるものである。この「コン

トロールされた」という言葉は，この役割が機会を利用したり，急を要しない問題を解決したりという，マネジャーの自由意思で変化を起こすあらゆる活動にわたっていることを意味している。「企業家」という用語は一般的に，新しい組織を起こすという仕事を焦点にして使う傾向がある一方，すでに動いている組織におけるシステマティックな変革と結びついたマネジャーのあらゆる仕事に注目することも必要である。

　8つ目の，「障害処理者の役割」とは，前述の企業家の役割がコントロールされた組織変革を成し遂げるためのマネジャーの自発的行為を中心としていたのに対し，マネジャーのコントロールが部分的に及ばない，ままならぬ情況や変化を扱うものである。経営上，予期しなかった出来事が急に障害を発生させたり，長い間見過ごされてきた問題点が危機をもたらすこともありうる。そうなると，組織にかかってくるこの種の圧力は無視できないほど強力になり，マネジャーは必要に迫られて行動を起こすことになる。すなわち，障害が発生すれば，事態の修正が必要となるのである。

　9つ目の，「資源配分者の役割」とは，組織の戦略策定システムの心臓部であり，戦略が決定する組織の重要な資源を含む選択策定の中心にあるものである。マネジャーはその公式権限ゆえに，組織資源が配分されるシステムを監督しなければならないのである。組織の資源には，金，時間，原材料や設備，労働力，世評などがあるが，それぞれがプラスにもマイナスにも配分されうる。つまり，意思決定次第でこれらの資源を使い切ることも保存することもできるのである。そしてマネジャーは，多種多様なやり方で資源配分を行っている。例えば，予定を立てて自分の時間を配分したり，部下に仕事を割り当てたり，新設備の導入を伴うような変革を実行したり，予算案の作成やその承認をしたりと，実際ほとんどすべての意思決定を行っていると言えるのである。

　そして最後の，「交渉者の役割」とは，その名のごとく交渉活動の一翼を担うものである。時に，組織は他組織や個人との間で重大で非定型的な交渉を行っていることに気づくことがある。そして，組織から派遣される交渉団を率いているのは，マネジャーであることが多いのである。

II. 管理者に求められる役割行動

このように，Mintzberg は，実態調査を通じて，管理者の仕事上の 10 の役割を挙げたわけであるが，概念的に言えば，管理者は組織の中で，大きく分けて「マネジメント機能」と「リーダーシップ機能」という 2 つの機能を担っている（Zaleznik, 1992; Kotter, 1996; 藤田，2009）。簡単に言うと，マネジメント機能とは，ルーティン・ワークの管理や組織維持的な管理のような仕事の効率的遂行といったことに関わるものである。もう 1 つのリーダーシップ機能とは，人々を動機づけたり，ある一定の方向性へ導いたりするといったことに関わるものである。この 2 つの機能について，Kotter (1996) は，表 12-2 のように示している。もちろん，この内のどちらが重要かといったものではなく，管理者は仕事の中で，この両方の機能を十分に発揮する必要がある。またこの 2 つの機能は，仕事において別々に発揮される

表 12-2 マネジメント機能とリーダーシップ機能

マネジメント	リーダーシップ
計画立案と予算設定…予定された成果を達成するための詳しいステップと予定表を作り，それらの進行に必要な資源を割りつけていく	方向を設定する…将来に向けてのビジョンを作り（かなり遠い将来まで見越した），これらのビジョンを達成するうえで必要な変革を実現していくための戦略を設定する
組織化と人材配置…計画からの要請を達成していくための組織構造を作る。さらに組織に適切な人材配置を行い，計画遂行の責任と権限を割りつけていく。人材をガイドするためにポリシー，規則を作り，また実行過程をモニターする方法とシステムを作る	人材をある方向に向け整列させる。協力を求めるべき人材に対して，進むべき方向を言語と行動でコミュニケーションしていく。さらにビジョンと戦略をきちんと理解し，かつその妥当性を認めるチームと協力関係を作りあげていくことに努める
コントロールと問題解決…詳しく計画に対する実績をモニターする。計画からの逸脱を発見して，これらの問題を解決するための計画化，組織化をはかる	モチベーションと意欲昂揚…基本的ながら，満たされていない人間のニーズに応えることによって，変革の前に立ちふさがる大きな政治的，官僚主義的，資源上の障害を乗り越えていくよう人材を勇気づけていく

（出所）　Kotter (1996)，訳書 p.53 をもとに作成。

ものではなく，絡み合って発揮されるものであるだろう。このことに関連し，このような管理者に求められる役割行動として，古川（2003）は，次のような4つの観点から考察を行なっている[1]。

まず1つ目は，組織の経営意思の正確な把握と伝達である。つまり，組織目標を明確に把握し，その目標達成に向けた経営トップの意思と経営課題を正しく認識して，自己の所属する部署のメンバーたちに伝達し，しっかり理解させる行動である。ここでは，自分自身がトップの経営意思と経営課題を正確に理解するための取り組みを絶えず行うとともに，重要な事柄については伝達を繰り返し，粘り強く部下に浸透させていく働きかけをいとわない態度を持つことが大切である。

2つ目は，担当部署の目標設定と実行である。つまり，担当部署の遂行すべき課題を明瞭にして，具体的な目標を設定し，それをメンバーに伝達し，理解させるとともに，目標達成に向かって実行の働きかけを行う行動である。組織全体の目標達成のために，自分たちの活動がどのような役割を果たし，貢献するのかメンバーたちに理解させて，自分たちの活動の目標認識を確固たるものにするのである。

3つ目は，活動についての振り返りと総括，そして報告である。つまり，自部署の課題として設定した目標の達成に向けた活動の進捗状況を正確に把握し，どれだけの成果を挙げているか確認して，活動を総括するとともに，その内容をまとめて報告したり，部下にフィードバックしたりする行動である。仕事の現場は，日々刻々，次々に課題が生まれ，状況も多様に変化する。管理者は，その繁忙の日々に埋没して，流されてしまうこともやむをえないとさえ感じられるほどの慌しさである。それゆえ，この3つ目の役割行動はついつい怠りがちになる。しかし，それは，次々と仕事をやりっぱなしにしていくことを意味する。それでは，1つひとつの課題遂行過程で学ぶことや反省すべきことを得ることもできず，部署としての成長や進歩に乏しいまま，将来も絶えず場当たり的に課題に臨むことになってしまう。地味ではあるかもしれないが，この3つ目の役割行動も，組織の発展のためには不可欠なものなのである。

最後に，4つ目は，組織変革の創出と実践である。つまり，自部署のメンバーの意識を「新たな発想」と「創造」へと指向させ，部署の中に「革新」を創り出し，さらに「変革」の実践を推進する行動である。経営環境が刻々と変化していく現代では，組織は，その環境の変化に適応するのはもちろん，将来の変化をも先読みして，それに適応するための変革を組織に生み出していくことが望まれる。その組織変革の創出の鍵を握るのが，管理職の創造的で革新的なリーダーシップである。組織を取り巻く環境が安定しているときならば，上述の3つの役割行動だけでも管理職のリーダーとしての役割は十分に果たせたかもしれない。しかし，経営環境が刻々としかも急速に大胆に変化する現代にあって，組織に積極的に変革を創り出すリーダーの役割は，特に重要なものとして注目されるようになってきているのである。

III. 変革の管理

このように，管理者には4つの役割行動が求められるのであるが，現代において得に重要となっているのが，組織変革における管理者の役割に注目する必要性である。組織が環境に開かれたオープン・システムである以上，環境の変化に伴って，組織も変化しなければならないというのは周知の事実である。組織は環境に適応しながら存続し，あるいは発展していくために，変革へ取り組まなければならないし，またそのための変革の管理を考慮しなければならないのである。

1. 変革型リーダーシップ

この組織変革の管理という問題に関連し，そのための管理者の役割として，近年では「変革型リーダーシップ」というものに注目が集まっている[2]。金井・高橋（2004）によれば，伝統的な経営管理においては，部下を統率し業務を遂行するためのリーダーの役割が強調されてきたという。しかし時代が進むにつれて，リーダーシップよりも，部下の役割や状況の作用が重視されるようになってきた。つまり，上司（管理者）が不用意にリーダーシップ

を発揮することによって，部下の良さを殺してしまうこともあるので，リーダーはそのときどきで自分が必要とされるのかどうかを判断し，自分以外の要因のプラスの影響を軽減しないように，状況を見極めなければならないというものである。この考え方を極端に推し進めれば，リーダーの役割は，状況や部下の働きに代替されるので，理想の状況ではリーダーシップはいらなくなる。しかし，その後，リーダーシップの重要性を再認識する理論の揺り戻しが見られてきたという。それがまさに，「変革型リーダーシップ（transformational leadership）理論」の登場である。変革の時代では，不確実で不安定な環境の下，刻々と変化する状況に対応する非ルーティンの仕事が目立ってくる。そのような状況の中から変革を促進するリーダーシップが求められるようになったのである。

山口 他（2006）によれば，変革型リーダーシップとは，「メンバーに外的環境への注意を促し，思考の新しい視点を与え，変化の必要性を実感させ，明確な将来の目標とビジョンを提示し，自ら進んでリスク・テイクし，変革行動を実践するリーダーシップ」として定義されるものであるが，このような変革型リーダーシップと，既存のリーダーシップの考え方（第7章参照）の関係性については，図12-3のようにまとめることができる。すなわち，リーダーシップ研究の特性理論や行動理論，そして状況理論は，集団の中で生じる事象，すなわちリーダーがメンバーとの対人的相互作用を通して影響を及ぼしていくリーダーシップに主たる焦点を当てたものであると言える。このようなリーダーシップ研究は，その特徴を捉えて包括的に，「交流型リーダーシップ（transactional leadership）」（Bass, 1998; 古川, 2003）と呼ばれることがある。それに対して，変革型リーダーシップは，組織を取り巻く外の環境に関心を向け，発展のために創造性を指向して行動するところにその特徴がある。また，このような変革型リーダーシップの構成要素として，Bass（1998）は，次のような4つのものを挙げている[3]。1つ目は，「カリスマ性（charismatic leadership）」であり，メンバーたちに，「リーダーのようになりたい」という同一視を引き起こし，リーダーを見習おうという気にさせる特性である。2つ目は，「志気を鼓舞する動機づけ（inspirational motivation）」

256　第Ⅱ部　マネジメントの諸理論

図 12-3　交流型リーダーシップと変革型リーダーシップの関係

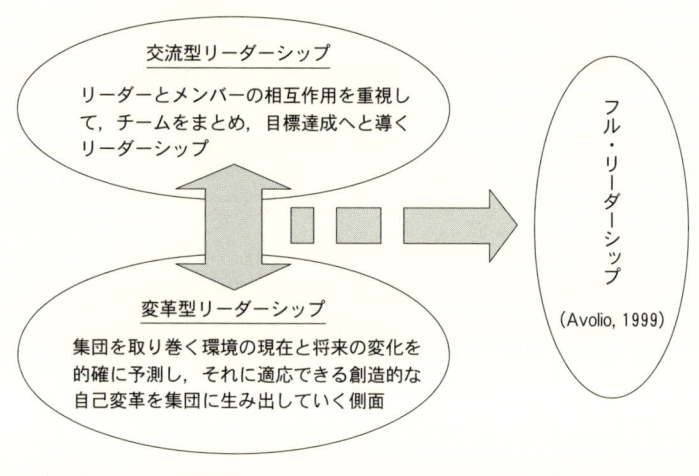

交流型リーダーシップ
リーダーとメンバーの相互作用を重視して，チームをまとめ，目標達成へと導くリーダーシップ

変革型リーダーシップ
集団を取り巻く環境の現在と将来の変化を的確に予測し，それに適応できる創造的な自己変革を集団に生み出していく側面

フル・リーダーシップ
(Avolio, 1999)

（出所）　山口 他（2006），p.130。

であり，メンバーの仕事の持つ意味を理解させ，やる気を引き出し，元気づける特性である。3つ目は，「知的刺激（intellectual stimulation）」であり，メンバーの能力を引き出し，拡充するために，彼らの考え方の視野を広げたり，転換させたりするなどの刺激を与える働きかけである。そして4つ目は，「個別配慮性（individualized consideration）」であり，メンバー個々の達成や成長のニーズに注意を払って，仕事をサポートしたり，適切な助言をしたり，親身になって面倒をみる配慮性である。

　もちろん，このような変革型リーダーシップを発揮する際には，集団としてのまとまりを良くしておくことも必要であるため，交流型リーダーシップを十分に発揮することも不可欠なものとなる。つまり，日々の対面的な交流型リーダーシップによるリーダーとフォロワーの信頼関係なしに，変革型リーダーシップの高い効果は望めないのである（淵上，2009）。それを示したのが，図 12-3 の「フル・リーダーシップ」（Avolio, 1999）である。したがって，組織変革のためには，交流型リーダーシップも変革型リーダーシップも，どちらもが高度に発揮されることが必要なのである。

2. 組織変革における管理者の役割

このような組織変革を考える上で，管理者にとって一番重要であると思われるのが，その組織メンバーの心理的側面の転換，すなわち変革に向かっての個々人の意識改革を促すことであろう。何よりも，変革には抵抗（例えば，既存の組織メンバーが新しい行動を起こすことへの心理的不安からの抵抗など）がつきものなので，変革によって組織のシステムを変えることとともに，組織メンバー個々人の心理側面に気を配ることが管理者には求められるのである。このことに関連して，例えばMai & Akerson（2003）によれば，変革の際には管理者は組織メンバー個々人に対して，(1)組織が計画している変化の内容とは何か，(2)なぜ重要なのか，(3)何が自分に起こるのか（そしてそれはいつか），(4)自分はその中で何を求められているのか，(5)自分にとってどんなメリットがあるのか，といったことをきちんと知らせることが重要であるとしている。このように，組織変革の際には管理者は組織メンバーに対して，非常に綿密なコミュニケーションをとっていく必要があるのである。

このような組織変革の際の，管理者による組織メンバーの意識改革のためのコミュニケーションということに関して，近年では「ストーリーテリング（Storytelling）」（Brown et al., 2005; Denning, 2001, 2004a, 2004b; Guber, 2007）という方法に注目が集まっている。このストーリーテリングは，上述の交流型リーダーシップと変革型リーダーシップの2つを同時に発揮するフル・リーダーシップのための1つの具体的な方法として考えられるものである。

ストーリーテリング[4]とは，理解してもらいたいコンセプトや思いを，それらを想起させるストーリーを通して伝えることである。具体的には，語り手の体験や身近な出来事をベースにストーリーを作り，語ることで，より効果的に聞き手の心に響かせることができるものである。このようなストーリーテリングの特長は，伝えたい言葉をただの単語の羅列として話すよりも，聞き手の心に響き，記憶に残りやすい点にある。そして，このストーリーテリングが有効に機能する場面として，(1)自分を理解してもらう，(2)価値観を伝える，(3)変革のための行動を引き出す，(4)未来に導く，といっ

た4つが挙げられる（表12-3参照）。これらの4つの組み合わせこそが，企業のリーダーが理念や思いを部下に伝え，たゆまぬ経営・業務革新の意識を育み，変化に強い組織をつくるという目的に合致するものとして捉えられている。また，組織の管理者がストーリーを語ることについての重要な側面として，Mai & Akerson（2003）は，次のような8つのポイントを提示している。すなわち，(1)何かが起きている，あるいは起こそうとする動きのあるストーリーにする，(2)ストーリーを，互いに共有している価値観や共通の基盤に結びつける，(3)従業員を主役にする，(4)組織に属している「すべての」人に，自分はドラマの登場人物だと感じさせるようにストーリーを伝える，(5)競争相手を反対勢力（敵対者）だと意識させる，(6)過去を新たなストーリーのプロローグとして描く，(7)現在を特定の目標の夢に向かって進む旅の始まり（あるいは中間点）として描く，(8)未来を，目指すべき目標（目的地）として描く，といったものである。

この組織変革に関するストーリーテリングの具体例として，Denning（2004b, 2005）による世界銀行の変革の事例を挙げることができる。

デニング（S. Denning）は，1996年当時，世界の最貧国における貧困問題

表12-3　変革リーダーにとってストーリーテリングが有効に機能する場面

目的	必要なストーリー	注意点
「自分を理解してもらう」	自身の強みと弱みが垣間見えるドラマティックな体験談	詳細な描写がしやすいがゆえに，聞き手に対してストーリーを聞く十分な時間と関心を与えるように配慮すべき
「価値観を伝える」	組織の価値観を伝えるためのストーリーは例え話でもよいが，信頼できるものでなければならない	語り手となるリーダー自身の普段の行動と矛盾していてはいけない
「変革のための行動を引き出す」	最近の成功した変革事例であり，聞き手が自らの状況に応用できると容易に想像させるもの	変革に至らなかった場合に生じる不幸な結末を暗示する事例でもよい
「未来に導く」	進みたい未来が「結局間違いだった」とならぬよう，詳細に描写しすぎないストーリーを作る	変革への躊躇をなくすために，何を避けるべきでなく，何を目指すべきかを示す。可能なら，目指す未来に続きそうな変革事例を紹介

（出所）『日経情報ストラテジー』2007年1月号，p.54をもとに作成。

の解消を目指す国際組織である世界銀行で働いていた。世界銀行はその歴史を通じて，融資機関として活動してきた組織である。彼がその年の2月に情報部門のマネジャーに配属されたとき，将来の危機感から世界銀行にナレッジ・マネジメントを導入しようと模索し始めた。彼は，世界銀行を，融資機関としてだけではなく，新たにナレッジ共有組織へと変革させようと試みたのである。しかし初めのうちは，世界銀行は当然のように変革を拒む組織であって，組織内の誰もがナレッジ・マネジメントの導入に対して懐疑的・非協力的であった。どのようにして組織成員をナレッジ・マネジメントの導入に積極的に協力して貰うようにするかが，彼自身の重要な課題となっていた。彼は当初，ナレッジ・マネジメントの導入のために，チャートやグラフを用いた論理的で詳細なプレゼンテーションで，人々への説得を試みたが，これは全く効果がなかった。しかしながら，彼が悩んでいたとき，不意に別の考えが浮かんできた。彼はザンビアでの出来事を簡単なストーリーにして，語りかけたところ，組織成員のナレッジ・マネジメントへの共感を作り出し，最終的に世界銀行は変革へと動き出すことに成功したのである。そのとき彼は，次のようなストーリーを語った。

「1995年6月，ザンビアの小さな村で働く医療ワーカーがジョージア州アトランタの病害対策防止センターのウェブサイトにアクセスをした。そのサイトで，マラリアへの対処法を知ることができた。これは1995年6月であって2015年6月の出来事ではない。そして，ザンビアの首都での話でもなく，首都から600キロも離れたところにある小さな村での話だ。さらに豊かな国の話でもない。ザンビアでの話なのだ。ザンビアは世界でも最も貧しい国の1つだ。しかし，この情景の中で世界銀行にとって最も重要なことは一体何だろうか。それは，この情景の中に世界銀行が存在していないということだ。我々は世界中で貧困に立ち向かうための決断を下そうとしている何百万もの人々と知識を共有できるような形で自分たちのノウハウを整理して持っていない。でも，もし我々がそれを持っていたとしたらどうか考えてみて欲しい。そんな方法で知識を共有できる仕組みを

持っていると考えてみて欲しい。そして,我々がそんな組織になれると考えてみて欲しい。」

　結果的に,このストーリーを語ることによって,世界銀行の変革が進むこととなった。このストーリーテリングを通じて,聞き手それぞれが,ナレッジ・マネジメントが導入された後の世界銀行の姿をストーリーとして抱くようになった。さらに,同じストーリーが別な人物によって,別な場面でも語られるようになり,最終的には組織全体にナレッジ・マネジメントを導入する動きが広がることにつながったのである。

　このように,ストーリーテリングは組織が変革をうまく図っていくための手段として注目されている。ストーリーテリングが有効的な働きをするのは,語り手と聞き手がストーリーを通じてお互いの経験を共有できるからである。したがって,ここからわかるのは,組織変革は,巷によくあるような組織的変革プログラムを導入し,それを上手く徹底させれば成功するといったような代物ではないのである。つまり,何よりも重要な点は,管理者がストーリーを語ることで,組織メンバーに対し,変革後の組織の姿,そしてそれを達成するための自分たちのあるべき姿を各自のストーリーとして想い描かせることにあるのである。つまり,組織の中において自分が果たすべき役割を各個人が想い描くことを通じ,それを達成するための個人の行動や組織としての共同的な行動が生まれてくることになるのである。

　組織の変革の道筋において,各組織メンバーが果たすべき役割・行動を具体的に思い描かせること。これこそが,現代の管理者の果たすべき役割としての重要な側面なのである。

【注】
1) この点については,山口 他 (2006) も参照。
2) 近年における変革型リーダーシップ研究の注目度の高さについては,石川 (2009) を参照。
3) 山口 他 (2006) を参照。
4) ここで展開するストーリーテリングに関する考え方については,『日経情報ストラテジー』2007年1月号を参照。

【さらに学習するための文献】

ミンツバーグ著（奥村哲史・須見栄訳）『マネジャーの仕事』白桃書房，1993年。

古川久敬『新版基軸づくり：創造と変革を生むリーダーシップ』日本能率協会マネジメントセンター，2003年。

ブラウン 他著（高橋正泰・高井俊次監訳）『ストーリーテリングが経営を変える：組織変革の新しい鍵』同文舘出版，2007年。

参考文献

Abegglen, J. C. (1958) *The Japanese Factory: Aspects of Its Social Organization*. Glencoe: Free Press. (占部都美監訳『日本の経営』ダイヤモンド社, 1958年。)
Adams, J. S. (1963) Toward an Understanding of Inequity. *Journal of Abnormal and Social Psychology*, 67: 422-436.
Andrews, K. R. (1971) *The Concept of Corporate Strategy*. Homewood, Ill: Dow Jones-Irwin. (山田一郎訳『経営戦略論』産業能率短期大学出版部, 1976年。)
Ansoff, H. I. (1965) *Corporate Strategy: An Analytic Approach to Business Policy for Growth and Expansion*. New York: McGraw-Hill. (広田寿亮訳『企業戦略論』産業能率短期大学出版部, 1969年。)
Anthony, R. N. (1965) *Planning and Control Systems: A Framework for Analysis*. Boston: Division of Research, Graduate School of Business Administration, Harvard University. (高橋吉之助訳『経営管理システムの基礎』ダイヤモンド社, 1968年。)
Argyris, C. (1957) *Personality and Organization*. New York: Harper & Row. (伊吹山太郎・中村実訳『新訳 組織とパーソナリティ：システムと個人の葛藤』日本能率協会, 1970年。)
Atkinson, J. W. (1964) *An Introduction to Motivation*. Princeton. NJ: Van Nostrand
Avolio, B. J. (1999) *Full Leadership Development: Building the Vital Forces in Organizations*. Thousand Oaks, California: Sage Publications.
Barnard, C. I. (1938) *The Functions of the Executive*. Cambridge, Massachusetts: Harvard University Press. (山本安次郎・田杉競・飯野春樹訳『新訳 経営者の役割』ダイヤモンド社, 1968年。)
Barney, J. B. (1991) Firm Resources and Sustained Competitive Advantage. *Journal of Management*, 17: 99-120.
Bass, B. M. (1998) *Transformational Leadership: Industry, Military, and Educational Impact*. Mahwah, New Jersey: Lawrence Erlbaum Associates.
von Bertalanffy, L. (1968) *General System Theory*. New York: George Braziller. (長野敬・太田邦昌訳『一般システム理論』みすず書房, 1973年。)
Blake, R. R. and Mouton, J. S. (1978) *The New Managerial Grid*. Houston, Texas: Gulf Publishing. (田中敏夫・子見山澄子訳『新・期待される管理者像』産業能率短期大学出版部, 1979年。)
Bock, P. K. (1974) *Modern Cultural Anthropology: An Introduction*. 2nd ed. New York: Alfred A. Knof.
Boulding, K. E. (1966) The Economics of the Coming Spaceship Earth. In Jarrett, H. (ed.), *Environmental Quality in a Growing Economy*. Baltimore, Johns Hopkins University Press.
Brown, J. S., Denning, S., Groh, K. and Prusak, L. (2005) *Storytelling in Organizations: Why Storytelling Is Transforming 21st Century Organizations and Management*, Burlington, Massachusetts: Elsevier. (高橋正泰・高井俊次監訳『ストーリーテリングが経営を変える：

組織変革の新しい鍵』同文舘出版, 2007 年。)
Burgelman, R. A. (1983) A Model of the Interaction of Strategic Behavior, Coporate Context and Concept of Strategy. *Academy of Management Review*, 8(1): 61-70.
Burgelman, R. A. (2002) Strategy as Vector and the Inertia of Coevolutionary Lock-in. *Administrative Science Quarterly*, 47(2): 325-357.
Burke, R. J. (1970) Methods of Resolving Superior-subordinate Conflict: The Constructive Use of Subordinate Differences and Disagreements. *Organizational Behavior and Human Performance*, 5: 393-411.
Burns, T. and Stalker, G. M. (1961) *The Management of Innovation*. London: Tavistock.
Burton-Jones, A. (1999) *Knowledge Capitalism*. New York: Oxford University Press. (野中郁次郎・有賀裕子訳『知識資本主義』日本経済新聞社, 2001 年。)
Cannon, W. B. (1939) *The Wisdom of the Body*. New York: Norton.
Capra, F and Pauli, G. (1995) The Challenge. In Capra, F. and Pauli, G. (eds.), *Steering Business toward Sustainability*. Tokyo: United Nations University Press. (赤池学監訳「持続可能な社会への課題」『ゼロ・エミッション』ダイヤモンド社, 1996 年。)
Carson, R. (1962) *Silent Spring*. Boston: Houghton Mifflin Company. (青樹簗一訳『沈黙の春』新潮社, 1987 年。)
Chandler, A. D. (1962) *Strategy and Structure: Chapters in the History of the Industrial Enterprise*. Cambridge, Massachusetts: M.I.T. Press. (有賀裕子訳『組織は戦略に従う』ダイヤモンド社, 2004 年。)
Child, J. (1972) Organizational Structure, Environment and Performance: The Role of Strategic Choice. *Sociology*, 6: 2-22.
Christensen, C. M. (1996) *The Innovator's Dilemma: When New Technologies Cause Great Firms to Fall*. Boston, Massachusetts: Harvard Business School Press. (伊豆原弓訳『イノベーションのジレンマ―技術革新が巨大企業を滅ぼすとき―』翔泳社, 2000 年。)
Cohen, M. D., March, J. G. and Olsen, J. P. (1972) A Garbage Can Model of Organizational Choice. *Administrative Science Quarterly*, 17(1): 1-25.
Commoner, B. (1971) *The Closing Circle: Nature, Man, and Technology*. New York: Knopf.
Cox, T. H. (1993) *Cultural Diversity in Organizations: Theory, Research, Practice*. San Francisco: Berret-Koehler Publishers.
Cummin, P. C. (1967) TAT Correlates of Executive Performance. *Journal of Applied Psychology*, 51: 78-81.
Cyert, R. M. and March, J. G. (1963) *A Behavioral Theory of the Firm*. Englewood Cliffs, New Jersey: Prentice-Hall. (松田武彦・井上恒夫訳『企業の行動理論』ダイヤモンド社, 1967 年。)
Daft, R. L. (2001) *Essential of Organization Theory and Design 2nd Ed*. Ohio: Thomson South-Western College Publishing. (髙木晴夫訳『組織の経営学―戦略と意思決定を支える―』ダイヤモンド社, 2002 年。)
Davenport, T. H. and Prusak, L. (1998) *Working Knowledge*. Massachusetts: Harvard Business School Press. (梅本勝博訳『ワーキング・ナレッジ』生産性出版, 2000 年。)
Davis, M. and Lawrence, P. R. (1977) *Matrix*. Massachusetts: Addison-Wesley. (津田達男・梅津祐良訳『マトリックス経営』ダイヤモンド社, 1980 年。)
Deal, T. E. and Kennedy, A. A. (1982) *Corporate Cultures*. Massachusetts: Addison-Wesley. (城山三郎訳『シンボリック・マネジャー』新潮社, 1983 年。)

Denison, D. R. (1990) *Corporate Culture and Organizational Effectiveness*. New York: John Wiley & Sons.

Denning, S. (2000) *The Springboard: How Storytelling Ignites Action in Knowledge-Era Organizations*. Boston: Butterworth-Heinemann.

Denning, S. (2004a) *Squirrel Inc.: A Fable of Leadership Through Storytelling*. Boston: Jossey-Bass.(冨田ひろみ訳『チームリーダー：GE, IBM, シェル, マクドナルド, アメリカ陸軍のコンサルタント』不空社, 2005 年。)

Denning, S. (2004b) Telling Tales. *Harvard Business Review*, 82(5): 122-129. (堀美波訳「ストーリーテリングの力」『DIAMOND ハーバード・ビジネス・レビュー』2004 年 10 月号, 100-111 頁。)

Denning, S. (2005) Using Narrative as a Tool for Change. In Brown, J, S., Denning, S., Groh, K. and Prusak, L., *Storytelling in Organizations*. Burlington, Massachusetts: Elsevier. (高橋正泰・高井俊次監訳「語りは組織変革のツールである」『ストーリーテリングが経営を変える：組織変革の新しい鍵』同文舘出版, 2007 年。)

Dixon, N. M. (2000) *Common Knowledge*. Massachusetts: Harvard Business School Press. (梅本勝博・遠藤温・末永聡市訳『ナレッジ・マネジメント5つの方法』生産性出版, 2003 年。)

Downey, H. K. and Slocum, J. W. (1975) Uncertainty: Measures, Research, and Sources of Variation. *Academy of Management Journal*, 18(3): 562-578.

Drucker, P. F. (1993) *Post-capital Society*. New York: HarperCollins. (上田惇生・佐々木実智男訳『ポスト資本主義社会』ダイヤモンド社, 1993 年。)

Duncan, R. B. (1972) Characteristics of Organizational Environments and Perceived Environmental Uncertainty. *Administrative Science Quarterly*, 17(3): 313-327.

Duncan, R. B. (1973) Multiple Decision-making Structures in Adapting to Environmental Uncertainty: The Impact on Organizational Effectiveness. *Human Relations*, 2(3): 273-291.

Ehrlich, P. R. (1968) *The Population Bomb*. New York: Ballantine Books.

Emery, F. E. and Trist, E. L. (1965), The Causal Texture of Organizational Environments, *Human Relations*, 18(1): 21-32.

エントロピー学会 (2003)『循環型社会を作る 技術・経済・政策の展望』藤原書店。

Fayol, H. (1916) *Administration Industrielle et Générale*. Bulletin de la Societe de l' Industrie Minerale. (山本安次郎訳『産業ならびに一般の管理』ダイヤモンド社, 1985 年。)

Festinger, L. (1957) *A Theory of Cognitive Dissonance*. California: Stanford University Press. (末永俊郎監訳『認知的不協和の理論』誠信書房, 1965 年。)

Fiedler, F. E. (1967) *A Theory of Leadership Effectiveness*. New York: McGraw-Hill. (山田雄一監訳『新しい管理者像の探求』産業能率短期大学出版, 1970 年。)

Fleishman, E. A. and Harris, E. F. (1962) Patterns of Leadership Behavior Related to Employee Grievances and Turnover. *Personnel Psychology*, 15: 43-56.

French, J. R. P. and Raven, G. (1959) The Baisis of Social Power. In Cartwright, D. (ed.), *Studies in Social Power*, Torgersen.

淵上克義 (2009)「リーダーシップ研究の動向と課題」『組織科学』, 第 43 巻, 第 2 号, 4-15 頁。

藤田東久夫 (2009)「リーダーシップを育む創発インフラの形成」『DAIAMOND ハーバード・ビジネス・レビュー』2009 年 7 月号, 119-123 頁。

藤田誠 (1991)「組織風土・文化と組織コミットメントー専門職業家の場合」『組織科学』, 第 25 巻,

第 1 号，78-92 頁。

Fuller, R. B. (1968) *Operating Manual for Spaceship Earth*. Carbondale: Southern Illinois University Press. (芹沢高志訳『宇宙船地球号操縦マニュアル』筑摩書房，2000 年。)

古川久敬 (2003)『新版 基軸づくり：創造と変革を生むリーダーシップ』日本能率協会マネジメントセンター。

二村敏子編 (1982)『組織の中の人間行動：組織行動論のすすめ』有斐閣。

Garvin, D. A. (2001) *Learning in Action*. Massachusetts: Harvard Business School Press. (沢崎冬日訳『アクション・ラーニング』ダイヤモンド社，2002 年。)

Gray, P. H. (2001) A Problem-solving Perspective on Knowledge Management Practices. *Decision Support Systems*, 31: 87-102.

Grover, V. and Davenport, T. H. (2001) General Perspectives on Knowledge Management: Fostering a Research Agenda. *Journal of Management Information Systems*, 18(1): 5-21.

Guber, P. (2007) The Four Truths of the Storyteller. *Harvard Business Review*, 85(12): 52-59. (スコフィールド素子訳「ストーリーテリングの心得」『DIAMOND ハーバード・ビジネス・レビュー』2008 年 3 月号，80-92 頁。)

Hall, E. T. (1966) *The Hidden Dimension*. New York: Doubleday & Company. (日高敏隆・佐藤信行訳『かくれた次元』みすず書房，1970 年。)

Halpin, A. W. and Winter, B. J. (1957) A Factorial Study of the Leader Behavior Descriptions. In Stogdill, R. M. and Coons, A. E. (eds.), *Leader Behavior: Its Description and Measurment*, Columbus, OH: Bureau of Business Research, Ohio State University.

Hamel, G. and Prahalad, C. K. (1994) *Competing for the Future*. Boston, Massachusetts: Harvard Business School Press. (一條和生訳『コア・コンピタンス経営』日本経済新聞社，1995 年。)

Hannan, M. T. and Freeman, J. (1977) The Population Ecology of Organizations. *American Journal of Sociology*, 82: 929-964.

Hardin, G. (1968) *39 Steps to Biology: Readings from Scientific American*. San Francisco: Freeman.

Hawken, P. (1993) *The ecology of commerce*. New York: HarperCollins. (鷗田栄作訳『サステナビリティ革命』ジャパンタイムズ，1995 年。)

Hawken, P., Lovins, A. B. and Lovins, L. H. (1999) *Natural Capitalism; Creating the Next Industrial Revolution*. Boston: Little Brown. (佐和隆光監訳『自然資本の経済』日本経済新聞社，2001 年。)

Hedley, B. (1977) Strategy and the "Business Portfolio". *Long Range Planning*, 10: 9-15.

Hersey, P. and Blanchard, K. H. (1977) *Management of Organizational Behavior*. New Jersey: Prentice-Hall. (山本成二・水野基・成田政則訳『行動科学の展開：人間資源の活用』日本生産性本部，1978 年。)

Herzberg, F. (1966) *Work and Nature of Man*. New York: World Publishing. (北野利信訳『仕事と人間性：動機づけ―衛生理論』東洋経済新報社，1968 年。)

von Hippel, E. (1994) "Sticky Information" and the Locus of Problem Solving: Implications for Innovation. *Management Science*. 40(4): 429-439.

Hofer, C. W. and Schendel, D. (1978) *Strategy Formulation: Analytical Concept*. West Publishing Company. (奥村昭博・榊原清則・野中郁次郎訳『戦略策定』千倉書房，1981 年。)

Hofstede, G (1980) *Culture's Consequence: International Differences in Work-related Values*.

California: Sage.（萬成博・安藤文四郎監訳『経営文化の国際比較』産業能率大学出版部,1984年。）
Hofstede, G (1991) *Cultures and Organizations: Software of the Mind.* United Kingdom: McGraw-Hill International.（岩井紀子・岩井八郎訳『多文化世界 違いを学び共存への道を探る』有斐閣, 1995年。）
Hofstede, G and Hofstede, G. J. (2005) *Cultures and Organizations: Software of the Mind.* 2nd ed., New York: McGraw-Hill.
堀井悟志（2003）「マネジメント・コントロール論の変化と戦略的管理会計論」『日本管理会計学会誌』, 第11巻, 第2号, 57-69頁。
Hull, C. L. (1943) *Principles of Behavior.* New York: Appleton-Century-Crafts.（能見義博・岡本栄一訳『行動の原理』誠信書房, 1960年。）
石川淳（2009）「変革型リーダーシップが研究開発チームの業績に及ぼす影響：変革型リーダーシップの正の側面と負の側面」『組織科学』, 第43巻, 第2号, 97-112頁。
伊丹敬之(1986)『マネジメント・コントロールの理論』岩波書店。
Jarzabkowski, P. (2004) Strategy as Practice: Recursiveness, Adaptation, and Practice-in-Use. *Organization Studies,* 25(4): 529-560.
金井壽宏・高橋潔（2004）『組織行動の考え方：ひとを活かし組織力を高める9つのキーコンセプト』東洋経済新報社。
Kaplan, R. S. and Norton, D. P. (1996) *The Balanced Scorecard: Translating Strategy into Action.* Boston, Mass: Harvard Business School Press.（吉川武男訳『バランス・スコアカード―新しい経営指標による企業変革―』生産性出版, 1997年。）
Kaplan, R. S. and Norton, D. P. (2004) *Strategy Maps: Converting Intangible Assets into Tangible Outcomes.* Boston, Mass: Harvard Business School Press.（櫻井通晴・伊藤和憲・長谷川恵一監訳『戦略マップ：バランスト・スコアカードの新・戦略実行フレームワーク』ランダムハウス講談社, 2005年。）
Katz, D., Maccoby, N. and Morse, N. C. (1950) *Productivity, Supervision and Morale in Office Situation,* Detroit: Darel.
岸眞理子（2003）「情報技術と組織コミュニケーション」, 遠山暁・村田潔・岸眞理子『経営情報論』有斐閣。
Knights, D. and G. Morgan. (1991) Corporate Strategy, Organizations, and Subjectivity: A Critique. *Organization Studies,* 12(2): 251-273.
紺野登（1999）『知識資産の経営』日本経済新聞社。
Kotter, J. P. and Heskett, J. L. (1992) *Corporate Culture and Performance.* New York: The Free Press.
Kotter, J. P. (1996) *Leading Change.* Boston: Harvard Business School Press.（梅津祐良訳『企業変革力』日経BP社, 2002年。）
桑田耕太郎・田尾雅夫（1998）『組織論』有斐閣アルマ。
Lave, J. and Wenger, E. (1991) *Situated Learning: Legitimate Peripheral Participation.* Cambridge: Cambridge University Press.（佐伯胖訳『状況に埋め込まれた学習：正統的周辺参加』産業図書, 1993年。）
Lawrence, P. R. and Lorsch, J. W. (1967) *Organization and Environment: Managing Differentiation and Integration.* Boston: Division of Research, Harvard Business School.（吉田博訳『組織の条件適応理論』産業能率短期大学出版部, 1977年。）
Leonard-Barton, D. (1992) Core Capabilities and Core Rigidities: A Paradox in Managing

New Product Development. *Strategic Management Journal*, 13: 111-125.
Leonard-Barton, D. (1995) *Wellsprings of Knowledge*. Massachusetts: Harvard Business School Press. (阿部孝太郎・田畑暁生訳『知識の源泉』ダイヤモンド社, 2001年。)
Lewin, K. (1935) *A Dynamic Theory of Personality*. New York: McGraw-Hill.
Lewin, K., Lippitt, R. and White, R. K. (1939) Patterns of Aggressive Behavior in Experimentally Created Climates. *Journal of Social Psychology*, 10: 271-299.
Lewin, K. (1951) *Field Theory in Social Science*. New York: Harper & Brothers. (猪股佐登留訳『社会科学における場の理論』誠信書房, 1956年。)
Likert, R. (1961) *New Patterns of Management*. New York: McGraw-Hill. (三隅二不二訳『経営の行動科学：新しいマネジメントの探求』ダイヤモンド社, 1964年。)
Lippitt, R. and White, R. K. (1958) An Experimental Study of Leadership and Group Life. In Maccoby, E. E., Newcomb, T. M. and Hartley, E. L. (eds.), *Readings in Social Psychology*, New York: Henry Holt.
Litwin, G. H. and Stringer Jr., R. A. (1968) *Motivation and Organizational Climate*. Boston: Harvard University Graduate School of Business Administration Division of Research. (占部都美監訳『経営風土』白桃書房, 1974年。)
Luthans, F (1976) *Introduction to Management: A Contingency Approach*. New York: McGraw-Hill.
Mai, R. and Akerson, A. (2003) *The Leader As Communicator*. New York: AMACOM. (徳岡晃一郎訳『リーダーシップ・コミュニケーション』ダイヤモンド社, 2005年。)
March, J. G. and Simon, H. A. (1958) *Organizations*. New York: John Wiley & Sons. (土屋守章訳『オーガニゼーションズ』ダイヤモンド社, 1977年。)
Martin, J. (1992) *Cultures in Organizations: Three Perspectives*. New York: Oxford University Press.
Martin, John and Fellenz, Martin (2010) *Organizational Behaviour & Management*, 4th ed. Hampshire, UK: Cengage Learning EMEA.
Maslow, A. H. (1943) A Theory of Human Motivation. *Psychological Review*, 50: 370-396.
Maslow, A. H. (1954) *Motivation and Personality*. New York: Harper & Row. (小口忠彦監訳『人間性の心理学』産業能率短期大学出版部, 1971年。)
Maturana, H. and Varela, F. (1984) *Der Baum der Erkenntnis*. Editorial Universitaria. (菅啓次郎訳『知恵の樹』筑摩書房, 1997年。)
Mayo, E. (1933) *The Human Problems of an Industrial Civilization*. New York: Macmillan. (村本英一訳『産業文明における人間問題』日本能率協会, 1967年。)
Mayo, E. (1945) *The Social Problems of an Industrial Civilization*. Cambridge, Massachusetts: Harvard University Press.
McClelland, D. C. (1951) Measuring Motivation in Phantasy: The Achievement Motive. In Guetzkow, H. (ed.) *Groups, Leadership, and Men*, Pennsylvania: Carnegie Press.
McClelland, D. C. (1961) *The Achieving Society*, New Jersey: Van Nostrand. (林保監訳『達成動機』産業能率短期大学出版部, 1971年。)
McGregor, D. (1960) *The Human Side of Enterprise*. New York: McGraw-Hill. (高橋達男訳『新版 企業の人間的側面』産業能率短期大学出版部, 1970年。)
Mckelvey, B. (1982) *Organizational Systematics: Taxonomy, Evolution, Classification*. Berkeley and Los Angeles, California: University of California Press.
Meadows, D. L., Meadows, D. H., Randers, J. and BehrensⅢ, W. W. (1972) *The Limits to*

Growth; A Report for the Club of Rome's Project on the Predicament of Mankind. New York: Universe Books. (大来佐武郎監訳『成長の限界』ダイヤモンド社, 1972年。)

Meyer, J.W. and Rowan, B. (1977) Institutionalized Organizations: Formal Structure as Myth and Ceremony. *American Journal of Sociology* 83: 340-363.

Miles, R.E. and Snow, C.C. (1978) *Organizational Strategy, Structure, and Process.* New York: McGraw-Hill. (土屋守章・内野崇・中野工訳『戦略型経営』ダイヤモンド社, 1983年。)

Mintzberg, H. (1973) *The Nature of Managerial Work.* New York: Harper-Collins. (奥村哲史・須貝栄訳『マネジャーの仕事』白桃書房, 1993年。)

Mintzberg, H. (1978) Patterns in Strategy Formation. *Management Science*, 24(9): 934-948.

Mintzberg, H. and Waters, J. (1984) Of Strategies, Deliberate and Emergent. *Strategic Management Journal*, 6(3): 257-272.

Mintzberg, H. (1989) *Mintzberg on Management.* New York: Free Press. (北野利信訳『人間感覚のマネジメント』ダイヤモンド社, 1991年。)

Mintzberg, H., Ahlstrand, B.J. and Lampel, J. (1998) *Strategy Safari.* New York: Free Press. (齋藤嘉則訳『戦略サファリ』東洋経済新報社, 1999年。)

三隅二不二 (1966)『新しいリーダーシップ : 集団指導の行動科学』ダイヤモンド社。

三橋規宏 (1997)『ゼロエミッションと日本経済』岩波書店。

森岡正博 (1995)「ディープ・エコロジーと自然観の変革」, 小原秀雄監修『環境思想の多様な展開』東海大学出版会。

Murray, H.A. (1938) *Explorations in Personality.* Oxford University Press.

Naess, A. (1989) *Ecology, Community, and Lifestyle: Outline of an Ecosophy.* translated and revised by David Rothenberg, Cambridge: Cambridge University Press.

中西晶 (2003)「ナレッジ・マネジメントにおける情報技術」, 島田達己・遠山曉編『情報技術と企業経営』学文社。

野中郁次郎 (1985)『企業進化論』日本経済新聞社。

野中郁次郎・竹内弘高 (1996)『知識創造企業』東洋経済新報社。

野中郁次郎・加護野忠男・小松陽一・奥村昭博・坂下昭宣 (1978)『組織現象の理論と測定』千倉書房。

野中郁次郎・紺野登 (1999)『知識経営のすすめ』筑摩書房。

小川進 (2000)『イノベーションの発生論理』千倉書房。

大月博司・中條秀治・犬塚正智・玉井健一 (1999)『戦略組織論の構想』同文舘。

大月博司・藤田誠・奥村哲史 (2001)『組織のイメージと理論』創成社。

大月博司・高橋正泰・山口善昭 (2008)『経営学 : 理論と体系 (第三版)』同文舘。

Ouchi, W.G. (1981) *The Theory Z: How American Business can meet the Japanese Challenge.* Reading, Massachusetts: Addison-Wesley. (徳山二郎監訳『セオリー Z―日本に学び, 日本を超える―』CBSソニー出版, 1981年。)

Pascale, R.T. and Athos, A.G. (1981) *The Art of Japanese Management.* New York: Simon & Schuster. (深田祐介訳『ジャパニーズ・マネジメント』講談社, 1981年。)

Pauli, G. (1995) Industrial Clusters of the Twenty-first Century. In Capra, F. and Pauli, G. (eds.), *Steering Business toward Sustainability.* Tokyo: United Nations University Press. (赤池学監訳「21世紀の産業クラスター」『ゼロ・エミッション』ダイヤモンド社, 1996年。)

Payne, P.L. and Pheysey, D.C. (1970) G.G. Stern's Organizational Climate Index. *Organizational*

Behavior and Human Performance, 6: 77-98.
Peters, T. J. and Waterman, R. H. (1982) *In Search of Excellence: Lessons from America's Best-run Companies*. New York: Harper & Row. (大前研一訳『エクセレント・カンパニー』講談社, 1983年。)
Pfeffer, J., and Salancik, G. R. (1978) *The External Control of Organizations: A Resource Dependent Perspective*, New York: Harper and Row.
Polanyi, M. (1966) *The Tacit Dimension*. London: Routledge & Kegan Paul. (佐藤敬三・伊東俊太郎訳『暗黙知の次元』紀伊国屋書店, 1980年。)
Pondy, L. R. (1967) Organizational Conflict: Concepts and Models. *Administrative Science Quarterly*, 12: 296-320.
Pondy, L. R., Frost, P. J., Morgan, G. and Dandridge, T. C. eds. (1983) *Organizational Symbolism* (Monographs in Organizational Behavior and Industrial Relations, volume 1). Greenwich, Connecticut: JAI Press.
Porter, L. W. and Lawler, E. E. (1968) *Managerial Attitudes and Performance*. Homewood: Irwin.
Porter, M. E. (1980) *Competitive Strategy: Techniques for Analyzing Industries and Competitors*. New York: Free Press. (土岐坤・中辻萬治・服部照夫訳『競争の戦略』ダイヤモンド社, 1982年。)
Porter, M. E. and C. Van. Der. Linde. (1995) Green and Competitive Ending the Stalemate. *Harvard Business Review*, 73(5): 49-61. (矢内裕幸・上田亮子訳「環境主義がつくる21世紀の競争優位」『DIAMONDハーバード・ビジネスレビュー』1996年9月号, 101-118頁。)
Redfield, R. (1941) *The Folk Culture of Yucatan*. Chicago: University of Chicago Press.
Robbins, S. P. (1974) Conflict Management and Resolution are not Synonymous Terms. *California Management Review*, 21(2): 67-75.
Roethlisberger, F. J. and Dickson, W. J. (1939) *Management and the Worker*. Cambridge, Massachusetts: Harvard University Press.
Roethlisberger, F. J. (1941) *Management and Morale*. Cambridge, Massachusetts: Harvard University Press. (野田一夫・川村欣也訳『経営と勤労意欲』ダイヤモンド社, 1957年。)
Rue, L. W. and Byars, L. L. (1977) *Management: Theory and Application*, Homewood: Irwin.
坂下昭宣 (1985) 『組織行動研究』白桃書房。
咲川孝 (1998) 『組織文化とイノベーション』千倉書房。
Saku, M and Vaara, E. (2008) On the Problem of Participation in Strategy: A Critical Discursive Analysis. *Organization Science*, 19(2): 341-358.
Schmidt, W. H. (1974) Conflict: A Powerful Process for (Good or Bad) Change. *Management Review*, 63 (12): 4-10.
Selznick, P. (1957) *Leadership in Administration: A Sociological Interpretation*. Evanston, Illinois: Row, Peterson. (北野利信訳『組織とリーダーシップ』ダイヤモンド社, 1970年。)
Shein, E. H. (1980) *Organizational Psychology*. 3rd ed. New Jersey: Prentice-Hall. (松井賚夫訳『組織心理学』岩波書店, 1981年。)
Shein, E. H. (1985) *Organizational Culture and Leadership*. California: Jossey-Bass. (清水紀彦・浜田幸雄訳『組織文化とリーダーシップ』ダイヤモンド社, 1989年。)
塩次喜代明・高橋伸夫・小林敏男 (1999) 『経営管理』有斐閣アルマ。
Simon, H. A. (1945 ; 1976) *Administrative Behavior*. 3rd ed., New York: The Free Press. (松田武彦・高柳暁・二村敏子訳『経営行動』ダイヤモンド社, 1989年。)

Simon, H. A. (1957) *Administrative Behavior.* 2nd ed., New York: Macmillan. (松田武彦・高柳暁・二村敏子訳『経営行動』ダイヤモンド社, 1965年。)

Simon, H. A. (1976) *Administrative Behavior.* 3rd ed., New York: Free Press. (松田武彦・高柳暁・二村敏子訳『(新版)経営行動―経営組織における意思決定プロセスの研究―』ダイヤモンド社, 1989年。)

Simon, H. A. (1977) *The New Science of Management Decision.* New Jersey: Prentice-Hall. (稲葉元吉・倉井武夫訳『意思決定の科学』産業能率短期大学出版部, 1979年。)

Simons, R. (1995) *Levers of Control: How Managers Use Innovative Control Systems to Drive Strategic Renewal.* Boston, Massachusetts: Harvard Business School Press. (中村元一・浦島史恵・黒田哲彦訳『ハーバード流「21世紀経営」4つのコントロール・レバー』産能大学出版部, 1998年。)

Simons, R. (2000) *Performance Measurement and Control Systems for Implementing Strategy.* Upper Saddle River, New Jersey: Prentice Hall. (伊藤邦雄監訳『戦略評価の経営学―戦略の実行を支える業績評価と会計システム―』ダイヤモンド社, 2003年。)

Simons, R. (2005) *Levers of Organization Design: How Managers Use Accountability Systems for Greater Performance and Commitment.* Boston, Massachusetts: Harvard Business School Press. (谷武幸・窪田祐一・松尾貴巳・近藤隆史訳『戦略実現の組織デザイン』中央経済社, 2008年。)

de Steiguer, J. E. (1997) *The Age of Environmentalism.* New York: McGraw-Hill. (新田功・大森正之・蔵本忍訳『環境保護主義の時代』多賀出版, 2001年。)

Stogdill, R. M. (1974) *Handbook of Leadership: A Survey of Theory and Research.* New York: The Free Press.

鈴木幸毅 (2005)「環境経営の管理論」, 高橋由明・鈴木幸毅編『環境問題の経営学』ミネルヴァ書房。

高橋正泰・山口善昭・磯山優・文智彦 (1998)『経営組織論の基礎』中央経済社。

高橋正泰 (1998)『組織シンボリズム―メタファーの組織論―』同文舘出版。

高橋正泰 (2010)「リーダーシップとストーリーテリング」『経営論集』(明治大学経営学研究所) 第57巻, 第3号, 25-42頁。

Taylor, F. W. (1903) *Shop Management.* New York: Harper & Row.

Taylor, F. W. (1911) *The Principles of Scientific Management.* New York: Harper & Row.

Thompson, J. D. (1967) *Organizations in Action.* New York: McGraw-Hill. (高宮晋監訳『オーガニゼーション・イン・アクション』同文舘, 1987年。)

Toffler, A. (1990) *Powershift: Knowledge, Wealth and Violence at the Edge of 21st Century.* New York: Bantam Books. (徳山二郎訳『パワーシフト』フジテレビ出版部, 1990年。)

Tolman, E. C. (1932) *Purposive Behavior in Animals and Men.* New York: Century Co.

Vogal, E. F. (1979) *Japan as Number One.* Cambridge, Mass.: Harvard University Press. (広中和歌子・木本彰子訳『ジャパンアズナンバーワン―アメリカへの教訓―』TBSブリタニカ, 1979年。)

Vroom, V. H. (1964) *Work and Motivation,* New York: John Wiley & Sons. (坂下昭宣・榊原清則・小松陽一・城戸康彰訳『仕事とモティベーション』千倉書房, 1982年。)

von Weizsacker, E. U., Lovins, A. B. and Lovins, L. H. (1995) *Faktor Vier.* München: Droemer Knaur. (佐々木健訳『ファクター4』省エネルギーセンター, 1998年。)

Wenger, E., McDermott, R. and Snyder, W. M. (2002) *Cultivating Communities of Practice.* Massachusetts: Harvard Business School Press. (櫻井祐子訳『コミュニティ・オブ・プラ

クティス』翔泳社，2002 年。）
White, R. K. and Lippitt, R. (1960) *Autocracy and Democracy: An Experimental Inquiry*. New York: Harper & Row.
White, L. T. Jr. (1968) *Machina ex deo: Essays in the Dynamism of Western Culture*. Massachusetts: The MIT Press.（青木靖三訳『機械と神―生態学的危機の歴史的根源』みすず書房，1972 年。）
Whittington, R. (1996) Strategy as Practice. *Long Range Planning*, 29(5): 731-735.
Whittington, R. (2001) *What is Strategy?: And Does it Matter?*. 2nd Edition. London: Thomson Learning.（須田敏子・原田順子訳『戦略とは何か？―本質を捉える4つのアプローチ―』慶應義塾大学出版会，2008 年。）
Woodward, J. (1965) *Industrial Organization: Theory and Practice*. Oxford: Oxford University Press.（矢島鈞次・中村寿雄訳『新しい企業組織』日本能率協会，1970 年。）
Woodward, J. (1970) *Industrial Organization: Behavior and Control*. London: Oxford University Press.（都筑栄・宮城浩祐・風間禎三郎訳『技術と組織行動』日本能率協会，1971 年。）
山口裕幸・高橋潔・芳賀繁・竹村和久（2006）『産業・組織心理学』有斐閣アルマ。
山口裕幸・金井篤子編（2007）『よくわかる産業・組織心理学』ミネルヴァ書房。
山本良一（2001）『サステナブル・カンパニー』ダイヤモンド社。
横田絵里(1998)『フラット化組織の管理と心理―変化の時代のマネジメント・コントロール―』慶應義塾大学出版会。
Yukl, G. A. (1981) *Leadership in Organizations*. New Jersey: Prentice Hall.
Zaleznik, A. (1992) Managers and Leaders: Are They Different? *Harvard Business Review*, 70(2): 126-135.（編集部訳「マネジャーとリーダー・その似て非なる役割」『DIAMOND ハーバード・ビジネス・レビュー』2008 年 2 月号，68-82 頁。）

事項索引

欧文

BSC　197, 198, 201, 205
CAD　182
ERP（Enterprise Resource Planning）　50
EVA　199
GIS　182
GPS　182
LPC モデル　154
OJT　43
Maslow の欲求段階論　32
PDCA サイクル　190
PM 理論　152
POS　175
PPM　91, 92, 94
PPBS　38
RBV　98
SFA　182
SL 理論　36, 155
SWOT 分析　87, 88
TQC　43
TWI　43
X 理論　142
　──と Y 理論　64
Y 理論　143

ア行

アイオア実験　35, 150
アウトプット活動　117
アダムスの公平理論　34
アフターサービス・プロセス　200
暗黙知と形式知　171
意思決定　7, 71, 195
　──支援システム（Decision Support System, DSS）　50
　──のゴミ箱モデル　81
　──のプロセス　8, 72
5 つの競争要因　95, 96, 97
一般環境　230
意図された戦略　204
イノベーションのジレンマ　102
イノベーション・プロセス　200
インセンティブ・システム　195, 205
インプット活動　117
宇宙人経済　236
影響活動　195
エイジェンシー・モデル　205
エコロジー・モデル　132
遠距離受容器　219
オーソリティ　76, 77
オハイオ研究　151
オハイオ州立大学とミシガン大学の研究　36
オープン・システム　117
　──モデル　68
オペレーショナル・コントロール　191, 192
オペレーション・プロセス　200

カ行

階層の原則　109
買い手　96
外部環境　232
下位文化　225
カウボーイ経済　236
科学的管理法（Scientific Management）　58
確実性　29
学習　209
　──と成長　198
　──と成長の視点　201
価値　73
　──前提　66, 207
金のなる木　92, 94
カリスマ性　255
感覚世界　218
環境決定論　68
環境保護主義　233
感受性訓練　43

慣性力　132
カンパニー制組織　114
管理原則　108
管理者の役割　244
管理職能（fanction administrative）　21
管理的意思決定　9, 80, 89
管理の学理（une doctrine administration）　22
官僚制論（Bureaucratic Organization）　28, 61
記憶　209
機械的（mechanistic）管理システム　228
機械的システム　68
機械的組織　29
企業家　250
企業情報システム（EIS）　50
企業戦略　12
企業文化　213
期待モデル　145
期待理論　144
基本的仮定　216
客観的な合理性　72
境界体系　202, 204
供給業者　96
競合他社　96
業績評価　193, 197
　　——システム　190
　　——指標　197
競争戦略論　69, 85, 86, 89, 95
競争優位性　11
共通目的　107
協働意欲　107
共同化　172
協働システム　107
業務的意思決定　9, 80, 89
近接受容器　219
近代組織論　65
緊張関係　202, 204
クローズド・システム・モデル　68
経営人モデル（administrative man）　7, 75
経営戦略　84, 85
　　——論　86, 89, 95
計画化　23
経験曲線効果　93

経済人　59, 128
　　——仮説　63
　　——モデル　75
ケイパビリティ　201
研修制度　43
権力格差　222
コア・ケイパビリティ　168
コア・コンピタンス論　98
貢献（contribution）　79
公式組織（formal organization）　26
交渉者　251
行動科学　136
行動スタイル研究　35
行動変容の理論　34
公平理論　146
合理性モデル　126
合理的／経済志向的人間モデル　6
交流型リーダーシップ　255, 256
顧客　198
　　——の視点　199
個人準則　208
コスト・リーダーシップ戦略　97
個別配慮性　256
ゴミ箱モデル　81
コミュニケーション　78, 108
コミュニティ　185
コンティンジェンシー理論　67, 117, 227
コンフリクト（conflict）　37, 157
コンフリクトの解決　162
コンフリクトのレベル　158
コンフリクト発生のプロセス　161

サ行

財務管理　47
財務業績　198, 199
財務的指標　197
差別化戦略　97, 190
参入障壁　96
指揮　31
事業戦略　13
事業部制組織　27, 86, 113
志気を鼓舞する動機づけ　255
資源依存パラダイム　124
資源生産性　239

事項索引

資源配分者　251
資源配分プロセス　102
資源ベース論　98
自己実現モデル　7
資産　48
事実　73
事実前提　66, 207
市場開拓戦略　16
システム・アプローチ　67, 127
システムの階層　120
システム4理論　64, 152
実践　185
　——コミュニティ　183
　——としての戦略（strategy-as-practice）99, 100, 104
シナジー　11
　——効果　90
資本（capital）　47
社会構成主義　123
社会人　128
　——仮説　63
　——モデル　6
社内ビジネス・プロセス　198, 200
収益性　94
習慣　209
十全的参加　184
集団（group）　37
　——とコンフリクト（conflict）　31
周知伝達役　250
集中戦略　97
受容圏　77, 209
順応性　209
障害処理者　251
状況的学習　183
状況理論　36
情報　166
　——管理　50
　——処理パラダイム　123
　——通信革命（IT革命）　51
　——的資産　180
　——の粘着性　174
職能部門制組織　27, 112
職能別戦略　13
職務デザイン　30

新規参入業者　96
人工物と創造物　216
人事労務管理　42
診断型統制システム　202, 203, 204
シンボリック・マネジャー　157
シンボリック・モデル　130
心理的な雰囲気　219
垂直統合戦略　86
ストーリーテリング　257, 258, 260
スポークスマン　250
生産管理　46
生態学的危機　234
生態学的交換モデル　237
成長戦略　86
　——論　85, 89, 95
成長の限界　234
成長ベクトル　11
正統的周辺参加　183
制度化　87
製品開発戦略　16
製品－市場戦略　11, 15
製品浸透戦略　16
製品ポートフォリオ・モデル　16
製品ライフサイクル　92, 94
制約された合理性（bounded rationality）　73
セオリーZ　221
ゼロ・エミッション　237
選別　195, 196
専門化の原則　108
戦略　197
　——化　104
　——策定プロセス　14
　——実現　189
　——的意思決定　9, 80, 89
　——的計画　191
　——的情報システム（SIS）　50
　——的要因　207
　——のパラドクス　102
　——プロセス研究　99, 100
　——マップ　201
創発的戦略　100, 101, 202, 203, 204, 205
ソシオ・テクニカル・モデル　129
組織　107
　——化　25

事項索引　275

　　——化された無秩序　81
　　——学習　197, 201
　　——構造　26
　　——構造は戦略に従う　87
　　——行動　4
　　——行動論　136
　　——コンテクスト　4, 29
　　——準則　208
　　——人格　207
　　——シンボリズム　123
　　——デザイン　28
　　——デザイン論　119
　　——能力　87, 205
　　——の考え方　25
　　——の均衡　78
　　——のパラダイム　123
　　——の分化　228
　　——のメタファー　126
　　——のルース・カップリングの理論　69
　　——風土　209
　　——文化　100
　　——文化論　212
　　——変革　254

タ行

貸借対照表（balance sheet）　48
代替品　96
ダイナミック・ケイパビリティーズ・アプローチ　98
対話型統制システム　202, 203, 204
多角化戦略　16, 86, 90
達成動機の理論　139
短期的志向　197
知識　166
　　——資産　178
　　——資産マップ　180
　　——市場　176
　　——創造　170
　　——プロセス　169
知的刺激　256
知的資本　178
直接介入　195, 196
ツー・ボス・システム　115
強い文化　213

ディスコース　104
ディープ・エコロジー　235
テイラー・システム　58
データ　166
デュポン　90
伝統的組織論　64
動因理論　144
動機づけ　31
　　——－衛生理論　64, 141
統制（Control）　37
　　——の範囲の原則　109
　　——レバー　196, 202, 205
道徳性　208
道徳的要因　207
独自能力　88
特性アプローチ　35
特定環境　230
トップダウン　205

ナ行

内部環境　232
内部バリュー・チェーン　200
内面化　172
内容理論　137, 138
ナチュラル・キャピタリズム　241
ナレッジ・マネジメント　4
人間観　6
人間関係論（Human Relations）　62
ネオコンティンジェンシー理論　68
ネットワーク組織　28
能率（efficiency）　23

ハ行

バーゲルマン・モデル　101
バーチャル・コミュニケーション　187
花形　92, 94
ハーバード・ビジネス・スクール　87
バランス・スコアカード　196, 197
万能的職長制度　59
パワー　103
範囲の経済性　90
非公式組織（informal organization）　27, 63
非財務的指標　197, 198
ビジョン　197

事項索引

批判的マネジメント研究　100, 103
ヒューマン・リソース・モデル　128
表出化　172
ファンクショナル組織　27, 110
フィギュアヘッド　249
フィードラーのコンティンジェンシー・モデル　36
不確実性　89, 90, 196, 228
　──の回避　223
複雑人モデル（Complex man）　7
部分的無知　89
プラン（Plan）－ドゥー（Do）－シー（See）　23
ブルームの期待理論　34
フル・リーダーシップ　256
ブレーン・ストーミング　44
プログラム化できない意思決定　80
プログラム化できる意思決定　80
プロジェクト・チーム（タスクフォース）　115
プロセス理論　137, 144
プロダクト・ポートフォリオ・マネジメント（PPM）　91, 92, 94
文化　4
　──的多様性　225
分散型コミュニティ　187
変革型リーダーシップ　254, 255, 256
報酬　196
ホーソン実験　62
ポジショニング　97
ボストン・コンサルティング・グループ　91
ボトムアップ　205
ポピュレーション・エコロジー　134
ポリティカル・モデル　129

マ行

負け犬　92, 94
マーケティング　47
マトリックス組織　27, 115
マネジメント　8, 55
　──・インフォメーション・システム（MIS）　50
　──機能　252
　──・コントロール　189, 190, 191, 192, 193, 196, 197, 205
　──・コントロール・システム　195, 202

　──職能　60
　──のフレームワーク　3
　──・プロセス論　64
マネジャーの役割　248
マネジリアル・グリッド　152
マルチメディア　180
満足基準　75
ミシガン研究　151
未成熟－成熟モデル　143
3つの基本戦略　95, 97
ミドル・アップダウン・マネジメント　173
無関心圏　77, 209
命令の一元性の原則　109
目標　197
　──－経路理論（Path-Goal Theory）　36, 156
持株会社　114
モチベーション（動機づけ）　137, 196
モニター　249
モニタリング　198
　──・システム　195, 196, 205
問題児　92, 94

ヤ行

誘因（inducement）　79
有機的（organic）管理システム　228
有機的システム　68
有機的組織　29
有効性（effectiveness）　23
予算配分　193
欲求5段階説　140
欲求充足人モデル　7
欲求段階論　64
欲求リスト　138

ラ行

ライン・アンド・スタッフ組織　27, 111
ライン組織　27, 110
リエゾン　249
リーダー　249
リーダーシップ　31, 34, 147
　──機能　252
　──行動理論　150
　──状況理論　154

──特性理論　150
理念体系　202, 204
領域　185
ルーチン化　74, 89

例外の原則　109
連結化　172
労働基準法　44
労働三権　45

人名索引

ア行

アイゼンハート (C. M. Eisenhardt) 99
アーウィック (L. F. Urwick) 64, 127
アージリス (C. Argyris) 64, 143
アダムス (J. S. Adams) 34, 146
アボリオ (B. J. Avolio) 256
アルダーファー (C. D. Alderfer) 32
アンソニー (R. N. Anthony) 190, 191, 192, 193, 196, 205
アンゾフ (H. I. Ansoff) 67, 80, 87, 89
アンドリュース (K. R. Andrews) 86, 87, 88, 89, 105, 192
伊丹敬之 193, 194, 195, 196, 205
岩田龍子 69
ヴァーラ (E. Vaara) 104
ウィスラー (W. Wissler) 65
ウィッティントン (R. Whittington) 104
ウェーバー (M. Weber) 58, 61, 127
ヴェブレン (T. Veblen) 64
ウェンガー (E. Wenger) 183
ウォータマン (R. H. Waterman) 100, 215
エイカーソン (A. Akerson) 257, 258
エイソス (A. G. Athos) 69
エチオーニ (A. Etzioni) 65
エバン (W. M. Evan) 69, 126
エメリー (F. L. Emery) 228
オオウチ (W. C. Ouchi) 69, 220
小川 進 175
オドンネル (C. O'Donnell) 62, 64
オルセン (J. P. Olsen) 69, 81
オールドリッチ (H. E. Aldrich) 125

カ行

カーソン (R. Carson) 233
ガービン (D. A. Garvin) 176
カミン (P. C. Cummin) 139
ガーリック (L. H. Gulick) 127

ガルブレイス (J. K. Galbraith) 119
ガント (H. L. Gantt) 61
キャノン (W. B. Cannon) 144
キャプラン (R. S. Kaplan) 196, 197, 198, 205
ギルブレス (F. B. Gilbreth) 61
ギルブレス (L. M. Gilbreth) 61
クリステンセン (C. M. Christensen) 102
グルドナー (A. W. Gouldner) 65
グローバー (V. Grover) 169
クーンツ (H. Koontz) 62, 64
ケネディ (A. A. Kennedy) 157, 213
コーエン (M. D. Cohen) 81
コッター (J. P. Kotter) 215, 252
コモンズ (J. Commons) 64
紺野 登 179

サ行

サイアート (R. M. Cyert) 66, 134
サイモン (H. A. Simon) 7, 65, 66, 71, 72, 75, 76, 77, 79, 82, 109, 123, 158, 206
サイモンズ (R. Simons) 196, 202, 204, 205
シェルドン (O. Sheldon) 64, 127
シーフ (P. Singh) 132
シャイン (E. H. Schein) 7, 128, 215
ジャルザブコウスキー (P. Jarzabkowski) 104
シュミット (W. H. Schmidt) 163
ストーカー (G. M. Stalker) 29, 117, 228
ストッグディル (R. Stogdill) 147
ストリンガー (R. A. Stringer, Jr.) 139, 210
スナイダー (W. M. Snyder) 183
スノー (C. C. Snow) 68
セルズニック (P. Selznick) 87, 88

タ行

ダヴェンポート (T. H. Davenport) 165, 169
タウン (H. Towne) 58
竹内弘高 171
ダフト (R. L. Daft) 74, 160

人名索引

ダンカン（R. B. Duncan） 230
チャーチ（A. Church） 64
チャンドラー（A. D. Chandler, Jr.） 10, 67, 87, 89, 99, 113
津田真澂 69
デイヴィス（R. C. Davis） 127
ディクソン（N. M. Dixon） 168
ティース（D. J. Teece） 99
デイビス（M. Davis） 61, 64, 116
デイビス（R. Davis） 61, 64
テイラー（F. W. Taylor） 42, 46, 58, 127
ディール（T. E. Deal） 130, 157, 213
デニング（S. Denning） 258
テリー（G. Terry） 64
ドラッカー（P. F. Drucker） 65
トリスト（E. L. Trist） 67, 228
トールマン（E. C. Tolman） 145
トンプソン（J. D. Thompson） 116, 122, 124

ナ行

ナイツ（D. Knights） 104
ネス（A. Naess） 235
ノートン（D. P. Norton） 196, 197, 198, 205
野中郁次郎 171

ハ行

ハウス（R. J. House） 156
パウリ（G. Pauli） 237
バーク（R. J. Burke） 163
バーゲルマン（R. A. Burgelman） 101, 102
間 宏 69
ハーシー（P. Hersey） 36, 155
バース（C. G. L. Barth） 61
バス（B. M. Bass） 255
パスカル（R. T. Pascale） 69
ハーズバーグ（F. Herzberg） 32, 64, 140
パーソンズ（T. Parsons） 65
バートン-ジョーンズ（A. Burton-Jones） 167
バーナード（C. I. Barnard） 25, 62, 65, 77, 105, 106, 107, 108, 123, 207
バーナム（J. Burnham） 65
ハナン（M. T. Hanann） 69, 132, 134
バーニー（J. B. Barney） 98
バベッジ（C. Babbage） 67
ハメル（G. Hamel） 98
バーリ（A. Berle） 65
ハル（C. L. Hull） 144
ハルシー（F. Halsey） 58
バーンズ（T. Burns） 29, 117, 228
ヒクソン（D. J. Hickson） 68
ピーターズ（T. J. Peters） 100, 215
ヒッペル（E. von Hippel） 174
ピュー（D. S. Pugh） 68
ファヨール（J. H. Fayol） 21, 58, 59, 82, 108, 109, 127, 244
フィードラー（F. E. Fiedler） 154
フェスティンガー（L. Festinger） 146
フェファー（J. Pfeffer） 125, 126, 133
ブラウン（A. Brown） 64, 127
プラハラッド（C. K. Prahalad） 98
ブランチャード（K. H. Blanchard） 36, 155
フリーマン（J. Freeman） 69, 132, 134
古川久敬 253
プルサック（L. Prusak） 165
ブルーム（V. H. Vroom） 34, 144
ブレイク（R. E. Blake） 36, 64, 152
プレスサス（R. V. Presthus） 125
ベーガー（P. L. Berger） 121
ヘスケット（J. L. Heskett） 215
ヘルファット（C. Helfat） 99
ホーケン（P. Hawken） 237, 240
ポーター（L. W. Porter） 34, 64, 144, 145
ポーター（M. E. Porter） 34, 69, 95, 97, 98, 238
ボニーニ（C. P. Bonini） 67
ホフステッド（G. H. Hofstede） 221
ポラニー（M. Polanyi） 170
ホール（E. T. Hall） 218
ボールディング（K. E. Boulding） 120, 122, 123, 236
ボールマン（L. G. Bolman） 130
ホワイト（R. K. White） 150
ポンディ（L. R. Pondy） 69, 122, 159, 161

マ行

マイヤー（J. W. Meyer） 69
マイルズ（R. E. Miles） 68, 128
マクダーモット（R. McDermott） 183

人名索引

マグレガー（D. McGregor） 64, 128, 142
マクレランド（D. C. McClelland） 32, 139
マズロー（A. H. Maslow） 32, 64, 139
マーチ（J. G. March） 66, 69, 81, 134, 158
マッカラム（D. C. McCallum） 56
マートン（R. K. Merton） 65
マレー（H. A. Murray） 138
三隅二不二 152
ミトロフ（I. Mitroff） 122
ミュンスターバーグ（H. Münsterberg） 62
ミーンズ（G. Means） 65
ミンツバーグ（H. Mintzberg） 100, 101, 159, 202, 244, 245, 246
ムートン（J. S. Mouton） 36, 64, 152
ムーニー（J. D. Mooney） 64, 127
メイ（R. Mai） 257, 258
メイヨー（E. Mayo） 62
メドウズ（D. L. Meadows） 234
モーガン（G. Morgan） 104

ヤ行

ユーア（A. Ure） 67
ユクル（G. A. Yukl） 149

ラ行

ライリー（A. C. Reiley） 64, 127

ラムスデン（N. Lumsden） 132
リカート（R. Likert） 64, 128, 152
リットビン（G. H. Litwin） 139, 210
リピート（R. Lippitt） 150
リンデ（C. Van Der. Linde） 238
ルーサンズ（F. Luthans） 11, 230
ルックマン（T. Luckmann） 121
レイヴ（J. Lave） 183
レヴィン（K. Lewin） 35, 64, 145, 148, 210
レスリスバーガー（F. Roethlisberger） 62
レナード-バートン（D. Leonard-Barton） 102
ローシュ（J. W. Lorsch） 68, 118, 228
ロビンス（S. P. Robbins） 158
ロビンス（A. B. Lovins） 239, 240
ロビンス（L. H. Lovins） 239, 240
ローラー（E. E. Lawler, Ⅲ） 64, 144, 145
ローレンス（P. R. Lawrence） 68, 116, 118, 228
ローワン（B. Rowan） 69

ワ行

ワイク（K. E. Weick） 69
ワイツゼッカー（E. U. von Weizsacker） 239
ワトソン（J. B. Watson） 34

著者紹介

高橋　正泰（たかはし　まさやす）　序章，第Ⅰ部第1章，第2章，第Ⅱ部第3章
1951年　生まれ
1982年　明治大学大学院経営学研究科博士後期課程単位取得
現　在　明治大学経営学部教授
　　　　博士（経営学）
専門分野　経営管理論，経営組織論，経営学

木全　晃（きまた　あきら）　第Ⅱ部第8章，第10章，第11章
1961年　生まれ
2003年　東京大学大学院工学系研究科博士後期課程修了
現　在　新潟大学経済学部教授
　　　　博士（学術）
専門分野　経営管理論，経営組織論，環境経営論

宇田川　元一（うだがわ　もとかず）　第Ⅱ部第5章，第9章
1977年　生まれ
2006年　明治大学大学院経営学研究科博士後期課程単位取得
現　在　埼玉大学大学院人文社会科学研究科准教授
専門分野　経営戦略論，組織変革論

髙木　俊雄（たかぎ　としお）　第Ⅱ部第4章，第6章
1977年　生まれ
2008年　明治大学大学院経営学研究科博士後期課程単位取得
現　在　昭和女子大学グローバルビジネス学部准教授
専門分野　経営学，経営組織論，経営管理論

星　和樹（ほし　かずき）　第Ⅱ部第7章，第12章
1978年　生まれ
2009年　明治大学大学院経営学研究科博士後期課程単位取得
現　在　愛知産業大学経営学部専任講師
専門分野　経営戦略論，経営組織論，経営管理論

マネジメント

| 2012年4月1日 | 第1版第1刷発行 | 検印省略 |
| 2021年3月31日 | 第1版第5刷発行 | |

著者　　高　橋　正　泰
　　　　木　全　　　晃
　　　　宇田川　元　一
　　　　髙　木　俊　雄
　　　　星　　　和　樹

発行者　前　野　　　隆

発行所　株式会社　文　眞　堂
　　　　東京都新宿区早稲田鶴巻町533
　　　　電話　03（3202）8480
　　　　FAX　03（3203）2638
　　　　http://www.bunshin-do.co.jp
　　　　郵便番号(162-0041)振替00120-2-96437

製作・モリモト印刷
© 2012
定価はカバー裏に表示してあります
ISBN978-4-8309-4753-7 C3034